简单统计学

[美] 加里·史密斯／著
Gary Smith

刘清山／译

江西人民出版社

CONTENTS 目录

序　言

第1章　模式、模式、模式　1
　　混杂效应　5
　　选择性报告与谎报　6
　　易受欺骗的本性　9
　　无论文，不生存　12
　　统计显著性膜拜　17

第2章　不再神奇的超级畅销书　25
　　去最好的学校　30
　　投票人数越多越好？　33
　　一醉方休　33
　　放下遥控器　35
　　请原谅我的直白　36
　　只有弱者留下来　38
　　被损坏的飞机　41
　　畅销书的秘密　42

第3章　被误传的谋杀之都　49
　　马萨诸塞州谋杀之都　54
　　请在我家后院开一座采石场　56

第4章　新的经济学上帝　65
　　政府债务临界点　69
　　相关性等同于因果关系？　76
　　堕胎会减少犯罪吗？　78
　　是我的错　82

第5章　扬基队的门票真的划算吗？　85

  我的天哪　87

  虚惊一场　90

  让他们吃蛋糕吧　92

  有弹性的数轴　94

  将恶作剧翻倍　95

  学生谎言　99

  扬基队的门票很划算　100

  图像的制作艺术　102

第6章　美国有多少非裔职业运动员？　109

  蒙提·霍尔问题　111

  一个名叫佛罗里达的女孩儿　114

  条件概率的混淆　118

  假阳性问题　119

  罕见病问题　121

  达特茅斯三文鱼研究　123

第7章　辛普森悖论　127

  某人的悖论　136

  我要再来一杯咖啡　142

第8章　状态火热的雷·阿伦　149

  小数定律　153

  一项篮球研究　156

  小沃尔特·雷·威廉姆斯　159

  投掷马蹄铁　160

  保龄球　162

第9章　胜者的诅咒　167

  均值回归　173

  西克里斯特的愚蠢　178

  古老的谬误何曾消亡？　181

  道指落榜生　183

　　　　冠军窒息　187

　　　　寻找学院院长和灵魂伴侣　190

第 10 章　如何转变运气？　193

第 11 章　德克萨斯神枪手　201

　　　　癌症聚集恐慌　208

第 12 章　终极拖延　215

　　　　死亡凹陷和尖峰　220

　　　　经过进一步研究　222

　　　　午夜的月饼　224

　　　　漫长的告别　225

第 13 章　黑色星期一　229

　　　　火箭科学　234

　　　　巴斯克维尔猎犬　237

　　　　五行噩运　239

　　　　花押决定论　242

第 14 章　点球成金　249

　　　　棒球迷信　252

　　　　如果你给我一个 D，我就会死（die）　256

　　　　糟糕的出生月份　258

　　　　名人堂的死亡之吻　261

第 15 章　特异功能真的存在吗？　265

　　　　超感知觉　269

　　　　霍迪尼的挑战　278

　　　　一个家庭对超自然现象的着迷　281

第 16 章　彩票是一种智商税　283

　　　　目之所及　286

　　　　我们都将为 IBM 工作　287

　　　　股票是一种不错的投资　289

　　　　跑赢大盘（或者说为什么我喜爱包装工队）　292

傻瓜四股　294

　　　反向头肩　296

　　　如何（不）中彩票　300

　　　不会破裂的泡沫　304

　　　南海泡沫　309

　　　伯克希尔泡沫　311

　　　真实股价　314

第17章　超级投资者　319

　　　宽客　325

　　　收敛交易　326

　　　我只看数据　328

　　　在推土机面前捡硬币　329

　　　闪电崩盘　336

第18章　增长的极限　341

　　　穷途末路　343

第19章　何时相信，何时怀疑　351

　　　被模式诱惑　354

　　　具有误导性的数据　354

　　　变形的图像　355

　　　缺乏思考的计算　356

　　　寻找混杂因素　357

　　　手气好　357

　　　均值回归　358

　　　平均定律　359

　　　德克萨斯神枪手　359

　　　当心经过修剪的数据　360

　　　缺乏理论的数据仅仅是数据而已　360

　　　缺乏数据的理论仅仅是理论而已　361

　　　美好的出生日　361

出版后记　364

序 言

  我们生活在大数据时代。高性能计算机和全球网络的强大组合正在得到人们的赞美甚至推崇。专家不断告诉我们，他们发现了一种新的能力，可以对海量数据进行筛查并发现真相，这将为政府、商业、金融、医疗、法律以及我们的日常生活带来一场革命。我们可以做出更明智的决策，因为强大的计算机可以对数据进行分析，发现重要的结论。

  也许事实的确如此，也许未必。有时，这些无所不在的数据和伟大光明正确的计算机会得出一些非常怪异的结论。例如，有人一本正经地宣称：

- 凌乱的房间会强化人们的种族主义倾向。
- 还未出生的小鸡胚胎会对计算机的随机事件生成器产生影响。
- 当政府负债相对国内生产总值的比率超过 90% 时，国家几乎一定会陷入衰退。
- 在过去 20 年美国犯罪率下降的原因中，合法堕胎的比例高达 50%。
- 如果每天饮用两杯咖啡，患上胰腺癌的风险将极度放大。
- 最成功的公司倾向于变得不那么成功，最不成功的公司倾向于变得更加成功，因此用不了多久，所有公司都会沦为普通的公司。
- 出现在《体育画报》和《麦登橄榄球》封面上的运动员会受到诅咒，他们可能会陷入平庸，或者受到伤病困扰。
- 生活在输电线附近的儿童具有更大的患癌风险。
- 人类有能力将死亡推迟到重大仪式过后。
- 亚裔美国人更容易在每月四号突发心脏病。
- 如果一个人的姓名首字母缩写拥有积极的含义（比如 ACE），那么他可以多活三到五年。
- 平均来说，教名（第一个名字）以字母 D 开头的棒球运动员的寿命比教名以字母 E 到 Z 开头的运动员短两年。
- 临终病人可以被几千英里以外传送过来的积极心理能量治愈。
- 当 NFC 冠军球队赢得超级碗（美国超级碗总决赛在国家联合会（NFC）和美国联合会（AFL）分别比赛产生的冠军之间举行——译者注）时，股市几乎一定会上涨。
- 如果你购买股息率最高、每股价格第二低的道琼斯股票，你就可以跑赢大盘。

这些说法显然是错误的。不过,许多与此类似的说法每天都会出现在报纸和杂志上。在如今的信息时代,我们用没完没了而又毫无意义的数据指导我们的思想和行动。不难看出为什么我们会反复得出错误的推论,制定糟糕的决策。即使能够得到比较充足的信息,我们也不会永远注意到数据的偏差性和无关性,或者科学研究的缺陷和误导性。我们倾向于相信计算机从不犯错,认为不管我们把什么样的垃圾扔进去,计算机都会吐出绝对真理。这种想法不仅存在于外行人的日常生活中,也存在于专业人员严肃认真的研究工作中。在流行刊物、电视、互联网、竞选活动、学术期刊、商业会议、法庭、政府听证会,此类现象屡见不鲜。

几十年前,数据非常稀少、计算机还没有出现时,研究人员需要努力收集优质数据并进行审慎的思考,然后花费几个小时甚至几天的时间从事艰苦的计算工作。现在,面对丰富的数据,研究人员通常不会花费太多的时间对优质数据和垃圾进行区分,或者对合理分析和垃圾科学进行区分。更糟糕的是,我们常常不假思索地认为,我们对大量数据的处理永远不会出错。我们匆匆忙忙地根据这些机器发出的梦呓制定决策——比如在衰退过程中增加税收,将我们一生的积蓄交给一些说得天花乱坠的财务分析师,根据最新的管理理念制定商业决策,用医疗骗术危害我们的健康——更糟糕的是,我们还会放弃心爱的咖啡。

罗纳德·科斯(Ronald Coase)曾经嘲讽道:"如果你对数据拷打足够长的时间,它一定会招供。"《简单统计学》一书考察了几十个扭曲的结论。只需片刻的思考,你就会发现这些结论的问题。有时,无耻之徒故意用这些说法来误导我们。有时,天真快乐的研究人员并没有意识到他们所制造的恶作剧。我写这本书的目的是帮助我们远离错误——包括外部错误和自己造成的错误。你将学到一些简单的指导准则，用于识别其他人或者你自己说出的不靠谱的观点。其他人用数据欺骗我们，我们也经常用数据欺骗自己。

模式、模式、模式

1 模式、模式、模式

　　在我所生活的南加州，青少年对于足球的热情很高。这是一项经济而有趣的运动，各种身高和体型的男生和女生都可以参与其中。起初，我对足球一无所知。我只知道在每个周末，城市里的公园和操场上都会有许多身穿鲜艳队服的孩子追着足球跑来跑去，他们的家长则会站在一旁为他们欢呼。当我的儿子长到合适的年龄时，我们也成了这些家长中的一员。

　　2010 年世界杯时，我的儿子在南加州一家顶级足球俱乐部踢球。我是这家俱乐部的经理，也是足球的狂热爱好者，因此我们共同观看了我们能够看到的每一场世界杯比赛。决赛是在荷兰和西班牙之间进行的。这是两支巨星云集的队伍，但是它们所在的国家常常无法取得很好的成绩，这使它们的支持者非常失望。哪个国家最终能够赢得世界杯？我喜爱荷兰队，他们赢得了这届世界杯之前的 6 场比赛，进了 12 个球，只丢了 5 个球，而且淘汰了强大的巴西和乌拉圭。接着，我听说了章鱼保罗（Paul）的故事。人们将装有食物、贴有国旗的塑料盒子放在保罗面前，让它进行选择。通过这种方式，保罗正确预测出了 7 场世界杯比赛的获胜者。在决赛前，预言家保罗选择了西班牙，因此全世界似乎都认为西班牙将会成为胜利者。

到底发生了什么事情？一只黏糊糊的、缺乏智商的无脊椎动物怎么可能比我更加了解足球呢？我感到好笑，等待着无所不知的保罗在全世界面前丢脸。我失算了。荷兰队没有表现出应有的创造性和才华。在一场粗暴而蹩脚的比赛中，裁判亮出了 14 张黄牌——其中 9 张给了肮脏的荷兰人。凭借终场前 4 分钟的进球，西班牙队取得了胜利。

生活在水箱里的章鱼怎么可能预见到这种事情呢？保罗看过足球比赛吗？它有大脑吗？

实际上，章鱼是最聪明的无脊椎动物。不过，就像矬子里拔出来的将军一样，这并不能说明任何问题。尽管如此，保罗仍然进行了 8 次世界杯预测，而且无一失手。此外，保罗还在 2008 年欧洲足球锦标赛期间进行了 6 次预测，成功了 4 次。加上 2010 年世界杯，保罗一共进行了 14 次预测，成功了 12 次。在许多人看来，这足以从统计上证明保罗的超自然能力。不过，这些数据真的足够多吗？

如果进行 14 次公平的抛硬币实验，得到 12 次或者 12 次以上正面的可能性只有不到 1%。同样的道理，如果保罗仅仅是一个没有特殊运气的猜测者，每次正确预测的可能性为 50%，那么它多次预测成功的概率只有不到 1%，这个概率非常低，足以被视作具有"统计显著性"。由于保罗多次预测成功的可能性如此之低，因此我们可以合理地排除运气的成分。保罗用一次又一次的成功证明了它不仅仅是一个幸运的猜测者。它的确是"具有超能力的章鱼保罗"！

不过，这件事似乎有些蹊跷。章鱼真的有可能预测未来吗？保罗的表现可以引出统计研究领域的一些常见问题。保罗不是超能力者（真是令人惊喜），而是一个应当引以为戒的反面教材。当你下次听到某种荒诞的说法时，你应当保持警惕。

▷ 混杂效应

首先，让我们看一看保罗是如何进行预测的。在喂食的时候，人们会把两只正面粘有球队国旗的透明塑料盒子摆放在保罗面前。盒子里面放着相同的美味食物，比如贻贝或者牡蛎。保罗第一个打开的盒子就是它所预测的胜利者。

章鱼并不十分了解足球，但它们拥有出色的视力和良好的记忆力。有一次，新英格兰水族馆的一只章鱼对一名志愿者产生了反感。每当它看到这名志愿者时，它都会向她喷射海水。后来，这名志愿者离开了水族馆，上了一所大学。当她几个月以后回来时，章鱼仍然记得她，并且立即用海水淋湿了她的衣服。西雅图一家水族馆做了一项实验，一名志愿者为章鱼喂食，另一名穿着同样衣服的志愿者用木棍挑逗章鱼。一个星期以后，大多数章鱼都能将两个人区分开。当它们看到"好人"时，它们会向他靠近；当它们看到"坏人"时，它们会离开（有时还会向他喷射许多海水）。

"具有超能力的章鱼保罗"生活在德国的一家水族馆里。除了西班牙和荷兰的世界杯决赛，保罗只预测了德国队参加的比赛。在德国参加的13场比赛中，保罗11次选择了德国——而德国赢下了其中的9场比赛。保罗之所以选择德国，是因为它对德国的对手进行了详细的分析，还是因为它喜欢德国国旗？保罗几乎一定是色盲，不过实验表明，章鱼能够识别明暗度，而且喜欢横向形状。德国国旗有由三块鲜艳的水平条纹组成，塞尔维亚和西班牙的国旗也是如此，而保罗只选择过这三个国家。实际上，西班牙和德国的国旗非常相似，这也许可以解释为什么保罗在西班牙和德国之间的两次比赛中选了一次西班牙，并在世界杯决赛中选择了西班牙而不是荷兰。保罗只有一次没有选择德国或西班牙国旗，那是塞尔维亚和德国之间的一场比赛。

国旗显然是一个混杂因素，因为保罗选择的并不是最佳足球队，而是它最喜欢的国旗。说到底，"无所不知的保罗"只是一只缺乏智商的章鱼而已。

德国（11次）　　西班牙（2次）　　塞尔维亚（1次）

图 1.1 保罗最喜欢的国旗

▷ 选择性报告与谎报

对于保罗的成功，另一种解释是，许多人多次尝试过这种愚蠢的宠物把戏，用宠物来预测体育、彩票和股票领域的获胜者。

在 1000 个抛硬币的人之中，一定会有一些人连续抛出 10 次正面。同样的道理，在这些尝试宠物把戏的人之中，一定会有一些人取得成功。你觉得谁会得到报道呢？是选中获胜者的章鱼，还是无法做出成功预测的鸵鸟？

1 模式、模式、模式

几年前，《达拉斯晨报》的一位体育专栏作家度过了极为倒霉的一个星期，他在选择国家橄榄球联盟（NFL）比赛的获胜球队时猜对了 1 次，猜错了 12 次，还有一场比赛是平局。他写道："理论上说，如果让达拉斯动物园里的一只狒狒观看 14 场 NFL 比赛的赛程，让它为每场比赛选择一支球队，它可以至少选出 7 支获胜球队。"第二个星期，拉达斯动物园里的大猩猩"坎达大帝"（Kanda the Great）通过选择训练员手里的纸条进行了预测。结果，坎达猜对了 9 次，猜错了 4 次，击败了《达拉斯晨报》的所有 6 位体育专栏作家。媒体像发现食物的饿狼一样争相报道这个故事。不过，如果坎达的表现没有这么好，比如猜对 6 次，猜错 7 次，它还会被人报道吗？

明尼苏达州苹果谷市明尼苏达动物园的官员也不甘示弱，他们表示，一只叫做明迪（Mindy）的海豚成功预测出了 NFL 比赛的结果。他们制作了一些树脂玻璃片，每个玻璃片上写有不同球队的名称。他们将每场比赛对应的两块树脂玻璃片扔到明迪的游泳池里，被明迪交还给训练员的那块玻璃片被视作它的"预测"。训练员表示，明迪在 53 场比赛中猜对了 32 场。根据这种说法，明迪的成功率为 60%，这足以帮助人们借此赢得橄榄球比赛的赌博而获利。

有多少鸟儿、蜜蜂和野兽曾经尝试预测 NFL 比赛、并且由于预测失败而没有得到报道呢？我们并不知道这一点，而这正是问题的关键。如果数百只宠物曾经被迫进行毫无意义的预测，而且我们只知道其中得到报道的成功宠物，没有考虑到数百只没有得到报道的失败宠物，我们就会产生错误的想法。

这个问题不限于橄榄球领域。明尼阿波利斯的一名股票经纪人曾经

7

吹嘘说，当他选择股票时，他会把《华尔街日报》铺在地板上，让它的金毛寻回犬把右前爪放在报纸上，然后选择它的第一个指甲碰到的股票。他认为这种说法可以吸引投资者的关注，这一事实说明他本人可能是有问题的——他的顾客可能也有问题。

另一个因素是，为了出风头，人们可能会捏造数据，以吸引公众的注意。明尼阿波利斯那个股票经纪人和他的狗每天早上都会得到公正的监督吗？过去，桥牌曾经是美国最流行的扑克游戏，当时有许多人向当地报纸表示，他们抽到了同一花色的十三张牌。一位喜欢数学的桥牌选手通过估计发现，出现这种情况的数量太过离谱。考虑到抽到这种牌的可能性，当时进行过的总局数远远不足以产生如此众多的"同花色局"。值得注意的是，报纸报道的这种相同花色通常是黑桃。显然，为了让自己的名字出现在报纸上，人们对自己的经历进行了润色。

在章鱼保罗获得全世界的关注以后，新加坡一个之前默默无闻的算命先生表示，他的助手、长尾小鹦鹉马尼（Mani）正确预测出了世界杯四分之一决赛的所有四支获胜球队。于是，马尼获得了全世界的关注。接着，它对后面的比赛进行了预测，认为在半决赛中乌拉圭将击败荷兰，西班牙将击败德国，在决赛中，西班牙将击败乌拉圭。在荷兰战胜乌拉圭以后，马尼改变了它对决赛的预测，选择了荷兰，这个结果当然又错了。不过，前来拜访这位算命先生的顾客从每天10个人增加到了每小时10个人——面对这个结果，你可能会产生疑问：这位主人的动机真的仅仅是娱乐吗？他最初提供的马尼对四分之一决赛的预测结果是真的吗？

保罗和马尼本应默默无闻，处于无人知晓的状态。为什么它们会声名鹊起、受到足球爱好者的认真对待，甚至受到他们的赞美和诅咒？真

1 模式、模式、模式

正有问题的不是它们,而是我们自己。

▷ 易受欺骗的本性

一个多世纪以前,夏洛克·福尔摩斯(Sherlock Holmes)向他饱受折磨的朋友华生(Watson)恳求道:"数据!数据!数据!我不能在没有黏土的情况下制造砖块。"今天,福尔摩斯的愿望已经得到了满足。强大的计算机可以对海量数据进行筛选。问题不再是我们没有足够的数据,而是我们眼前的数据对我们产生了误导。这不完全是我们的错。我们可以将责任归咎于我们的祖先。

某些性状的演化原理比较简单。如果生物的某些可遗传特点能够帮助它们生存和繁衍,那么同那些在其他方面相似,但是没有这些特点的个体相比,拥有这些特点的个体更容易将它们传给未来的后代。经过一代又一代的传递,这些可遗传的特点将成为群体的主流。

桦尺蠖著名的演化历程是一个简单而直观的例子。这种飞蛾大部分时间生活在树上,它们通常是浅色的,这种颜色可以帮助它们躲避鸟儿的捕食。1848年,英国发现了第一只深色桦尺蠖。到了1895年,曼彻斯特98%的桦尺蠖都是深色的。到了20世纪50年代,情况再次出现了逆转。目前,深色飞蛾已经很少见了,而且可能很快就会灭绝。

进化论的解释是,深色飞蛾的出现与工业革命导致的污染相重合。煤灰和烟雾导致树木变黑,这使深色飞蛾获得了优势,因为它们可以更好地伪装自己,躲过捕食者的视线。由于深色飞蛾存活下来并繁衍后代的可能性得到了提高,因此它们开始成为基因池的统治者。后来,英国的空气清洁法律扭转了这一局面，因为浅色飞蛾可以更好地在没有污染的树上伪装自己。它们的生存优势使它们再次焕发了生机。

　　自然选择的其他例子更加微妙。例如，许多研究发现，男性和女性更喜欢具有对称面孔和身体的人。这不仅仅是一种文化因素——它适用于不同的社会，适用于婴儿，甚至适用于其他动物。在一项实验中，研究人员剪掉了一些雄性家燕的尾羽，使它们失去了对称性。其他雄性家燕则保留了对称的尾羽。当他们在这个基因池中放开雌性家燕时，这些雌性家燕选择了带有对称羽毛的雄性家燕。这种对于对称性的偏爱并不仅仅是一种肤浅的行为。缺乏对称性的潜在配偶显然存在某种基因缺陷，可能影响它的力量、健康和生育力。拥有对称性偏好的个体最终将成为基因池的统治者，而缺乏这种偏好的个体拥有强壮、健康和可育后代的可能性要低一些。

　　进化也是许多人对保罗和马尼信以为真的原因，尽管你可能不相信这一点。我们对于对称性的内在偏好，可以很好地说明我们的人类祖先是如何通过识别各种模式在这个残酷的世界上生存和繁衍的。乌云常常是降雨的前奏。灌木丛中的声音可能是捕食者发出的。毛发质量是繁殖力的象征。一些远古祖先可以通过模式识别更好地寻找食物和水源，发现危险，对可育伴侣产生吸引力，他们将这种能力传给了未来的后代。那些不太擅长模式识别，因而不太容易生存和繁衍的个体将基因传下来的可能性要小一些。通过无数代自然选择，我们形成了寻找模式并对其做出解释的内在倾向——乌云会带来降雨，捕食者会发出声音，繁殖力强的成年人拥有漂亮的毛发。

　　遗憾的是，这种适用于远古祖先的模式识别技能并不能很好地适应

1 模式、模式、模式

我们的现代生活，因为我们面对的数据非常复杂，不是很容易解释。我们解释眼前事物的内在愿望导致了两种认知错误。首先，我们很容易被模式以及解释模式的理论所引诱。其次，我们紧盯着支持这种理论的数据，忽视与之相矛盾的证据。我们相信这些故事，因为它们与我们观察到的模式相符。一旦我们接受了这些故事，我们就很难放弃它们了。

当你在双骰赌桌上不断摇出七点时，你认为自己将继续保持连胜势头，因为你希望如此。当你不断投出两点时，你认为自己转运的时候到了，因为你希望如此。我们并没有认真地考虑过，骰子既不会记忆过去，也不会关心未来。它们是没有生命的；它们所具有的意义完全是我们这些满怀希望的人类赋予它们的。如果连胜势头持续，或者连败势头终止，我们就会更加相信自己想象出来的理论是正确的。如果这种情况没有出现，我们就会制造一些借口，以便坚持自己荒谬的信仰。

当运动员穿上没有洗过的幸运袜子，当投资者购买热门股票，当人们投入大笔资金购买不良资产、相信它们一定会触底反弹时，他们的行为和上面如出一辙。我们渴望使不确定的世界变得更加确定，渴望控制我们无法控制的事物，渴望预测那些无法预测的现象。如果我们穿着这种袜子取得了良好的表现，那么这一定是袜子的功劳。如果其他人购买这只股票赚了钱，那么我们购买这只股票也可以赚钱。如果我们运气不好，那么我们一定会转运，不是吗？秩序比混乱更加令人舒适。

由于这些认知错误，我们很容易受到各种统计性骗局的蒙蔽。当人们用毫无意义的模式来证明政府政策的后果、营销计划的不凡影响、投资策略的成功或者保健品的效果时，我们很容易认为这些模式是有意义的。由于我们在内心深处希望理解这个世界，因此我们形成了这种声名

11

狼藉的、很难摆脱的弱点。

▷ 无论文，不生存

即使是受教育程度很高、应当具有冷静头脑的科学家也很容易受到模式的诱惑。在残酷的学术研究领域，聪明好胜的科学家一直在追求名誉和资助，以维持他们的事业。这种必要的支持是由他们在同行评议期刊中发表的成果决定的。"无论文，不生存"是大学生活中的一个残酷现实。

有时，在巨大的压力面前，研究人员甚至会撒谎和作弊，以实现个人的职业发展。为了生存，他们需要得到能够发表的结果，但他们的实验结果并不符合预期，这使他们感到沮丧；此外，他们还会担心其他人抢先发表类似的结果。因此，这些研究人员有时会对实验数据做手脚。毕竟，如果你相信你的理论是正确的，那么编造出证明这种理论的数据又有什么关系呢？

英国医生安德鲁·韦克菲尔德（Andrew Wakefield）制造的疫苗恐慌就是这种欺骗的一个严重案例。1998 年，韦克菲尔德和其他人在久负盛名的英国医学期刊《柳叶刀》上发表了一篇论文，称 12 名正常儿童在接种麻疹、腮腺炎和风疹（MMR）的疫苗以后患上了自闭症。实际上，在发表这篇论文之前，韦克菲尔德已经在一场新闻发布会上公布了他的研究成果，并且呼吁停止接种麻腮风三联疫苗。

许多家长看到了这方面的新闻报道，对于之前的例行程序产生了疑虑。他们的孩子患上自闭症的可能性似乎比感染麻腮风的可能性更加令人担忧；毕竟，后者在英国几乎已经绝迹了。一百多万名家长拒绝让他们的孩子接种麻腮风疫苗。

虽然我住在美国，但我和我的妻子也读到了这些新闻故事，并且产生了忧虑情绪。我们在1998年、2000年和2003年生下了3个儿子，并在2006年生下了1个女儿，因此我们需要决定是否为他们接种疫苗。我们进行了调研，同一些医生进行了交谈。所有医生都对韦克菲尔德的研究持怀疑态度。他们指出，没有任何证据表明自闭症正在变得更加流行；我们之所以听到更多的自闭症案例，是因为自闭症的定义近年来得到了拓宽，而且医生和家长对于自闭症症状的意识有所提高。另一方面，麻疹、腮腺炎和风疹是极具传染性的疾病，它们之所以在许多国家得到了有效的清除，恰恰是因为这些国家推行了常规免疫接种计划。如果我们的孩子不接种疫苗，不仅他们会面临危险，其他孩子也会陷入危险之中。此外，这项研究样本很小（只有12个孩子），而且作者似乎急于将其公之于众，这些都是很大的疑点。最终，我们决定为我们的孩子接种麻腮风疫苗。

不是只有我们遇到的医生产生了怀疑。一些人试图复制韦克菲尔德的结果，但他们并没有发现自闭症和麻腮风疫苗之间的任何关系。更糟糕的是，伦敦《星期日泰晤士报》记者布赖恩·迪尔（Brian Deer）在2004年进行了一项调查，在韦克菲尔德的研究中发现了一些可疑的反常之处。韦克菲尔德的研究似乎得到了一些律师的资助，这些律师希望接到针对医生和制药公司的利润丰厚的人身伤害诉讼。更加令人吃惊的是，韦克菲尔德本人显然正在计划推出一种替代性疫苗，他认为这种疫苗是安全的。韦克菲尔德的结论是否受到了这些利益冲突的影响？

韦克菲尔德声称自己并没有做出不道德的行为，但迪尔并没有停止挖掘。他发现了一些更加可恶的事情：韦克菲尔德论文中的数据与英国国民健康服务系统的官方医疗记录不符。在韦克菲尔德声称患上倒退型自闭症的9名儿童中，只有一个人被明确诊断出了这种疾病，还有3个人根本没有患病。韦克菲尔德声称12个孩子在接种麻腮风疫苗之前"是正常的"，但是其中5个人拥有发育问题的历史记录。

韦克菲尔德这篇论文的大多数共同作者很快撇清了自己与文章的关系。《柳叶刀》2010年撤销了这篇论文，并表示，"论文中的说法显然是完全错误的，这是一件毫无疑问的事情。"《英国医学期刊》称韦克菲尔德的研究是"精心策划的骗局"，英国医学总会禁止韦克菲尔德在英国行医。遗憾的是，这个错误还是造成了一些损失。到目前为止，已经有数百名没有接种的儿童死于麻疹、腮腺炎和风疹，还有数千名儿童处于危险之中。2011年，迪尔获得了英国新闻奖，因为他对韦克菲尔德的调查"很好地纠正了一个错误"。我们只能祈祷韦克菲尔德的真面目能够像他的虚假警报一样得到媒体的大量报道，希望家长能够再次允许他们的孩子接种疫苗。

疫苗是一种注射到人体中的病原体，因此人们对疫苗的担忧存在一定的合理性，尤其是与孩子的安全有关的疫苗。不过，那些不合理的结论呢？人为制造的数据能够使我们相信那些明显具有荒谬性的观点吗？

迪德里克·斯塔佩尔（Diederik Stapel）是一位极为多产、成功的荷兰社会心理学家，以设计全面细致的调查方案著称，这些方案通常以研究生或同事为调查对象。奇怪的是，作为一名高级研究员，他竟然亲自开展调查，而且很可能是在只有他能够进入的学校里进行的。另一件奇怪的事情是，斯塔佩尔常常知道同事的研究兴趣，并且声称他已经收集到了同事需要的数据；斯塔佩尔可以提供这些数据，条件是他需要被列为研究报告的共同作者。

斯塔佩尔是几百篇论文的作者或共同作者，他还在2009年获得了实验社会心理学会的职业轨迹奖。2010年，他当上了蒂尔堡社会和行为科学学院的院长。斯塔佩尔的许多论文具有争议性，但是至少看上去比较合理。不过，另一些论文已经超出了看似合理的界限。在一篇论文中，斯塔佩尔声称，凌乱的房间会加剧人们的种族主义倾向。在另一篇论文中，斯塔佩尔认为吃肉——甚至仅仅是考虑吃肉——会使人变得更加自私。（是的，我没有开玩笑！）

斯塔佩尔的一些研究生对于这些稀奇古怪的理论产生了怀疑，他们想要查看实际数据，以了解这些数据是如何支持他的理论的。令人失望的是，斯塔佩尔拒绝向他们展示调查数据。他们把这件事报告给了心理系主任。很快，斯塔佩尔承认，他的许多调查结果要么进行了篡改，要么完全是编造的。他解释说："我想以很快的速度做出许多成果。"

2011年，斯塔佩尔被停职，随后被蒂尔堡大学解雇。2013年，斯塔佩尔放弃了自己的博士学位，并且撤销了50多篇含有虚假数据的论文。他还同意从事120小时的社区服务，并且放弃与18个月薪水相当的利益。作为交换，荷兰检察官同意不对他滥用公共研究基金的行为提起刑事指控，因为这些政府拨款主要用于支付研究生的工资，而这些研究生并没有犯下任何错误。与此同时，我们在吃肉和弄乱房间时也可以减少几分愧疚感。

伪造数据的另一个例子涉及超感知觉（ESP）测试。早期超感知觉实验使用心理学家卡尔·齐纳公爵（Duke Karl Zener）设计的一副纸牌。这副纸牌共有 25 张牌，包括 5 种符号：圆圈、十字、波浪线、方块和星星。在洗过牌以后，"发送者"依次查看每张纸牌，"接收者"需要猜测纸牌上的符号。

图 1.2 五种齐纳纸牌

一些怀疑者指出，接收者可以偷看纸牌，或者从发送者的行为中寻找细微的线索，比如快速扫视、微笑或者挑眉，从而获得较高的分数。沃尔特·J. 利维（Walter J. Levy）是超感知觉先驱 J.B. 莱因（J. B. Rhine）创立的通灵学研究所主任。为了平息上述批评，利维用计算机和非人类对象做了一些实验。在一项实验中，他把包含小鸡胚胎的鸡蛋放在孵化器里，并用一个电灯为孵化器加热，电灯的开关由计算机随机事件生成器控制。随机事件生成器开灯的可能性是 50%。不过，利维表示，小鸡胚胎能够对计算机产生影响，使电灯打开的时间超过一半。

利维的一些同事对这些"具有心灵感应能力的小鸡"产生了怀疑（我倒希望这是真的），而且对于利维在实验期间对设备的过度关注感到困惑。他们对计算机进行了改动，使之能够将结果秘密记录下来。然后，他们躲在一个隐秘的地方，对实验进行了观察。他们的担忧得到了证实。秘密记录表明，电灯打开的时间只占总时间的一半。而且，他们看到利

1 模式、模式、模式

维对设备进行了干预，将电灯打开的时间提高到了 50% 以上。面对同事的质问，利维承认了自己的行为，并且辞去了职务。后来，他解释说，为了发表论文，他面临着很大的压力。

▷ 统计显著性膜拜

不过，我们最感兴趣的例子与虚假数据无关。这些例子涉及的做法更加微妙，更加常见。许多人对统计显著性非常关心。这是一种奇怪的宗教，它受到了研究人员近乎盲目地崇拜。假设我们想要通过检验了解，每天服用阿司匹林能否降低心脏病发作的风险。理想情况下，我们会对健康个体的两个随机样本进行比较。一个样本每天服用阿司匹林，另一个样本每天服用安慰剂——与阿司匹林具有类似外观、感觉和味道的惰性物质。这种检验应当是双盲检验：受试者和医生并不知道谁在哪个小组里。否则，病人报告"正确结果"（以及医生听到"正确结果"）的可能性也许会高于真实水平。

当研究结束时，统计学家就会介入进来。这里的统计问题是，在完全随机的情况下，两个小组的差异达到实际观测值的概率有多大。在大多数研究人员看来，小于 0.05 的概率具有"统计显著性"。如果数据中的模式仅凭运气出现的可能性不到 1/20，这种模式就会被视作具有统计说服力。章鱼保罗的数据具有统计显著性，因为它仅凭运气得到这种结果的可能性不到 1%。

在一项涉及 2.2 万名男性医生的阿司匹林研究的前五年，安慰剂组出现了 18 个致死性心脏病发作案例，阿司匹林组则只出现了 5 个同样的案例。在完全随机的情况下，这种巨大的差异发生的概率不到1%。至于非致死性心脏病发作，安慰剂组有171个案例，阿司匹林组有99个案例。这种巨大的差异仅凭运气出现的可能性约为十万分之一。这些结果具有统计显著性，因此美国心脏学会目前建议心脏病发病风险较高的患者每天服用阿司匹林。

另一方面，没有发现统计显著性的结果有时比发现统计显著性的结果更加重要。1887年，阿尔伯特·迈克耳孙（Albert Michelson）和爱德华·莫利（Edward Morley）测量了与地球运动方向平行和垂直的光速，希望找到二者之间的差异，以证明当时一种流行的理论。不过，他们并没有发现任何具有统计显著性的差异。他们的研究为爱因斯坦狭义相对论的提出和接纳奠定了基础。他们这项"失败"的研究为物理学革命做出了贡献。

再说一个更能说明问题的例子。我们将在后面的章节中讨论关节镜手术，这是一种针对膝骨关节炎的常规程序，每年会进行几十万次。最近的研究发现，这种手术带来的利益没有统计显著性，这一结论每年可以节省数百万美元资金，而且可以免去手术带来的不便和并发症风险。同许多发现罕见疾病疗法统计显著性的研究相比，这项没有在常见手术中发现统计显著性的研究显然具有更大的价值。

不过，一项针对心理学期刊的研究发现，在所有得到发表的检验结果中，97%的结果具有统计显著性。当然，在研究人员进行的所有检验中，具有统计显著性的检验比例不会达到97%。之所以出现上述结果，是因为编辑通常认为不具有统计显著性的检验没有发表的价值。

这个问题不限于学术领域。当商业或政府研究人员试图证明某个策略、计划或政策的价值时，他们往往觉得自己必须展示出具有统计显著性的经验性证据。不管是在哪里，研究人员都在追逐统计显著性，而这并不是一个难以寻觅的目标。在高速计算机和大量数据的帮助下，寻找统计显著性是一件很容易的事情。如果你观察得足够仔细，你甚至可以在随机数据表格中发现统计显著性。

寻找统计显著性的一种方法是对多种理论进行检验，然后只宣布具有统计显著性的结果。即使只考虑毫无价值的理论，也会有 1/20 的检验表现出统计显著性。在海量数据和高速计算机的帮助下，在生成"可发表结果"的巨大压力下，无数毫无价值的理论得到了检验。成千上万的研究人员对无数理论进行检验，将那些具有统计显著性的结果记录下来，并将其他结果扔到一边。对于社会公众来说，我们只能看到这些统计工作的冰山一角。我们只能看到具有统计显著性的结果，看不到不具有统计显著性的结果。如果我们知道这些得到公布的检验背后隐藏着数百项没有得到公布的检验，而且知道对毫无价值的理论进行的检验中平均有 1/20 的检验能够得到统计显著性，我们一定会抱着更加怀疑的态度看待这些得到公布的结果。

比如说，制药公司会对数千种实验性药物进行检验。即使在设计良好的无偏研究中，我们也会发现数百种毫无价值的药物表现出具有统计显著性的效果——而这又可以带来巨大的利润。制药商很喜欢对更多的新药进行检验。不过，他们并不喜欢对得到批准的疗法进行重新检验，以查看最初的结果是否仅仅是一种巧合，是否属于 1/20 碰巧具有统计显著性的毫无价值的疗法。

当得到批准的疗法接受重新检验时，结果常常令人失望，这是一件意料之中的事情。约翰·约安尼季斯（John Ioannidis）在希腊约阿尼纳大学、马萨诸塞州塔夫斯大学医学院以及加利福尼亚州斯坦福大学医学院任职。（想象一下，他需要飞行多少公里，放弃多少睡眠时间！）在整个职业生涯中，约安尼季斯一直在警告医生和公众不要轻易接受没有以令人信服的方式得到重复的医学检验结果。在一项研究中，他考察了从1990年到2003年的45项备受尊重的医学研究，这些研究自称证明了对于各种疾病的有效疗法。其中，只有34项实验被人用规模更大的样本进行了检验，以复制初始检验结果。在这34项研究中，只有20项研究证实了初始结果（59%）。在7种疗法中，重新检验得到的效果比最初的预测小得多；另外7种疗法的重新检验没有产生任何效果。总体而言，在45项研究中，只有20项研究得到了复制，而且这还是最受人尊重的研究！就在约安尼季斯发表这些令人不安的结果的同一年，他还写了另一篇文章，文章的标题很不讨好，叫做"为什么大多数得到发表的研究结果都是错误的"。

　　另一种获得统计显著性的方法是利用数据发现理论。统计检验的假设是，研究人员首先提出一种理论，然后收集数据，以检验这种理论，然后汇报结果——这种结果可能具有统计显著性，也可能不具有显著性。许多人颠倒了这种程序，他们仔细研究数据，以发现某种模式，然后编造出符合这种模式的理论。在数据中搜寻模式的过程令人愉快，而且激动人心，就像玩数独或者解决神秘谋杀案一样。这些人从各个角度考察数据，将数据分解成基于性别、年龄和种族的类别，丢掉妨碍模式的数据，寻找任何有趣的现象。当他们发现某种模式时，他们开始思考其中的原因。

当研究人员钻研数据、寻找模式时，他们会进行数百次显性或隐性检验。你可以站在他们的立场上进行考虑。首先，你将数据作为一个整体进行考察。然后，你分别查看男性和女性的数据。接着，你将儿童和成年人的数据区分开；然后将儿童、青少年和成年人的数据区分开；然后将儿童、青少年、成年人和老年人的数据区分开。接着，你尝试不同的年龄界限。你将老年人的范围设置为 65 岁以上。当这种做法失败时，你将这个数字调整为 55 岁、60 岁、70 岁或者 75 岁。最终，你总会发现某种模式。即使研究人员不对数据的每一种排列进行正式的统计检验，他们也可以进行非正式检验，即寻找看上去具有统计显著性的数据排列。如果我们知道研究人员在公布结果之前以一百种不同的方式对数据进行了考察，我们一定会抱着怀疑的态度看待这些结果。

这些做法——选择性报告和数据搜刮——被称为数据挖掘。通过数据挖掘发现的统计显著性只能体现出研究人员的耐心。在独立检验证实或拒绝结论之前，我们无法判断某种数据挖掘马拉松到底证明了某种实用理论的有效性还是研究人员坚定的毅力。不过，通常情况下，这类检验并不会被人验证。毕竟，你无法通过证实他人的研究而成为明星；所以，为什么不把时间用于发现新理论呢？因此，通过数据挖掘得出的理论看上去很安全，既不会受到检验，也不会受到质疑。

许多重要的科学理论的确是人们为了解释他们所发现的模式而提出来的。例如，在 19 世纪，大多数生物学家认为，亲代性状的平均值决定了后代性状。例如，孩子的身高是由父母身高的平均值决定的，同时也可能受到环境的影响。

奥地利修士格雷戈尔·孟德尔（Gregor Mendel）在 8 年时间里对几

万株豌豆进行了细致的研究。他对一些不同性状进行了考察，认为当时的混合理论是说不通的。当他对绿色种子的植株和黄色种子的植株进行异花授粉时，后代的种子要么是绿色的，要么是黄色的，没有黄绿色的种子。当他对圆粒种子植株和皱粒种子植株进行异花授粉时，后代的种子要么是圆粒的，要么是皱粒的，没有处于两者之间的种子。为了解释这些实验结果，孟德尔提出了"孟德尔遗传定律"，这个优雅的概率模型解释了性状的代际传递以及偶尔发生的隔代传递。他构造出了一种与数据相符的理论，为现代遗传学奠定了基础。

不过，数据挖掘还导致了数千种胡诌理论。我们如何区分正确理论与胡诌之间的区别？有两种有效的良方：常识和新数据。如果某种理论听起来很可笑，那么在看到压倒性的证据之前，我们绝不应该轻信这种理论；即使看到了压倒性的证据，我们也应当保持怀疑的态度。不同寻常的说法需要不同寻常的证据。遗憾的是，在这个年代，常识是一种稀缺品，许多诚实的研究人员用严肃的语气提出了一些愚蠢的理论。你知道吗？有人认为入选名人堂会使棒球选手的寿命预期减少五年。还有人认为一些中国人由于出生在"火年"而死于心脏病。本书稍后会对这些例子进行介绍。

第二种良方是新数据。当你通过搜刮数据编造出了某种理论时，用同样的数据对这种理论进行检验是一种不明智的做法。既然你编造这种理论是为了迎合数据，那么这些数据当然会支持这种理论！应当使用没有被数据挖掘所污染的新数据对理论进行检验。

当你用新数据检验通过数据挖掘形成的理论时，得到的结果常常令人失望，这是意料之中的事情。用启发某种理论的数据对这种理论进行检验的做法显然具有误导性。如果某种理论对新数据的匹配程度不像原始数据那么好，这显然并不奇怪。

举个例子。我刚刚用左手小指弹开了桌子上的一枚25美分硬币，硬币落地时背面朝上。看到这一结果，我得出了一种理论：如果我用左手小指将桌子上的25美分硬币弹开，那么它在落地时总会背面朝上。毕竟，我的数据可以支持这种理论。这种理论显然愚蠢而毫无用处，但我们在后面几章将要详细考察的一些理论也是如此，这些理论虽然不那么容易被看穿，但它们与我的弹硬币理论具有相同的推导方式。如果死于癌症的孩子生活在输电线附近，那么输电线的电磁场（EMF）一定是导致癌症的元凶，不是吗？如果某种理论看上去比较合理，而你又不知道这种理论是通过观察数据得到的——比如观察地板上的硬币——那么你很容易不假思索地认为与数据相符的理论一定是正确的。毕竟，这种理论能够得到数据的证明！这是你应当抗拒的几种冲动之一。

幸运的是，我们能够抗拒这种冲动。我们能够克服我们的远古祖先在生存和繁衍的斗争中形成的偏好。我们可以摆脱数据的欺骗。

✕ 如何轻松识破一本正经地胡说八道

我们通常倾向于寻找模式并且相信我们所观察到的模式是有意义的。如果棒球选手在穿上新袜子以后在比赛中表现出色，那么他不应该换袜子。如果股票市场在NFC球队赢得超级碗以后表现出色，那么你应该首先观看比赛，然后再去投资。如果篮球选手连续四次投篮命中，这说明他的状态很好，很有可能在下次投篮时命中。如果心脏病患者在1600公里以外的人发送治疗意念以后恢复正常，这说明远距离治疗是有效的。如果一项顾客满意度调查发现家里拥有三间浴室的人比家里拥有两间浴室的人更加热情，这说明前者才是企业的目标市场。如果一个国家在联邦债务很高时发生了衰退，这说明政府债务导致了衰退。在这本书中，我们将对几十个类似的例子进行反驳。

不要天真地认为模式就是证据。我们需要一个符合逻辑、具有说服力的解释，并且需要用新数据对这种解释进行检验。

不再神奇的超级畅销书

1791年12月26日，查尔斯·巴贝奇（Charles Babbage）出生于伦敦。那是一个科技和社会流动性发生巨大变革的时代。巴贝奇对数学非常感兴趣，但他对数学和天文学表格中的人为计算错误感到非常沮丧。这些错误不仅仅是智力上的失败，它们还会带来严重的后果，包括致使船长将轮船驶入暗礁区或者其他危险地带。

当时，在高贵的英国人看来，关注法国数学家是一种不爱国的行为。不过，巴贝奇还是这样做了。他发现法国政府利用一种自动人工系统制作了一些数学表格。在这个系统中，高级数学家确定填充表格所需要的公式，初级数学家将这些公式简化成加减运算。例如，在计算4×8时，我们可以将其简化成加法：8+8+8+8=32。最底层的加减运算是由专业人员完成的，这些专业人员被称为"计算员"。

巴贝奇意识到，从理论上说，人们可以设计出以100%准确率进行加减运算的机器，从而消除人为错误。巴贝奇还知道两个德国人（威廉·席卡德和戈特弗里德·威廉·莱布尼茨）以及伟大的法国数学家布莱士·帕斯卡（Blaise Pascal）设计的计算机。帕斯卡的父亲是法国收税员，因此他在十几岁的时候设计了一台机械计算机，叫做"阿里特马提克"（又叫"帕斯卡利娜"），以便为他的父亲提供帮助。"阿里特马提克"是一个盒子，上面带有一些表盘，它们与盒子里隐藏的轮子相连。每个表盘上标有0到9十个数字。当个位表盘从9移动到0时，十位表盘就会向上移动一个刻度；当十位表盘从9移动到0时，百位表盘就会向上移动一个刻度；依此类推。"阿里特马提克"可以进行加减运算，但是表盘需要手工转动。

巴贝奇将两种思想（将复杂公式转化成简单计算以及简单计算的自动化）融合在一起，设计出了一台机械计算机，可以完美地执行所有计算任务。作为巴贝奇的第一项设计，这台由铜和铁制造、由蒸汽驱动的庞然大物高达2.4米，重达15吨，包含2.5万个不同部件，被称为"差分机"。这台"差分机"可以进行多达20个数位的运算，而且可以将结果打印成格式化表格。在对这项设计进行了10年的小修小补以后，巴贝奇开始规划一台更加强大的计算机，叫做"分析机"。这项设计包含5万多个部件，使用穿孔卡片输入指令和数据，可以存储多达一千个50位数字。"分析机"有一个高达4.5米、直径为1.8米的圆柱形"工厂"，可以执行一个7.5米长的"存储器"发送的指令。这个"存储器"相当于现代计算机的内存，"工厂"相当于现代CPU。

巴贝奇的核心原则非常合理，与现代计算机的工作原理类似。不过，考虑到当时的技术水平，他所提出的机械设计极为庞大，而且他需要不断面对资金限制以及所需部件短缺的困扰。尽管如此，他的宏大视野和对细节的关注仍然使人感到震撼，因此他的大脑（发明了计算机的大脑）一直被保存到了今天，并被展示在英国皇家外科医师学院里。

1991年，在巴贝奇诞辰200周年之际，伦敦科学博物馆根据巴贝奇最初的计划制作了几台计算机，包括第二代差分机。这台机器和他预想的一样精确，可以进行多达 31 个数位的计算。2011 年，有人开展了一个名为"第 28 号计划"的私人非营利项目，用于制造巴贝奇的分析机，希望用巴贝奇领先时代一百年的超前思维激发我们的灵感。项目预计将在 2021 年巴贝奇逝世 150 周年之前完工。

由于巴贝奇的思想比他的时代领先了一个世纪，因此许多人对他的想法感到困惑。他在自传中回忆道：

有两次，（国会成员）问我："请问，巴贝奇先生，如果你把错误的数字输入到机器里，机器会输出正确答案吗？"……我不太理解引发这种问题的混乱思想。

即使是在计算机已经普及的今天，许多具有良好出发点的人仍然坚持着这种错误观念：由于计算机不会犯下运算错误，因此它们是绝对可靠的。哈佛校友杂志 2014 年的一篇文章声称："只要能够对足够多的信息进行量化，现代统计方法一定能够得出比一个人或者一小部分人更加正确的结论。"我们可以认为这种说法由于过于拐弯抹角而失去了意义，也可以认为这种说法是完全错误的。

事实上，如果我们让计算机去做一些愚蠢的事情，它也会忠实地遵从我们的命令。有一句俗语叫做"输入垃圾，输出垃圾"。也就是说，不管计算机多么强大，输出的价值仅仅取决于输入的质量。这种说法的另一个版本叫做"输入垃圾，输出福音"，它意味着人们往往过度相信计算机生成的结果，不会对输入进行审慎的思考。如果计算机的计算以不良数据为基础，那么它不会输出福音，只会输出垃圾。

遗憾的是，许许多多的人盲目崇拜基于误导性数据的计算。下面是几个例子。

▷ 去最好的学校

《纽约时报》华盛顿分部主任戴维·莱昂哈特（David Leonhardt）关于经济主题的作品获得了包括普利策奖在内的多个奖项。2009年，他为《纽约时报》撰写了一篇专栏文章，对《穿越终点线》一书作了介绍。此书是由两位前大学校长威廉·鲍文（William Bowen）和迈克尔·麦克弗森（Michael McPherson）以及一位博士研究生共同撰写的，其中后一位作者负责的很可能是分析68所大学20万学生数据的繁重工作。这本书的核心观点是，美国在"说服学生上大学"方面表现不错，但在"培养学生从大学毕业"方面则表现得不太理想。半数大学生无法毕业。

他们发现的第一个"罪魁祸首"是匹配不足：一些学生本来可以去毕业率较高的大学，但他们却选择了毕业率较低的大学。鲍文教授告诉莱昂哈特："许多来自贫困家庭的学生本来有更好的选择，但他们并没有就读适合自己的学校，这使我感到极为震惊。"总体而言，在学分积点高于3.5、大学入学考试成绩高于1200分的低收入准大学生中，大约有一半的人并没有选择更好的学校。

例如，90%的密歇根大学学生可以在6年内毕业。在东密歇根大学，这个比例只有40%。许多成绩足以进入密歇根大学的学生选择了东密歇根大学。要想从经济上解决这种匹配不足的问题，我们可以提高东密歇根大学的学费，或者降低密歇根大学的学费，以激励学生选择毕业率更高的学校。

实际情况并没有这么简单。这些数据都是垃圾，结论也不是什么福音。如果让这些所谓的"匹配不足"的学生就读密歇根大学，他们的毕业率可能会变得更低。研究人员认为这些学生是随机分配到密歇根大学或东密歇根大学的，就像医生被随机分配阿司匹林或安慰剂一样。不过，大学决策并不是科学实验。

当数据涉及人们的选择时（比如当人们选择上大学、结婚或者要孩子时），就会出现"自选择偏差"。在这种情况下，对于做出不同选择的人进行比较的做法是靠不住的。例如，我们常常听人说，大学毕业生的工资高于高中毕业生，似乎人们观察到的工资差异可以衡量上大学的财务回报。不过，大学毕业生之所以工资比较高，部分原因在于他们比不上大学的人更聪明，更有抱负。实际上，做出不同选择的人本身可能就是不同的。

类似地，上述"匹配不足"的观点也存在自选择偏差。学生不仅会选择上大学，他们还会选择上哪所大学。许多学生之所以选择东密歇根大学，而不是密歇根大学，也许是因为他们觉得自己很难从密歇根大学毕业。这可能是正确的选择。毕竟，他们比我们更了解自己的情况。虽然东密歇根大学的总体毕业率较低，但我们无法从数据中判断出是否每个能够上密歇根大学但选择了东密歇根大学的学生都能毕业。

在我们通过观察人们的行为而收集的"观测性数据"中，自选择偏差非常普遍。人们可以选择自己的行为，因此他们的选择也许反映了自身的特点。要想避免这种自选择偏差，可以进行对照实验，即将人们随机分配到不同的小组里，然后告诉他们应该怎样做。不过，研究人员很少有权力仅仅由于自己需要实验数据而强迫我们去做自己不想做的事情，这对我们所有人来说都是一件幸运的事情。

要想进行有效的"匹配不足"研究，我们可以将那些同时被密歇根大学和东密歇根大学录取的学生随机分配到某一所大学里。然后，我们可以对两个小组的毕业率进行比较。实际上，在20世纪60年代，有人曾在密歇根州伊普西兰提市做过类似的事情，尽管这听起来有些不可思议。当时，在一项实验性学前教育计划中，人们根据抛硬币的结果决定是否允许家庭社会经济地位不高的黑人孩子进入学前班。这项研究发现，上过学前班的学生高中毕业和找到工作的可能性较高，被逮捕的可能性较低。这项实验证明了学前教育的价值，尽管它对输掉硬币游戏的孩子来说似乎有些残酷。

巧合的是，东密歇根大学就在伊普西兰提市。更加巧合的是，2012年，东密歇根大学错误地向7700名学生（学生总数的三分之一）发送了电子邮件，称他们遭到了学校的开除。校长为这个"不可原谅的错误"道了歉。如果这些学生真的被开除，学校的毕业率将会变得更低。

莱昂哈特《纽约时报》专栏的一位读者发表了一条评论，认为教育质量比毕业率更加重要。（否则，我们可以抛弃论文、考试和出勤等令人讨厌的要求，直接向所有学生发放文凭，将毕业率提升至100%。）莱昂哈特回复道："大学毕业生的平均工资比大学辍学生高出54%，所以学位看上去显然具有经济意义。"这又是一种自选择偏差！选择上大学并通过努力学习获得学位的学生显然与大学辍学生存在系统性差异。

▷ 投票人数越多越好？

美国只有大约一半的合格选民在总统选举中投票。为了提高这个百分比，一个有趣的建议是将不投票的人的名字张贴在当地报纸或者互联网上，以便使他们感到羞愧。2014年，《纽约时报》提出了一个更加激进的解决方案：

> 惩罚和监禁是导致人们不再参与政治（比如投票或政治实践）的两个原因……一份针对美国城市最边缘群体的大规模调查发现，在曾被警察拦截和盘问的群体中，投票概率降低了8%；在曾被逮捕的群体中，投票概率降低了16%；在被定罪的群体中，投票概率降低了18%；在曾经遭到拘留或监禁的群体中，投票概率降低了22%。

这段文字显然暗示了这样一条信息：如果减少逮捕和定罪，投票率将得到极大的提高。

在解雇警察之前，别忘了，这些数据都是观测性数据。也许，遭到盘问、逮捕和定罪的人并不是从人群中随机选择的。也许，他们曾经犯下罪行。也许，不投票的人更有可能犯罪，减少逮捕和定罪并不会提高投票率。

▷ 一醉方休

饮酒是一个长期困扰许多大学的问题，而且常常是辍学的一个驱动因素。即使校园内部禁酒，一些学生也会令人遗憾地在周围街区由于醉酒而遭到逮捕。学生为自己被逮捕而苦恼，教授为学生不学习而苦恼，家长为大学没有监督和保护自己的儿女而苦恼。

"代替父母"原则意味着大学在法律上拥有保护学生、不让他们做出错误决定的权力和职责。这个原则的应用经历了许多波折。不过，许多大学完全有理由感到担忧。一些学生和家长曾经控告学校没能尽到家长的义务。逮捕和死亡事件对入学申请也会产生负面影响，而入学申请又是大学的生命线。

1984年，弗吉尼亚理工学院心理学教授E. 斯科特·盖勒（E. Scott Geller）在美国心理学协会的年度会议上发表了一篇研究论文，介绍了他在弗吉尼亚理工学院附近的三家酒吧里观察到的现象。（这比待在科学实验室里要有趣得多！）他发现，平均而言，以桶为单位要啤酒的人喝下的啤酒是以杯或瓶为单位要啤酒的人的两倍以上。他的结论是："如果我们禁止使用啤酒桶，饮酒问题将会得到重大改善。"这一结论在全国范围内得到了发表。

盖勒发表过超过350篇研究论文，并且凭借将行为科学运用到现实生活中的出色表现获得了大学校友杰出研究奖和校友服务奖。不过，上面这项研究不在他做过的那些优秀研究的范围之内。根据常识，我们知道，这项研究中存在自选择偏差，因为以桶为单位要啤酒的人一定是想一醉方休，而且他们通常能够实现这个目标。他们也许面临着某种将花过钱的啤酒喝完的心理压力，但即使换成酒杯或酒瓶，豪饮者也不会改变自己大量饮酒的意愿。

在漫长而多产的职业生涯中，盖勒对大学饮酒问题进行了许多研究，在进行上述酒吧研究的 27 年以后，在 2011 年美国心理学协会会议上，他承认了一个显而易见的事实：许多大学生"想要一醉方休……我们在多项研究中指出，他们的意图会影响他们的行为。如果他们想要喝醉，那么你很难阻止这件事的发生。"

▷ 放下遥控器

电视频道如此众多，精彩节目却寥寥无几。照本宣科的真人秀；由缺乏才能的选手参与的才艺竞赛；某博士告诉人们（可能是演员）他们很优秀；某鉴定专家告诉人们（可能是演员）他们很愚蠢；喜剧节目不断出现令人讨厌的背景笑声。也许，看电视时关掉声音会让人减少几分痛苦？

美国最受尊重的广播和电视新闻工作者爱德华·R.默罗（Edward R. Murrow）曾说过："电视的主要用途是欺骗和孤立我们，转移我们的注意力，逗我们开心。"这是 1958 年的事情，那是所谓的"电视黄金时代"。时至今日，情况并没有任何好转。

科学家很早就知道，看电视会使人的脑电波从敏捷而符合逻辑的贝塔波转变成放松而发散的阿尔法波。加里·拉尔森（Gary Larson）制作了一集优秀的动画片，名为《电视机产生之前的日子》，展示了一家人懒洋洋地躺在地板和沙发上、盯着一面空白墙壁的情景。

不管你观看的是空白的墙壁还是闪闪发光的"灯箱"，这种无须动脑的注视（常常伴随着心不在焉的吃喝）都会为你带来危害。2011 年，一群研究人员报告说，在澳大利亚，每天用 6 个小时看电视的人比从不看电视的人平均早死 5 年。简单计算一下，你会发现，在 25 岁以后，每看一个小时电视，寿命预期就会减少 22 分钟。你不仅在茫然的凝视中浪费了一个小时，而且额外失去了 22 分钟的生命。考虑到人们一生中看电视的习惯，研究人员得出的结论是，如果以法律形式禁止看电视，人们的寿命预期可以提高两年左右。

和之前一样，问题在于，这些数据是具有自选择偏差的观测性数据。也许，同那些拥有更加有趣的事情去做，而且自身健康状况足以支持他们这样做的人相比，选择整天看电视的人更加安静，更加抑郁，或者健康状况不是很理想。要想进行有效的实验，我们应该选择两个小组，禁止一组看电视，强迫另一组每天看 6 个小时电视。如果我被随机分到禁止看电视的小组，我会感到难过的。

▷ 请原谅我的直白

在灾难性的滑铁卢战役之前的早餐上，拿破仑宣布："威灵顿是差劲的将军，英国士兵是一群乌合之众；我们将在午饭之前解决战斗。"对许多人来说，这个故事再一次证明了法国人令人讨厌而又毫无根据的傲慢。不过，美国运通和法国旅游局的一项研究发现，大多数过去两年对法国进行过一次以上休闲旅游的美国人并不认为法国人不友好。他们究竟是如何得到这个结论的呢？

下面是一种方法。假设一名研究员受雇证明法国是一个休闲旅行的好去处。这名研究员可以进行一项简单的调查，调查内容如下：

1. 过去两年你对法国进行过几次商务旅行？
2. 过去两年你对法国进行过几次休闲（非商务）旅行？
3. 你是否认为法国人不友好？

假设大多数只对法国进行过一次商务旅行的人认为法国人不友好。这也是他们从不自愿前往法国的原因。研究员将这些人的回答扔到一边。

假设大多数从未去过法国的人认为法国人不友好。这也是他们从不前往法国的原因。研究员将这些人的回答扔到一边。

假设大多数只对法国进行过一次休闲旅行的人认为法国人不友好。这也是他们从不再次前往法国的原因。研究员将这些人的回答扔到一边。

假设大多数对法国进行过不止一次休闲旅行的人不认为法国人不友好。太好了！这正是研究员想要的回答。法国旅游局可以根据这些回答进行广告宣传：大多数过去两年对法国进行过不止一次休闲旅行的美国人不认为法国人不友好。

从字面上看，这种说法是正确的，但它具有欺骗性。这种说法存在自选择偏差，因为选择重返法国的人几乎一定在上次旅行时玩得很开心。不过，这种说法向人们提供了错误的暗示：大多数曾经去过法国的人希望再次前往法国。

这种偏差隐藏在所有顾客满意度调查中。一家航空公司曾经打出这样的广告：在经常从纽约前往芝加哥的商业旅行者中，84%的人更喜欢这家航空公司，而不是另一家航空公司。这个广告令人困惑的地方在于，在从纽约飞往芝加哥的旅行者中，只有8%的人选择这家航空公司。如果84%的旅行者更喜欢这家公司，为什么选择这家公司的旅客只有8%呢？

答案是，84% 这个数字所依据的调查对象是该公司从纽约飞往芝加哥的一架航班上的乘客。选择这家航空公司的旅行者更喜欢这家公司，这没有什么好奇怪的。真正奇怪的是，还有 16% 的旅客更喜欢另一家航空公司。不过，我们很难想象航空公司会打出这样的广告："在乘坐我公司飞机的旅客中，16% 的人感到后悔。"

▷ 只有弱者留下来

自选择偏差并不是观测性数据的唯一潜在问题。20 世纪 70 年代，一项集体诉讼认为密西西比州戈斯市"佐治亚－太平洋锯木厂"在初始工作分配和晋升方面歧视黑人。该厂 50% 的劳动力是黑人，但大多数黑人员工进入工厂时从事的是级别最低的工作类型（"公用事业"），而且从未获得晋升。

在审讯中，工厂经理承认，电工长是工厂里唯一需要事先具备一定技能的工作岗位。其他所有岗位需要的技能都可以在工作中学习。公司的管理层也证实，雇用和晋升决策具有主观性，没有任何书面程序或具体标准。关于高级工作岗位黑人相对较少的原因，工厂经理的核心观点是："同承担责任、付出额外的辛苦、延长工作时间相比，黑人更喜欢从事不需要太多技能的工作。"

美国上诉法院第五巡回法庭并没有被这种具有侮辱性的观点说服。他们引用了美国最高法院在"黑泽尔伍德校区诉美国案"中的观点："在可以证明总体统计性差异的时候，这种差异本身可以……构成歧视模式或实践的初步证据。"他们还补充说："'差异性对待'案件通常要求提供歧视动机的证据，而作为一种便捷的歧视机制，公司官员缺乏标准的主观决策的证据可以满足这种要求。"

法庭的结论当然是正确的，但其统计性证据的某个部分却存在一个被所有人忽视的微妙缺陷。法庭展示了6年前进入公司入门级公用事业岗位并且领取相同工资的11名员工1976年的工资。1976年，5名白人员工的平均工资是3.88美元，6名黑人员工的平均工资则只有2.99美元。这似乎是工资歧视的明显证据。不过，事情并没有这么简单。

这些数据属于回溯性数据。也就是说，这项研究选择了一群员工，然后回顾他们的情况，而不是考察他们未来的情况。在前瞻性研究中，研究人员选择一个样本，然后监督它在一段时间里的变化。例如，你可以每年对1000个人进行医学检查，以查看饮食与心脏病之间是否存在关联。你也可以每年对1000家公司进行观测，以查看分红政策与股票表现之间是否存在关联。相反，在回溯性研究中，研究人员选择一个样本，然后考察它的历史，比如考察1000名老年女性的医疗记录或者1000家公司过去的表现。

回溯性研究往往存在幸存者偏差。也就是说，当我们选择现在的样本并回顾过去时，我们只能看到幸存者。老年人的历史医疗记录中排除了没有活到老年的个体。公司财务历史记录中排除了已经破产的公司。

对1970年入职的员工1976年的工资进行比较的做法是一种回溯性研究，因为它只考察了1976年仍然留在公司的员工，排除了1970年入职后自愿或被迫离开公司的人。假设公司在1970年以完全相同的工资雇用了10个白人和10个黑人，而且每个群体里有一半的人工作效率很高，一半的人工作效率不高。进一步说，假设在这6年时间里，在所有种族群体之中，效率很高的员工的工资提高了 30%，效率不高的员工的工资提高了 10%。如果所有 20 名员工 1976 年仍然留在公司里，白人和黑人的平均工资将会持平。不过，如果效率不高的白人员工被解雇，留下来的白人的平均工资将高于黑人的平均工资。如果效率很高的黑人员工离开公司，以追求更好的工作，那么白人的平均工资也将高于黑人的平均工资。我们并不知道这些事情是否真的发生过。关键问题是，回溯性研究无法完整地描述 1970 年入职的所有员工的情况。

许多观测性研究存在幸存者偏差。例如，健康维护组织在一项调查中发现，超过 90% 的成员对该组织感到满意。这里存在两种幸存者偏差，它们都在推高调查的满意度：一些人由于不满意而退出了这项计划，还有一些人离开了人世。

红狮酒店曾经打出占据整整一个版面的广告："在曾经入住红狮的商务旅行者中，98% 的旅行者还会再次选择我们。"原来，该公司对酒店里的顾客进行了一项调查，其中 98% 的人表示"他们在旅行时通常会选择红狮酒店"。显然，只住过一次红狮酒店的人并没有被这项调查包括在内。

下面是一个更加微妙的例子。有人对纽约市兽医院接收的从高层公寓楼坠落的 115 只猫咪进行了调查，发现从 9 层以及上楼层坠落的猫咪的死亡率为 5%，从不足 9 层的楼层坠落的猫咪的死亡率为 10%。根据医生的推测，这是因为从较高楼层坠落的猫咪能够将身体伸展开，形成一种降落伞效应。还有其他解释吗？

这个例子存在幸存者偏差，因为坠落后死亡的猫咪不会被送到医院。而且，许多猫主会放弃那些从高层坠落后奄奄一息的猫咪，而从较低楼层坠落的猫咪的主人往往更加乐观,更愿意花钱带它们去医院。

▷ **被损坏的飞机**

二战期间,英国皇家空军(RAF)计划在飞机上安装厚钢板,以帮助它们抵抗德国战斗机和陆基高射炮的攻击。这些防护板极为沉重,无法用来覆盖整个飞机,因此英国皇家空军开始对结束轰炸任务的飞机进行调查,以收集飞机上子弹孔和弹片孔的位置数据。图 2.1 是一张示意图。如图所示,大多数弹孔位于机翼和飞机尾部,驾驶舱、发动机和油箱的弹孔则非常稀少——这说明防护板应当安装在机翼和飞机尾部。你同意这种观点吗?

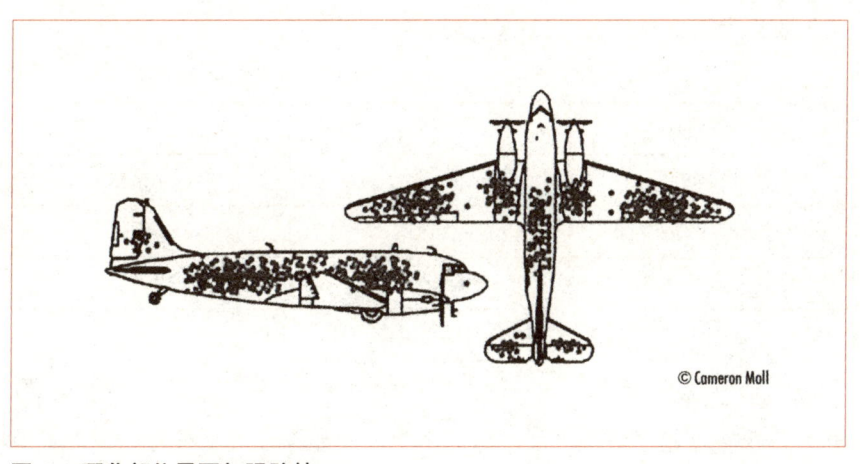

图 2.1 哪些部位需要加强防护?

逃到美国的匈牙利犹太人亚伯拉罕·瓦尔德(Abraham Wald)敏锐地意识到,这些数据存在幸存者偏差。返航飞机的驾驶舱和油箱之所以很少出现弹孔,是因为这些部位被击中的飞机无法存活下来并返回英国。

返航飞机在机翼上出现弹孔的可能性更大，因为这些弹孔的伤害很小。瓦尔德的建议与最初的结论完全相反：他们应当加固没有弹孔的位置，而不是弹孔最多的位置。

这个办法发挥了作用。被击落的飞机数量大幅减少，安全返航并且可以重新投入战斗的飞机数量大幅增加。瓦尔德清晰的思路为战争的胜利做出了贡献。

▷ 畅销书的秘密

在撰写畅销书《从优秀到卓越》之前，吉姆·柯林斯（Jim Collins）及其研究团队花了 5 年时间，考察了 1435 家公司 40 年的历史，发现了股价表现优于平均水平的 11 家公司：

雅培	金佰利	必能宝
电路城	克罗格	沃尔格林
房利美	纽柯	富国银行
吉列	菲利普·莫里斯	

柯林斯对 11 家大公司进行了一番详细检查，发现了一些共同特点，并为每个特点起了一个吸引眼球的名字，比如第五级领导者——具有谦逊的个人品质和职业驱动力、能够将公司打造成卓越企业的领导者。

柯林斯将他的工作描述成"寻找适用于一家组织的永恒而普遍的答案"。通过研究，他找到了他所寻找的宝藏："只要认真使用我们所发现的思想框架，几乎任何组织都可以极大提高自身的境界和表现，甚至成

2 不再神奇的超级畅销书

为一家卓越的组织。"那些想要相信他的读者的确相信了他。《从优秀到卓越》的销量突破了 400 万部，而且进入了一些史上最佳管理类书籍的排行榜之中。

当然，问题在于，这是一项存在幸存者偏差的回溯性研究。下面是正确的研究方法。首先，选择这个 40 年时间段开始时存在的一组公司。它们可以是标普 500 指数中的所有公司，纽约股票交易所的所有上市公司，或者其他某个名单上的公司。重点是，这份名单应当始于 40 年前。接着，使用看上去合理的标准预测出表现优于其他公司的 11 家公司。这些标准必须具有客观性，不能参考这些公司未来 40 年的表现。先去查看哪些公司表现出色，然后再去预测哪些公司表现出色的做法是不公平的，也是没有意义的。这不是预测，只是回顾。

在选定 11 家公司以后，我们可以比较它们与其他公司在接下来 40 年时间里的表现。如果柯林斯是这样做的，那么 11 家公司中的某些公司无疑会令人失望。一些公司可能会破产。一些公司可能不会被他选中。这就是世界的残酷性。不过，这也将是一种公平的比较。

柯林斯并没有这样做。他在 40 年时间段结束时选择了 11 家成功的公司，以确保它们不会令人失望。柯林斯曾写道，他"直接根据数据进行了经验性推断，得出了所有概念"。他觉得他在宣扬自己的研究具有专业性，没有偏差；这些内容不是他编造出来的；他的一切观点都是通过数据推导出来的。

实际上，柯林斯承认了他对一些公司的表现优于其他公司的原因一无所知。他告诉人们，他对"根据数据推导理论"的危险性浑然不觉。为了支持这种理论在统计上的合法性，柯林斯找到了科罗拉多大学的两

43

位教授。一位教授说："你的框架中的概念随机出现的概率几乎为零。"另一位教授说得更加具体，他说道："这 11 家公司的员工表现出了你所发现的主要特点，而它们的直接比较对象并不具备这些特点。那么，随机找到这样 11 家公司的概率是多少呢？"根据他的计算，这个概率不到一千七百万分之一。柯林斯的结论是："找到 11 个恰好具有我们所寻找的'从优秀到卓越'模式的随机事件的可能性几乎为零。我们可以充满信心地得出结论：我们所找到的特点与从优秀到卓越的转变存在紧密的联系。"

我不知道这个一千七百万分之一的概率是如何计算出来的（我联系了这位教授，他说他不记得了），但我至少知道它是不正确的。这位教授的计算假定这五个特点是在查看数据之前确定的。事实并非如此，因此这种计算没有任何意义。正确的概率不是一千七百万分之一，而是 1。没错，是 100%。

假设我抓到了五张扑克牌：黑桃 3、黑桃 8、方片 8、红桃 Q、黑桃 A。这不是很神奇吗？抓到这把牌的可能性大约是三百万分之一，但它竟然出现在我的眼前！如果我在抓牌之前正确预测出了这五张牌，那才是一件神奇的事情。不过，如果我在抓到这把牌以后再去预测，那就一点也不神奇了。在我看到这把牌以后，拥有这五张牌的概率是 1，不是三百万分之一。

如果我们回顾历史上的任何一组公司，不管是最优秀的公司还是最糟糕的公司，我们总能发现一些共同特点。瞧，柯林斯选择的 11 家公司的名字里都有一个字母 i 或 r，有几家公司既有 i 又有 r。从优秀到卓越的关键是确保公司名称中有一个 i 或 r 吗？当然不是。

先选择公司、然后寻找共同特点的做法既不令人意外，也不令人感兴趣。真正有趣的问题是，这些共同特点是否能够预测哪些公司将在未来取得成功。

对于上面 11 家公司来说，答案是否定的。房利美的股价从 2001 年的每股 80 美元以上变成了 2008 年的每股不到 1 美元。电路城在 2009 年破产。在《从优秀到卓越》出版以后，其他 9 家公司在股市上的表现非常平庸。从图书出版到 2012 年，五只股票的表现优于股市整体水平，六只股票的表现不如股市整体水平。

20 年前，另一部关于企业的畅销书做了一件非常类似的事情，这件事也存在完全相同的问题。这种循环现象给我们带来的真正教训是，写作这些书籍的作者和购买这些书籍的数百万读者没有意识到书中的本质缺陷。

世界顶级咨询公司之一麦肯锡公司要求两名默默无闻的咨询师汤姆·彼得斯（Tom Peters）和罗伯特·沃特曼（Robert Waterman）对几家成功的公司进行研究。彼得斯和沃特曼与麦肯锡的其他咨询师进行了交谈，列出了 43 家拥有良好声望和雄厚资金的公司。接着，他们与经理们进行交谈，并且阅读杂志上的故事，以寻找共同的主题。根据这项相当随意的研究，他们写出了一部极具影响力、极为成功的书籍《追求卓越》。此书列出了彼得斯和沃特曼在 43 家优秀公司中发现的 8 个共同因素，比如偏爱行动和接近顾客。这也是一项回溯性研究。我们无法知道"偏爱行动"（不管这种说法的含义是什么）的公司是否比其他公司更加成功，或者过去表现出色的公司能否在未来表现出色。

在这 43 家公司中，35 家公司拥有公开交易的股票。在这本书出版以后，15家公司的表现优于股市的整体水平，20家公司的表现不及股市的整体水平。柯林斯、彼得斯和沃特曼并没有提供任何证据证明他们所描述的特点是这些公司过去取得成功的原因。要想做到这一点，他们需要提供这些特点的理论证据，在不知道公司拥有或没有这些特点的情况下选择公司，然后根据某种事先确定的衡量标准监督它们的表现。这些作者并没有开展这样的工作。

对成功的企业、婚姻和人生进行回溯性研究的所有书籍都存在这个问题，包括成功企业、持久婚姻、活到百岁的方法/秘密/诀窍等。这类书籍存在固有的幸存者偏差。如果我们觉得自己知道成功的任何秘密，一个有效的检验方法是找到拥有这些特点的企业或个人，然后查看他们未来10年、20年或50年的表现。否则，我们仅仅是在考察过去，而不是在预测未来。

× 如何轻松识破一本正经地胡说八道

我们会观察人们的工作、游戏和生活，而且我们会自然而然地根据我们看到的现象得出结论。我们的结论可能会失真，因为这些人所做的事情是他们自己选择的。我们观察到的特点可能并非源于活动，而是反映了选择这种活动的人的个性。

如果有人告诉我们，参与竞争性体育运动的孩子非常自信，我们不应该认为竞争性体育运动可以增强自信。也许，自信的孩子喜欢参与竞争性运动。如果有人告诉我们，华尔街的工作人员很有进取心，我们不应该认为华尔街可以培养进取心。也许，华尔街容易吸引具有进取心的人。如果获得普利策奖的新闻工作者和获得大学卓越奖项的人都会受到自选择偏差的欺骗，那么我们所有人都需要保持警惕。

我们会自然而然地根据我们看到的现象得出结论——工人的工资、受损的飞机、成功的公司。我们还应当考虑到我们没有看到的事情——离职的员工、没有返航的飞机、失败的公司。我们没有看到的数据可能和我们看到的数据一样重要，甚至更加重要。为避免幸存者偏差，应当从过去开始并向未来展望。查看20年前受雇的人员、出发参与轰炸任务的飞机、40年前处于经营状态的公司——然后查看接下来发生了什么。

被误传的谋杀之都

3 被误传的谋杀之都

我有一个朋友,名叫史蒂夫(Steve),他从加州理工学院退学,参加了陆军游骑兵。这是美国士兵中的一个精英群体,专门执行高危近战任务。游骑兵的信条中有这样一句话:"我的国家希望我比其他士兵走得更远、更快,战斗得更加英勇。"

史蒂夫的部队专门执行空降突击任务,他的膝盖在数百次跳伞经历中受到了很大伤害。一次,他的团队遭到伏击,被困在越南的几块稻田里。他们无法站起来作战或者奔跑,因此他们尽量压低身子,等待直升机过来将敌人驱离。幸运的是,一个绰号为"狂野比尔"的狙击手正驻扎在有利位置,以应对这种情况。比尔位于稻田的300米开外,但他经常可以命中三倍于这个距离的目标。当敌军士兵探头查看他们的藏身之处时,"狂野比尔"将他们一个一个地放倒。等到直升机赶到时,一部分敌军士兵已经死去,其余士兵全都逃走了。另一次,"狂野比尔"在一百米开外射杀了一名坐在汽车里的敌军将领。子弹威力极大,击穿了汽车的防弹挡风玻璃,穿过司机,击中了坐在后排的将军。

史蒂夫带着一对受伤的膝盖和一系列令人震惊的故事离开了游骑兵。在美国,他过着和平而活跃的生活。他参加体育运动,并且教人们进行水肺潜水。最终，他那对患有骨关节炎的膝盖使他放慢了脚步。骨关节炎是一种退行性疾病。面对无法进行大量运动的黯淡前景，史蒂夫感到非常沮丧。一位医生告诉他："你的年纪大了，不适合参加体育运动了。"这使史蒂夫感到很难过。

史蒂夫的情况并不是个例。几十年来，当我们站立、走路、奔跑、跳跃和舞蹈时，我们的膝关节一直在支撑我们超重的身体。因此，它们很容易撕裂，扭伤，出现一些浮游软骨。最常见的疗法是医院每年进行数十万次的关节镜手术。这种手术需要切出两个小型刀口，一个用于导入小型光导纤维摄像机，一个用于导入实施手术的小型仪器。外科医生需要移除碎片，然后对余下的结构进行修复、清洁、平整和修理。当这项耗资5 000美元的手术结束后，疼痛就会消失。至少，医生是这样说的。

史蒂夫接受了关节镜手术，并对结果大加赞赏。他反复告诉我，我应当接受这项手术，以修复我那娇嫩的膝盖。不过，我对此持怀疑态度。几十年来，人们并没有将关节镜手术与其他疗法进行比较。医生进行手术，患者表示他们感觉病情出现了好转。除此以外，我们还需要知道什么呢？首先，我们需要知道，他们的膝盖是否真的得到了改善？也许，患者之所以表示病情出现了好转，是因为他们认为自己应当感觉到病情的好转。永远不要低估暗示的力量。

为了避免接受一项没有必要的手术，我对这个问题进行了进一步的考察。要想判断手术是否有效，真正的科学方法是进行一项对照实验，对一部分随机选择的患者进行关节镜手术，并且不对其他患者进行这项手术。不过，有一个困难似乎无法化解：患者知道自己是否做过手术，这将影响他们对于自身感觉的反馈结果。

3 被误传的谋杀之都

为了解决这个问题，在20世纪90年代，一项涉及180名退伍军人的对照实验设计了一个周密的策略。医生为对照组的患者切出两个浅浅的刀口，并且做出模仿关节镜手术的动作。这些患者并不知道他们是实验的一部分。在接下来的两年时间里独立评估老兵状况的医生同样不知道这项实验。研究的结论是，同接受假手术的对照组相比，真正接受关节镜手术的患者在任何时刻都没有感受到更少的疼痛，或者表现出更好的功能。显然，病人声称的疼痛缓解完全来自安慰剂效应（人们相信医学的力量，希望看到治疗方法带来积极的效果，即使这种治疗方法没有任何医学价值）。

这项研究2002年发表在《新英格兰医学期刊》上。6年后，发表在同一份期刊上的另一项研究证明，对于膝骨关节炎患者来说，同只接受药物和物理治疗的对照组相比，接受关节镜膝盖手术、药物治疗和物理治疗的患者在疼痛、僵硬度和物理功能方面并没有表现得更好。现在，许多医生建议病人放弃这项手术。我的医生是一位运动医学专家，他向我提出了同样的建议。我相信他的观点。

胃冷冻是一种治疗胃溃疡的奇特疗法，目前已经丧失了信誉。这种疗法也经历了一个与治疗膝盖问题非常类似的过程。胃溃疡有时会使人感到极为痛苦。过去，人们常常通过物理切除胃酸来源的方法治疗这种疾病。一位具有发散性思维的医生想，既然他们可以用冰块减少踝关节扭伤和其他外伤的疼痛，那么他们也许可以用冰块使病人的胃部失去知觉，从而减少疼痛。不过，让病人吞下几十个冰块的方法不仅会使病人感到很难受，而且缺乏效率，因为你无法保证冰块与溃疡部位的持续接触。

人们提出了解决方案：将气球插入到溃疡患者的胃部，然后通过气球泵入过冷液体。这显然比手术更加便宜，更加安全，尽管它的效果可能不像手术那样持久。20 世纪 50 年代的实验表明，这种古怪的想法实际上是有效果的，因为患者报告说，他们的胃酸分泌量出现了减少，胃部疼痛得到了缓解。这些结果发表在很有声望的《美国医学协会期刊》上。在此后的几年时间里，人们一直在用胃冷冻疗法缓解溃疡患者的疼痛。

和治疗膝盖问题的关节镜手术一样，胃冷冻疗法缺乏相应的对照组，因此我们无法知道这种疗法是否真的有效果。在被问及胃部疼痛时，患者可能倾向于给出他们所认为的正确答案。

和之前一样，我们需要一项对照实验，将过冷液体泵入一组随机选择的患者体内，将与体温相当的液体泵入另一组患者体内。当然，我们不能把我们所使用的液体种类告诉患者。

当人们最终结束这项实验时，得到的结果令人吃惊。在接受胃冷冻治疗的患者中，34% 的患者表示病情出现了好转；在接受与体温相当的液体的患者中，这个比例是 38%。又是安慰剂效应！随后的研究表明，胃冷冻没有任何真正的效果，医生从此不再将冰冷的气球塞进人们的喉咙。

正像这些例子表明的那样，设计良好的实证研究通常涉及比较。不过，正像下一个例子说明的那样，比较并不总是公平而有效的。有时，人们会对苹果和李子干进行比较。

▷ 马萨诸塞州谋杀之都

如果道琼斯工业平均指数一天下降 100 点，这个数字是多还是少呢？要想正确看待这种变化，我们可以计算下跌百分比。如果道指当天开盘时是 1000 点，那么 100 点的下跌对应于 10% 的比例（令人恐慌）。如果道指当天开盘时是 10000 点，那么 100 点的下跌对应于 1% 的比例（令人不快）。股票价格的百分比变化是一种有用的信息。不过，一些百分比变化也会具有误导性，比如当人们将某种小型事物的百分比变化与某种大型事物的百分比变化进行比较时。

韦尔弗里特是马萨诸塞州的一座小镇，以牡蛎、艺术家和宁静著称。不过，波士顿一份报纸报道说，韦尔弗里特当年的谋杀率是马萨诸塞州之最，每 10 万名居民中就有 40 起谋杀案——这个数字是波士顿的两倍多，后者每 10 万名居民中只有 17 起谋杀案。这篇报道使人感到非常吃惊。一名困惑的记者对这件谋杀统计谜案进行了研究，发现韦尔弗里特的所有警察都没有听说过这座小镇发生的谋杀案，包括一位在韦尔弗里特生活了 50 年的警察。

不过，一名被控在 30 公里外犯下谋杀案的男子在韦尔弗里特警察局自首，这个案件被错误地统计成了发生在韦尔弗里特的谋杀案。韦尔弗里特只有 2491 名居民，因此一项被错误统计的案件变成了每十万名居民中的 40 起谋杀案。相比之下，波士顿发生了 98 起谋杀案，相当于每十万名居民中发生 17 起谋杀案。

这个谋杀之谜显示了当基数很小时一个统计意外所产生的巨大影响。在波士顿，一项错误记录的谋杀案对谋杀率的影响很小。在韦尔弗里特，一项错误记录的谋杀案可以将一个以牡蛎和艺术家著称的小村庄与底特律画上等号。对于基数较小的情形，一种处理方法是使用许多年的数据，以获得更大的基数。在过去 50 年时间里，韦尔弗里特只有一起被错误记录的谋杀案，或者说没有谋杀案——两种说法都可以证明，这的确是一个和平的小镇。所以，不要担心，把牡蛎递给我吧。

▷ 请在我家后院开一座采石场

蒂梅丘拉是一个南加州社区，与洛杉矶、圣迭戈和奥兰治县之间的距离大致相等。虽然蒂梅丘拉位于内陆山谷之中，但它距离太平洋只有20公里。每天，海风通过一个山间空隙带来凉爽的空气，使蒂梅丘拉山谷形成了温和的地中海气候。

由于拥有怡人的气候、乐观进取的精神以及支持商业的态度，蒂梅丘拉的人口从1980年的不到2000人增长到了2010年的10万人以上，家庭年收入中值超过8万美元。这个小镇还拥有52万平方米的体育设施，包括10个棒球场（5个带有照明设施），两个带有照明设施的橄榄球/足球场，一个游泳池以及体育馆和社区中心。

晴朗的白天和凉爽的夜晚不仅可以吸引人口，而且适合生产葡萄酒。蒂梅丘拉山谷目前拥有30多家酿酒厂。这里还有数百家古董商店、特色商店和餐厅，9个高尔夫球场，以及加州最大的赌场。这里有热气球比赛、汽车展览、爵士音乐节以及电影节。在不到30年的时间里，这个很小的小镇已经升级成了一个绝佳旅游目的地，每月有7万人入住蒂梅丘拉酒店，1/6的当地居民从事旅游业。

2005年，美国最大的矿业和建筑公司申请在蒂梅丘拉附近建造采石场的许可证——实际上，这是一个超级采石场，面积相当于17个足球场，深度与帝国大厦的高度相同。这个采石场每天将动用4500公斤炸药，以

3 被误传的谋杀之都

便将岩石从山上分离出来，然后将其粉碎成石子和沙土（叫做"骨料"），用作混凝土、沥青以及其他建筑材料。除了粉碎设施，他们还将建造两个沥青厂、一个混凝土厂以及一个碎石回收厂。采矿和加工每天持续20小时，每周进行6天，每年将生产500万吨骨料。装货和运输每天持续20小时，每周进行7天，每天将有1600辆卡车进出该地。

根据计划，这个采石场位于海风将凉爽空气吹入蒂梅丘拉山谷时经过的山间空隙。因此，居民担心这个超级采石场将会影响城市的经济和房产价值。如果海风将灰尘、噪音、刺鼻的味道以及其他污染物带进这个美丽的城市，旅游业者和房屋所有者该怎么办呢？

不必担心，矿业公司说。该公司请当地一位优秀经济学家准备了一份经济分析报告。报告称，这个采石场每年将为居民带来1.72亿美元的好处，而且不会带来任何成本。矿业公司的真实身份是圣诞老人，他将为那些仍然相信圣诞老人的人带来上亿美元的礼物。

如果事实真如该公司所说，那么各个城市将会为采石场的选址展开激烈的争夺。他们将不会为了吸引专业体育团队而向他们提供税收优惠、低息贷款和基础设施。相反，他们将会把这些激励政策提供给矿业公司。"这是1亿美元。请在我们城市开矿吧。"

不过，他们并没有这样做。

就连该公司雇用的经济学家也承认这一点："骨料开采作业几乎总会遇到反对声音。"为什么人们要反对没有任何附加条件的上亿美元利益呢？是他们太幼稚，还是受雇咨询师的估计存在严重误导性？你觉得呢？让我们研究一下这位咨询师对收益和成本的估计，看看我们能够发现什么。

关于经济收益的计算出现在几张电子表格之中，这些表格充满了令人头疼的细节，比如碎石价格和去除水中细颗粒物所需要的絮凝剂用量。所有这些细节形成了一种看似严格的经济分析，同时掩盖了一个事实：在电子表格最后得到的1.72亿美元中，有1.50亿美元并不是当地收益，而是公司的年利润。没错，由于公司销售的是蒂梅丘拉的"土地"，因此这位经济学家将1.50亿美元的公司利润统计成了当地居民的收益。实际上，除了看到一家公司变富所带来的某种间接快感，这种利润不会为当地带来任何利益。

剩余2200万美元的预期利益来自新采石场的99个工作岗位，其中大部分是将骨料运往建筑工地的卡车司机。这里同样存在问题。计划中的蒂梅丘拉采石场位于里弗赛德县靠近圣迭戈边境的位置。公司预计，蒂梅丘拉采石场生产的骨料60%将被运往圣迭戈县，这将减少圣迭戈对更加遥远的里弗赛德县采石场的骨料需求。

该公司的咨询师表示，骨料总产量不会发生变化。一位咨询师是这样说的："新采石场所做的事情仅仅是替代原有采石场的供应。新的采石场不能也不会导致更多骨料被开采、运输和使用。"

在这里，咨询师的观点是正确的。骨料总产量是由需求决定的——也就是正在建设的住宅、商店和道路的数量。新的采石场只能改变骨料的生产地点。如果蒂梅丘拉的产量是500万吨，这将意味着里弗赛德县其他地区的采石场减产500万吨。该公司自身的说法暗示了产量或工作岗位不会增加，只会从现有采石场转移到新的采石场。

因此，公司声称为当地居民带来的1.72亿美元利益完全是空中楼阁——它只是建筑公司的1.50亿美元利润以及99个从现有采石场转移到新采石场的工作岗位而已。"该公司不会带来的"不是成本,而是利益!

那么。经济学家所说的"没有任何成本"呢?蒂梅丘拉居民对房产价值的担心是杞人忧天吗?另一位咨询师声称,在 70 公里外的科罗纳市,矿山生产与房产价值之间出现了"直接的正相关"。城市领导人显然应当欢迎超级矿场选择他们这座美好的城市——因为城市房产价值将受到"超级影响"。

这种说法令人无法容忍。当任何两样事物随时间增长时,它们之间可能没有任何因果关系,但它们仍然具有统计相关性。表 3.1 显示了美国的啤酒销量和已婚人口的数量。二者的相关性达到了惊人的 0.99。面对这种强烈的相关性,我们能否认为饮酒会导致婚姻?或者倒过来,我们能否认为婚姻会导致饮酒?

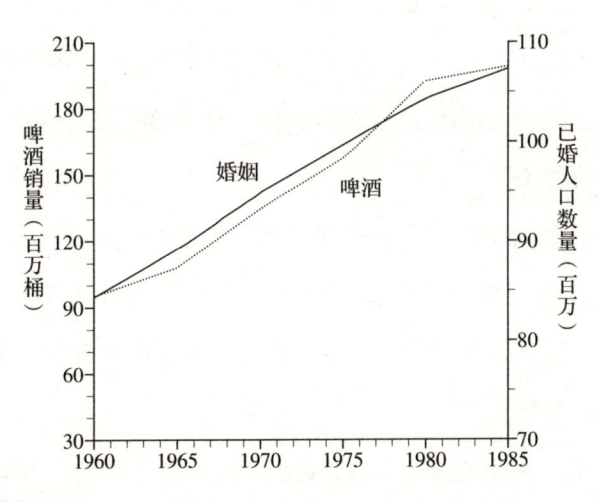

图 3.1 饮酒与婚姻

当然,一定会有一些已婚人士同意这种结论。不过,正确的解释是,当人口随时间增长时，啤酒消费量也会增长。类似地，婚姻、婴儿、汽车、鞋子、大学入学率、心脏病以及其他许多事物也会增长。穿鞋会导致婴儿数量增长吗？开车会导致心脏病吗？这些事物的增长源自人口的增长，它们之间不一定存在任何关系。

矿山生产和房产价值也是同样的道理。二者都在随时间增长，它们之间不一定存在因果关系。公司出钱要求咨询师证明一些事情。当咨询师发现某种表面上的证据时，他们就会死死抓住这种证据不放。

我们都会做这样的事情。这种事情极为常见，甚至拥有一个名称：证实性偏差。我们认为自己能够预测橄榄球比赛、选举或者股票选择的结果。我们高估了自己的预测能力。如果我们的预测是正确的，这将证实我们的确是聪明人。如果我们预测失败，这仅仅是运气不好而已——裁判不公、投票率不高、其他投资者不理性。

当然，咨询师通常会受雇寻找某些事情的证据，这些事情可能连他们自己都不相信。真的有人认为采石场会提高附近住宅的价值吗？这种说法甚至无法通过表情测试。你可以将这种荒谬的说法讲给你的朋友听，看看你能否忍住笑声。

不过，只要价格合适，一些人愿意寻找能够证明荒谬观点的证据，然后装模作样地向人们证明这种观点。在寻找令人信服的证据时，他们常常会找到巧合的相关性，而那些随着时间和人口的增长而增长的数据往往具有巧合的相关性。

这正是矿业公司所做的事情。他们甚至用周围城镇具有误导性的统计数据支持自己的观点。另一位咨询师（他们雇用了许多咨询师）指出，加州科罗纳市的采石场已经存在了几十年，那里的房价与（目前）没有采石场的蒂梅丘拉具有几乎相同的增长率。因此,采石场不会抑制房产价值。

考虑这种观点背后的逻辑。如果牛排和土豆的价格具有相同的增长率,这是否意味着牛排的价格和土豆一样?假设两幢相同的住宅位于具有同等吸引力的位置,二者相距八公里。两幢住宅的市场价值相等,而且每年稳定地增长3%。1980年,一幢住宅旁边开了一家采石场,其价值立即下跌了20%。之后,两幢住宅的价值仍然每年增长3%,二者的市场价值始终维持着20%的差距,如图3.2所示。

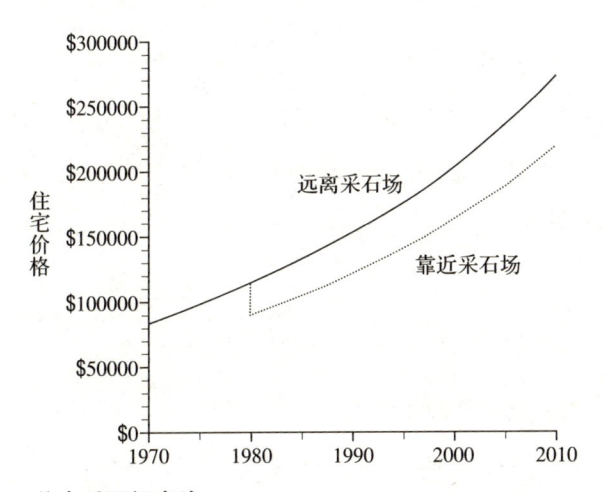

图 3.2 住在采石场旁边

正如矿业公司所说,靠近矿山的住宅与八公里外的住宅具有相同的价格增长率。这种平行的变化能否告诉我们采石场对附近住宅的价值具有积极影响、消极影响或者没有影响?答案是否定的。要想回答这个问题,唯一的方法是查看哪幢住宅拥有更高的价格。

每一个优秀的魔术师都知道,要想骗过观众,关键在于转移观众的注意力。这位咨询师希望通过谈论房价的变化使我们忘记真正的问题：靠近采石场的住宅是否拥有更低的价格？答案当然是肯定的。

我们很少能够找到两幢完全相同的房子，一幢靠近采石场，一幢远离采石场。不过，我们可以使用一个包含各种住宅特点的统计模型，包括建筑面积、浴室数量、与便利设施（比如好学校）的距离、与扰民设施（比如矿山）的距离。利用许多住宅的数据——有的住宅面积是180平方米，有的是240平方米；有的住宅有两间浴室，有的有三间浴室；有的住宅靠近矿山，有的远离矿山——我们可以估计出增加10平方米面积的价值，增加一间浴室的价值，距离矿山远近的价值。

2006年，一份针对俄亥俄数千幢住宅的研究做了同样的工作。研究结果显示距离采石场1.6公里的住宅价值下降了15%，距离采石场3.2公里的住宅价值下降了9%——如果你说服矿业公司将采石场开在你家后院，你的住宅价值并不会因此而提高。

在这个强烈支持商业的社区里，两家支持商业的机构——蒂梅丘拉山谷旅游局与商会——听取了矿业公司的报告，但是并没有被说服。这两个团体强烈反对建造采石场。

公司花了七年时间和数百万美元资金，试图使他们的采石场获得批准。不过，在阅读了几千页分析报告、听取了相关市民和双方专家几十个小时的证词以后，里弗赛德县计划委员会和行政管理委员会拒绝了这项采石场提案。他们显然并不相信圣诞老人。

✕ 如何轻松识破一本正经地胡说八道

比较是实证研究的生命线。在与某种替代方案进行比较之前，我们无法确定某种药物、疗法、政策或策略的有效性。不过，请当心肤浅的比较，包括对于大数和小数百分比变化的比较，对于除了随时间增长以外没有其他共同点的事物的比较，以及对于无关数据的比较。这些比较就像苹果和李子干之间的比较一样。

新的经济学上帝

4 新的经济学上帝

　　计算机可以迅速而正确地完成计算任务，但它不会考虑这些计算的意义和合理性。计算机只会做人们要求它去做的事情。

　　有时，错误的问题会导致错误的答案。如果我想知道169的平方根，实际却让计算机计算196的平方根。计算机会告诉我，答案是14。对于我所提出的问题来说，这个答案是正确的。对于我想提出的问题来说，这个答案是错误的。这类错误被称为"计算误差"，但它们实际上是人为误差。遗憾的是，一些计算误差具有极为严重的后果。

　　1998年，美国宇航局发射了一艘名为"火星气候探测者"的宇宙飞船。宇航局的计划是，当探测者号接近火星时，它将被发送到距离火星160多公里的轨道上。在那里，它将安全地记录天气数据。不过，这项耗资3亿美元的太空任务最终失败了，因为陆基软件以磅（1磅约为0.45千克——译者注）每秒为单位测量推力，探测者号使用的则是公制单位牛顿，但是工程师忘记了单位转换。当探测者号接近火星时，发动机开始点火，试图将宇宙飞船送到围绕火星的轨道上。不过，由于这种计算错误，探测者号被推进到了距离火星60公里的地方，在大气中烧毁了。三亿美元打了水漂，而这仅仅是因为一个打印错误。

2012年，发生了一个完全不同的、更为昂贵的错误。摩根大通英国分部在"伦敦鲸"崩溃事件中损失了50到100亿美元。"伦敦鲸"指的是押下巨大赌注的那个交易员。当时，由于一个愚蠢的错误，银行的风险被严重低估。在衡量风险时，人们需要计算一个简单的平均值；例如，6和10的平均值是(6+10)/2=8。程序员忘记了除以观测值数量的步骤；因此，平均值被错误地计算成了6+10=16。结果，计算出来的风险值比实际风险小得多。摩根大通认为伦敦鲸的交易相对安全，但是这些交易事实上非常危险，并且最终酿成了灾难。

人们不仅会为计算机提供错误的指令，有时还会提供错误的数据。美国国会联合经济委员会曾报告说，美国最富有的0.5%家庭拥有国家35%的财富。同20年前的25%相比，这是一种令人震惊的增长。政客们发表了演讲（真是稀奇）。报纸用耸人听闻的标题报道了这个故事。联合经济委员会主席、威斯康星州民主党人戴维·奥贝（David Obey）表示："这说明富人变得更加富有"。他还指出，之前的最高纪录是1929年的32%。奥贝总结道："这项研究彻底驳斥了'美国需要为富人提供更多激励'的观点。"杰出的经济学家约翰·肯尼思·加尔布雷斯（John Kenneth Galbraith）发出了不祥的警告：20世纪20年代财富的过度集中是导致大萧条的原因之一。普通人买不起商品，公司请不起工人生产人们买不起的商品。纽约社会研究新学院经济学教授戴维·M.戈登（David M. Gordon）警告说，"美国的民主制度已经到了最危险的时刻，这是过去50年不曾有过的事情——可能也是共和国成立以来不曾有过的事情。"

华盛顿的一些怀疑者对计算过程进行了检查，发现这种增长几乎完全来自一项错误记录：某个家庭的200万美元财富被写成了2亿美元。在调查比例接近50%的少数富人中，这一错误明显提高了平均财富水平。修正后的数据显示，最富有的0.5%家庭拥有美国财富的26.9%，而不是35%。

在这个错误被发现以后，奥贝发布了一份奇怪而虚伪的声明："我们很高兴地得知，财富在超级富豪手中集中程度的增长不像最初表现得那么大。"其他经济学家对之前的声明闪烁其词，但是拒绝放弃他们的结论。

这个错误得到了及时纠正，没有对经济政策造成任何影响。不过，另一件差错的纠正则没有这么迅速。

▷ **政府债务临界点**

2010年，两位哈佛教授卡门·莱因哈特（Carmen Reinhart）和肯·罗戈夫（Ken Rogoff）发表了一篇论文，认为当联邦政府债务相对于国内生产总值（GDP）的比例超过90%时，国家的经济增长就会受到拖累。在这种情况下，国家需要花费90%的产值偿还政府的债务。

这听上去很合理，但是经不起推敲。政府并没有在短期内偿还债务的迫切理由。当我们购买住宅时，抵押贷款比我们的年收入大得多。那又怎样呢？真正重要的问题是我们的收入是否足以支付月供，而不是我们的收入是否足以立即付清贷款。政府也是一样的道理。而且，政府的负担要轻一些，因为它们可以在必要时开动印钞机。此外，90%这个比例有什么特别之处吗？为什么不是80%或者100%呢？你无法找到一个可信的理由证明 90% 这个神奇的数字是经济增长和衰退之间的分界线。

不过，这些教授的确认为 90% 的债务与 GDP 之比是一个临界点，如果超过这个比率，国家将陷入衰退。而且，人们接受了这种观点，因为这毕竟是哈佛大学教授的结论。表 4.1 列出了两位教授最有说服力的证据。莱因哈特和罗戈夫研究了 20 个发达国家（澳大利亚、奥地利、比利时、加拿大、丹麦、芬兰、法国、德国、希腊、爱尔兰、意大利、日本、荷兰、新西兰、挪威、葡萄牙、西班牙、瑞典、英国和美国）。他们计算了每个国家每年债务与 GDP 的比率（以百分数表示）以及扣除通胀因素后的 GDP 增长率。根据债务与 GDP 的比率，这些数据被分成了四个类别。

表 4.1　1946～2009 年 20 个发达经济体的债务和 GDP 增长

	政府债务与 GDP 的比率			
	30% 以下	30% 到 60%	60% 到 90%	90% 及以上
平均 GDP 增长率	4.1	2.8	2.8	−0.1

表 4.1 显示，债务与 GDP 之比的增长会降低经济增长率。如果这个比率超过 90%，经济将陷入衰退之中，GDP 将会下降，经济总量将会萎缩。莱因哈特和罗戈夫的结论是，"至少，这意味着传统债务管理问题应当成为公共政策的首要关注点。"

作为支持紧缩的强有力证据，这项结论获得了全球的关注。许多国家的财政强硬派用罗戈夫和莱因哈特的研究来证明政府应当减少开支，提高税收，以平衡预算，甚至获得盈余。这样，政府债务才能得到偿还。

在美国，共和党 2013 年的财政预算指出：

经济学家肯·罗戈夫和卡门·莱因哈特完成的一项著名研究证实了这个常识性结论。这项研究发现了决定性的现实证据，证明超过GDP90%的总债务（指政府欠下的所有债务，包括政府信托基金持有的债务）对经济增长具有重要的负面影响。

谁能对常识和决定性现实证据提出异议呢？

在这种宣传的影响下，2013年，《华盛顿邮报》的一篇社论发出了不祥的警告："债务与GDP之比可能会持续攀升——并且危险地维持在被经济学家们视作威胁持续经济增长的90%关口。"在这里，两位经济学家的一项研究似乎被《华盛顿邮报》描述成了所有经济学家的普遍意见。

事实上，许多经济学家从不认为存在一个90%临界点。大多数经济学家的共识是，当一个国家的经济仍然没有从2007年12月开始的大萧条中恢复过来时，为了减少政府债务而削减开支和提高税收的做法反而是错误的。许多人对罗戈夫和莱因哈特的研究感到极为怀疑，但是他们很难找到任何严重的错误。

一个问题是，美国债务与GDP的比例只在四年时间里超过90%。美国经济在这四年里出现了萎缩，但那是非常特殊的年份：1946～1949年，正好是二战结束以后。政府债务之所以异常偏高，是因为政府为了支持战争而大量借贷。战后的衰退是由政府军事开支的下降引起的，不是由战争期间积累的债务导致的。显然，我们不应该认为这四年证明了政府债务会导致衰退。相反，这四年实际上证明了财政强硬派倡导的大幅削减政府开支的做法会导致衰退。

不过，世界各地的财政强硬派都在使用莱因哈特和罗戈夫的研究支持英国保守党领导人戴维·卡梅伦（David Cameron）所说的"紧缩时代"。一些欧洲政府试图通过削减开支和提高税收来减少财政赤字。欧洲平均失业率从2011年的10%上升到了2012年的11%和2013年的12%。就连频繁倡导紧缩的国际货币基金组织（IMF）也承认，欧洲紧缩措施的危害性大大超出了预期。

我们无法知道莱因哈特和罗戈夫的论文导致了多少产值损失，使多少人失去了工作。经济学家有时会进行这样一种游戏：指出自己希望成为哪一篇著名论文的作者。如果让我选择不希望由自己完成的论文，莱因哈特和罗戈夫的这篇论文将是我的首选之一。

事实证明，莱因哈特和罗戈夫的研究从一开始就存在严重缺陷。马萨诸塞大学安姆斯特分校研究生托马斯·赫恩登（Thomas Herndon）2012年选修了一门由迈克尔·阿什（Michael Ash）和罗伯特·波林（Robert Pollin）教授的研究生统计课程，他的一项课程作业是复制一篇著名的研究论文。赫恩登选择了莱因哈特和罗戈夫的论文。他付出了大量努力，但他无法复制他们的结果。他认为自己在某个地方出了差错，但他无法找到这个错误。

赫恩登的教授之前见过类似的情况，通常是因为学生出了差错。这也是该练习的目的之一——让学生学习仔细而正确地从事严肃的工作。这一次，情况有所不同。就连教授也无法发现这篇著名论文中的错误。

赫恩登认为知名教授不太可能花时间帮助一个小小的研究生，但他还是放弃了独自理清这项研究的努力，开始联系莱因哈特和罗戈夫。果然，他们对他最初的请求置之不理。不过，他一次又一次地发出请求。毕竟，要想通过这门课程，他必须弄清自己在哪里出了问题。

莱因哈特和罗戈夫最终向赫恩登提供了他们的数据以及计算时使用的电子表格。赫恩登很快发现了问题。实际上，这些数据存在一系列问题，包括粗心的错误和可疑的程序：

电子表格中的一个错误

20 个国家的原始数据以反向字母顺序出现在一张电子表格的 30 至 49 行。不过，当莱因哈特和罗戈夫编写带有电子表格编码的计算公式时，他们没有使用 30 至 49 行，而是使用了 30 至 44 行，因此他们忽略了五个国家（澳大利亚、奥地利、比利时、加拿大和丹麦）。其中，三个国家（奥地利、比利时和加拿大）拥有债务与 GDP 之比大于 90% 的时间段；在这些年份里，三个国家的增长率都是正值。这三个与论文结论相反的例子都被排除在了莱因哈特和罗戈夫的计算之外。

选择性忽略某些数据

在电子表格中，莱因哈特和罗戈夫的计算还忽略了其他一些数据。在许多情况下，这是因为一些国家在一些年份里缺少数据。不过，1946～1950 年的澳大利亚、1946～1950 年的加拿大以及 1946～1949 年的新西兰是有数据的。奇怪的是，这些数据并没有被包含在计算之中。

新西兰的数据尤其重要，因为被忽略的四年是债务与 GDP 之比超过 90% 的五年中的四年（1951 年是第五年）。在这五年里，新西兰的 GDP 增长率分别是 7.7%、11.9%、–9.9%、10.8% 和 –7.6%，平均增长率是 2.6%。莱因哈特和罗戈夫排除了前四年的数据，称新西兰高债务年份的平均增长率是 –7.6%。

不同寻常的平均

莱因哈特和罗戈夫写道，表 4.1 中的计算基于"1186 个年度观测值，每个类别中包含大量观测值，包括 96 个超出 90% 的观测值。"你可能认为 90% 类别中的 –0.1% 平均增长率是对 96 个年度观测值直接取平均得到的。事实并非如此。

莱因哈特和罗戈夫计算了每个国家的平均增长率，然后计算这些国家增长率的平均值。例如，英国有 19 年债务与 GDP 之比超过 90%，在这 19 年里，其平均 GDP 增长率为 2.4%；由于新西兰被忽略了四年，因此它只有一年债务与 GDP 之比超过 90%，在这一年，其 GDP 增长率是 –7.6%。根据 20 个年度观测值，这两个国家的平均增长率是 1.9%。不过，莱因哈特和罗戈夫计算了 2.6% 和 –7.6% 的平均值，得到了 –2.5% 的平均增长率。

我们不知道莱因哈特和罗戈夫是无意中犯了一个错误，还是故意选择了这种不同寻常的计算方法，为一个国家一年的数据和另一个国家 19 年的数据赋予了相同的权重。不过，我们至少知道这个错误支持了他们的观点。

表 4.2 显示了这些问题的效果。10 个国家经历过债务与 GDP 之比超过 90% 的年份。在 9 个国家，平均增长率是正值。唯一的例外是战后的美国，而且这个例外与研究的主题无关。

表格的前两列显示了实际高债务年份以及莱因哈特和罗戈夫在计算中包含的年份。莱因哈特和罗戈夫忽略了前三个国家以及新西兰四个年份的数据。所有这些被忽略数据的平均增长率都是正值。

后面两列显示了平均增长率，其中"正确"一列包括了被莱因哈特和罗戈夫忽略的三个国家以及新西兰的四个年份。

表 4.2：莱因哈特和罗戈夫（RR）忽略的结果

	年份数量		GDP 增长	
	正确	RR	正确	RR
澳大利亚 1946～1950	5	0	3.8	
比利时 1947，1984～2005，2008～2009	25	0	2.6	
加拿大 1946～1950	5	0	3.0	
希腊 1991～2009	19	19	2.9	2.9
爱尔兰 1983～1989	7	7	2.4	2.4
意大利 1993～2001，2009	10	10	1.0	1.0
日本 1999～2009	11	11	0.7	0.7
新西兰 1946～1949，1951	5	1	2.6	-7.6
英国 1946～1964	19	19	2.4	2.4
美国 1946～1949	4	4	-2.0	-2.0

总体而言，通过忽略数据以及为所有国家赋予相同的权重，莱因哈特和罗戈夫计算出的高债务年份平均 GDP 增长率为 –0.1%。如果将失踪的数据包含进来，并且考虑到高债务年份的数量，正确的平均值为 2.2%。赫恩登、阿什和波林的结论是："与'莱因哈特和罗戈夫'的观点相反，公共债务与 GDP 之比超过 90% 时的平均 GDP 增长率与公共债务与 GDP 之比较低时的平均 GDP 增长率并没有明显的区别。"

表 4.1 所显示的莱因哈特和罗戈夫的计算结果讲述了一个清晰而令人信服的故事：过高的债务将不可避免地降低增长速度；如果超过 90% 的临界点，国家将会陷入衰退。除了计算中的各种错误，这些总结性的统

计量还隐藏了数据中存在的巨大波动性。债务与增长之间并不存在简单而紧密的关系。

图 4.1 显示了论文所依据的数据，图中 90% 的阈值处有一条竖线；根据研究的观点，超过这条竖线的高债务将使一个国家陷入衰退。我们可以看到，债务与增长之间并没有任何令人信服的关系。许多高债务年份也是高增长年份。许多低债务年份也是低增长年份。这些数据本身证明了 90% 这一比例没有任何特殊之处。

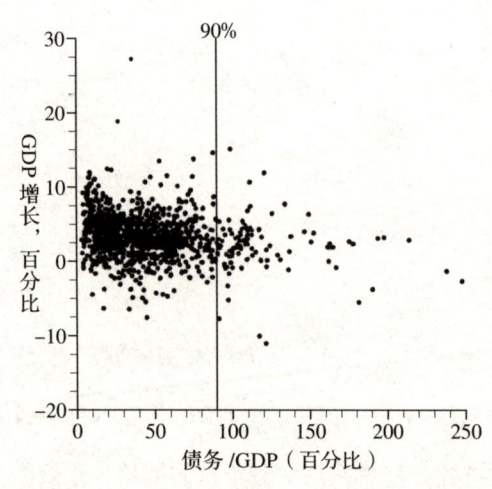

图 4.1 债务等同于衰退？

▷ **相关性等同于因果关系？**

财政紧缩的支持者认为，莱因哈特和罗戈夫的研究不仅证明了提高政府债务将会降低经济增长速度，而且提出了一个严厉的警告：如果政府债务水平超过 GDP 的 90%，可能会导致经济衰退。

也许，这种因果关系应该倒过来：经济衰退将导致债务比率上升。首先，有一个简单的算术性观点：GDP 的下降将直接提高债务与 GDP 的比率。假设债务是 85，GDP 是 100，那么债务与 GDP 之比为 85%：

$$\frac{债务}{GDP} = \frac{85}{100} = 0.85$$

如果 GDP 下降到 90，债务与 GDP 之比将提升至 94%：

$$\frac{债务}{GDP} = \frac{85}{90} = 0.94$$

不是债务与 GDP 之比上升导致 GDP 下降，而是 GDP 下降导致债务与 GDP 之比上升。

不过，这还没完。在经济衰退期间，政府税收将会下降，政府在失业保险、食品券以及其他安全保障上的开支将会增长。这两个因素都会推高政府债务。因此，经济衰退不仅会使债务与 GDP 之比的分母变小，而且会使分子变大。

如果经济增长与债务/GDP 之间存在统计相关性，这种相关性可能主要（甚至完全）来自经济对债务比率的影响，而不是反方向的影响。不是高债务比率降低了增长速度，而是增长速度的降低提高了债务比率。

马萨诸塞大学安姆斯特分校的另一位教授阿林德拉吉特·杜比（Arindrajit Dube）也对这个问题进行了研究。根据莱因哈特－罗戈夫的数据，杜比发现，债务与 GDP 之比与过去经济增长之间的相关性高于它与未来经济增长之间的相关性——这恰恰印证了"经济增长导致债务与 GDP 的比率发生变化"这一观点。

▷ 堕胎会减少犯罪吗？

30年前，数学理论家是经济学的上帝。对现实世界一无所知几乎是一种荣誉的象征。当杰拉德·德布鲁（Gerard Debreu）1983年获得诺贝尔奖时，记者想让他对罗纳德·里根（Ronald Reagan）的经济政策说点什么。德布鲁坚决拒绝发表任何言论。一些人怀疑他不知道或者不关心这种事情。

时代发生了改变。经济学理论家由于脱离现实的假设和明显的错误结论而受到了攻击。与数据打交道的经验主义者成了新的经济学上帝。这个时代的标志之一是芝加哥经济学家史蒂文·莱维特（Steven Levitt）和《纽约时报》记者史蒂文·都伯纳（Steven Dubner）合著的畅销书《魔鬼经济学：一位草莽经济学家探索一切事物不为人知的一面》。

书名的选择完全是为了增加销量，具有很大的误导性。这本书与魔鬼没有任何关系，莱维特也不是草莽经济学家。而且，这本书并没有探索一切事物不为人知的一面。实际上，莱维特是典型的正统经济学家。他在哈佛大学获得了学士学位，在麻省理工学院获得了博士学位。他目前是芝加哥大学教授。2003年，美国经济学会向莱维特颁发了约翰·贝茨·克拉克奖章。这个奖章用于奖励美国四十岁以下最优秀的经济学家，而且常常是诺贝尔奖的前瞻。莱维特是经济学的经验主义上帝之一。

莱维特善于以仔细而巧妙的方法利用数据解决有趣的问题，比如竞选经费对选举结果的影响，监禁对犯罪率的影响，教育激励对教师作弊行为的影响。他的结论往往会引起争议：竞选经费的规模并没有太大的影响；每个由于诉讼案件过多而被放走的囚犯都会导致每年增加15起犯罪案件。根据学生的考试成绩奖励教师的做法会极大地增加由教师辅助的作弊现象。莱维特曾写道:"我们最喜欢做的事情就是在数据中发现其他人看不到的东西。"

不过,上帝也会犯错误。

莱维特与约翰·多诺霍(John Donohue)合写的一篇论文认为,美国的合法堕胎降低了总体犯罪率。这篇论文也许是莱维特最著名的论文。文章指出,如果没有合法堕胎,那么由于社会经济环境以及/或者家长的忽视,那些"没有必要"但仍然被生下来的孩子将会产生犯罪倾向(尤其是暴力犯罪)。

这是一种有趣的理论,甚至有可能是正确的。问题是,由于存在众多的遗传和环境因素,因此我们很难弄清每个因素的重要性。莱维特说,他喜欢将结果从数据中梳理出来。听起来,他似乎在炫耀一种宝贵的技能。不过,这似乎也意味着他喜欢搜刮数据,而这可能是一种危险的做法。

下面是莱维特所依据的数据。1970 年,堕胎在美国五个州实现合法化。1973 年 1 月 22 日,由于"罗诉韦德案",堕胎在全国范围内实现合法化。图 4.2 显示,在"罗诉韦德案"18 年以后,美国的谋杀率在 1991 年达到峰值。随后,谋杀率开始下降,这意味着堕胎的确导致了犯罪人口的减少。在考察每个州的各项数据以后,多诺霍和莱维特总结道:"对于最近犯罪现象的减少,合法堕胎似乎起到了 50% 的作用。"

这种争议性说法受到了来自各个角度的批评。一些人认为,谋杀率之所以在 20 世纪 80 年代上升并在 90 年代下降,是因为敌对贩卖可卡因团伙之间的地盘争夺战出现了起伏。另一种理论是,20 世纪 90 年代的犯罪率之所以下降，是因为孩子们由于接触含铅汽油和油漆而中毒的机会变少了。

图 4.2 每 10 万人的谋杀案数量

此外，一些研究人员指出，对于自身行为对未来造成的后果有着清醒认识的女性可能更倾向于选择堕胎，而她们也是能够培养出守法孩子的优秀母亲。而且，合法堕胎的规定可能会增加性活动和非婚生子女，而在单亲家庭里长大的孩子可能更容易犯罪。这些观点意味着合法堕胎反而有可能提高犯罪率。

让我们观察一些数据。图 4.3 显示了 14～17 岁的犯罪率。"罗诉韦德案"所导致的首批合法堕胎行为扼杀了将在 1973 年年末出生的孩子。这些没有必要出生的孩子将在 1987 年年末达到 14 岁，并将在 1991 年年末达到 18 岁。因此，首批受到"罗诉韦德案"影响的群体将在 1987 年年末和 1991 年年末之间达到 14～17 岁。图 4.3 显示，犯罪率在这些年份持续上升,并在1993年达到峰值。1993年的犯罪率是1984年的三倍。不过,1993年的那批人出生时堕胎是合法而方便的,而1984年的那批人出生时堕胎是非法而困难的。

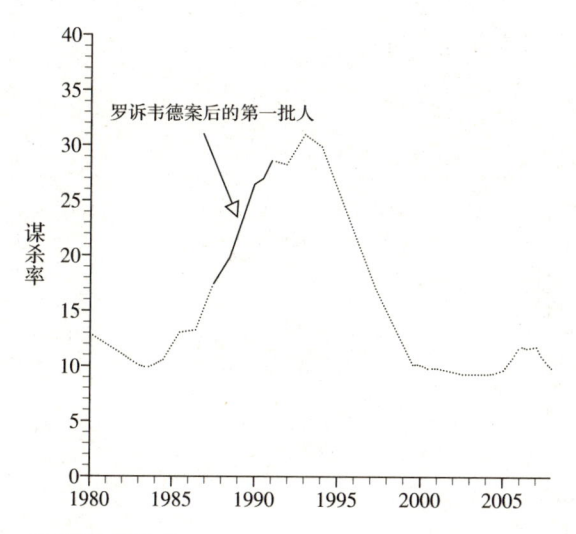

图4.3 14～17岁的谋杀率

图4.4显示了18～24岁以及25～34岁的犯罪率。首批受到"罗诉韦德案"影响的18～24岁群体的谋杀率出现了下降,但首批受到"罗诉韦德案"影响的25～34岁群体的谋杀率出现了上升。

所以,"罗诉韦德案"后18～24岁群体的谋杀率出现了下降,但14～17岁和25～34岁群体的谋杀率出现了上升。这些数据与"罗诉韦德案"降低了谋杀率的理论并不一致。图4.3和图4.4真正能够证明的是谋杀率在20世纪90年代早期达到峰值:14～17岁群体以及18～24岁群体为1993年,25～34岁群体为1991年。35岁以上群体(图中没有显示)的谋杀率在1990年达到峰值。换一种说法,35岁以上群体的谋杀率在 1990 年达到峰值，25～34 岁群体在 1991 年达到峰值，这些人都是在"罗诉韦德案"之前出生的。18～24 岁群体的谋杀率在 1993 年达到峰值，其中一些人在"罗诉韦德案"之前出生，一些人在其之后出生。最后，14～17 岁群体的谋杀率在 1993 年达到峰值，这些人都是在"罗诉韦德案"发生几年以后出生的。

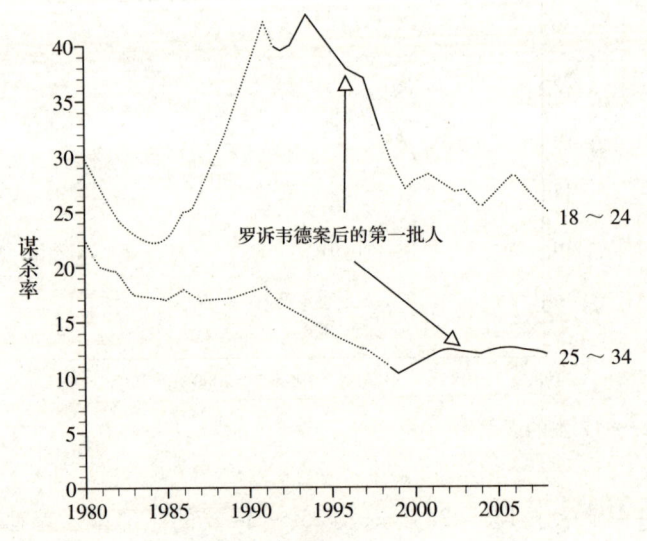

图 4.4 18～24 岁以及 25～34 岁的谋杀率

真相是，所有年龄群体的谋杀率都在 20 世纪 90 年代早期达到峰值。不管怎样解释，合法堕胎都不会是其中的原因。

▷ **是我的错**

那么，多诺霍和莱维特是如何得出"合法堕胎减少犯罪"这一结论的呢？波士顿联邦储备银行的两位经济学家克里斯多夫·富特

(Christopher Foote）和克里斯多夫·戈茨（Christopher Goetz）对多诺霍和莱维特的研究进行了仔细检查，发现了三个问题。首先，多诺霍和莱维特使用了逮捕日期，但是逮捕与犯罪之间可能间隔了一年以上的时间。其次，多诺霍和莱维特考虑的是犯罪总数量，而不是犯罪率（调整了人口规模因素后的犯罪数量）。较少的人口自然可能犯下较少的罪行，而合法堕胎本身就会降低人口数量。

第三个问题是"程序错误"，也就是一个简单的人为错误。多诺霍和莱维特声称，他们利用某种统计程序处理各州内部不同年份之间的变化，但他们并没有这样做。在修正这些错误以后，富特和戈茨得到的结论是，堕胎很可能会提高暴力犯罪率，同时对财产犯罪率没有影响。

莱维特承认了这个程序错误，并表示："这使我个人感到非常尴尬，因为我一直为自己对数据的仔细处理而感到自豪。"不过，这不是莱维特第一次感到如此尴尬。之前一篇关于"提高警力对犯罪的影响"的论文也出现了一个程序错误，对此他发表了这样的致歉声明："我需要承认这些错误，这使我个人感到极为尴尬。"在这两次事故中，莱维特很有风度地承认了错误（他还有别的选择吗？），但他仍然认为其他证据可以支持他的结论，只是结论的效果可能比他最初预想的要小一些。也许他说得没错，但是人们很难忘记这些尴尬的时刻。

× **如何轻松识破一本正经地胡说八道**

具有争议性的论断之所以具有争议性，是因为它们违反直觉——这是一个很好的怀疑理由。当你听到这样的说法时，不要轻易认为自己是错误的。具有争议性的论断很可能应当被丢弃。考虑数据是否存在问题，比如自选择偏差。考虑因果关系是否应该颠倒过来。哦，对了，还要考虑出现错误的可能性（比如人们让计算机计算 196 的平方根，而不是 169 的平方根。即使是最优秀、最诚实的研究人员也是人），而人总会犯错误。

莱因哈特和罗戈夫具有全球影响力的研究以及《魔鬼经济学》的巨大成功给我们带来的具有讽刺意义的教训是，数据并不比思想更加重要。我们常常会被数据欺骗。

扬基队的门票
真的划算吗?

5 扬基队的门票真的划算吗？

图像可以帮助我们解释数据，做出推断，发现倾向、模式、趋势和关系。一张图片的价值不仅有可能胜过千言万语，而且有可能胜过一千个数字。不过，从本质上说，图像具有描述性——图片的目的是讲故事。和其他故事一样，愚笨的人可能会毁掉一个包袱，不诚实的人可能会撒谎。

图像可能会有意无意地扭曲或破坏数据。

▷ 我的天哪

在一次例行会议上，一家互联网公司的分析团队向总裁展示了图 5.1 中的收入图像。图中的数据是公司过去 7 个季度的收入。老实说，这张图非常无聊。

总裁看了一会儿，说："那么，为什么这张图的收入这么平坦，而我上周向董事会展示的那张图的收入那么糟糕呢？"分析团队感到很吃惊。他们并没有见过另一张图，只好耸了耸肩。显然，他们无法回答这个问题。

87

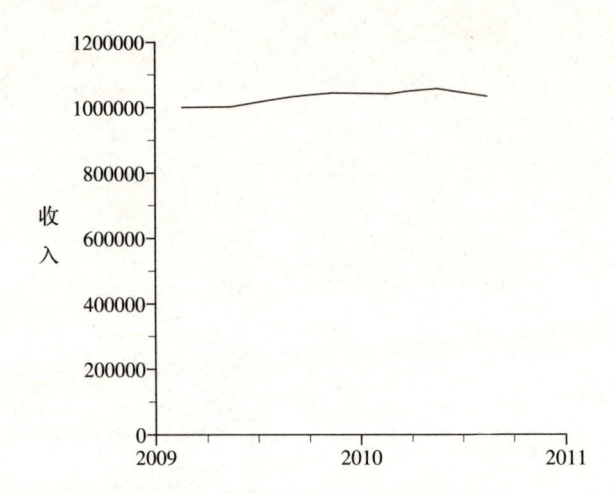

图 5.1 收入是平的

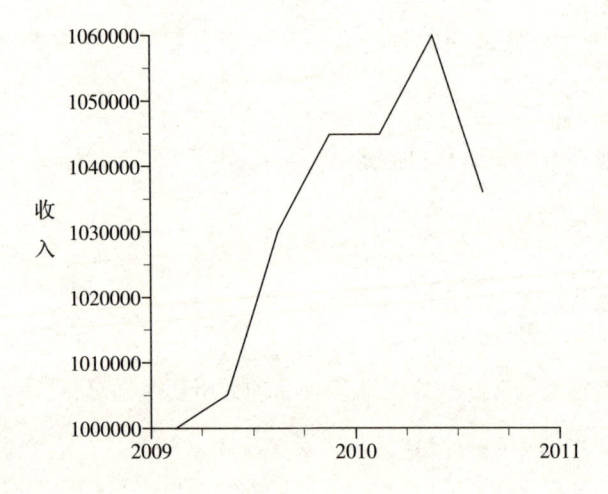

图 5.2 收入急剧下降

总裁将制作上一张图的那个财务人员叫了过来,让他把那张图(图5.2)分发给大家。当分析人员看到这张图时,他们立刻笑了起来,因为这张图的纵轴上并没有零点。

总裁没有笑。她说，董事会一直在盘问她，让她解释为何收入下降得如此剧烈。她一次又一次地辩解说："不是这样的！"董事会成员则一次又一次地将手指向这张显示收入崩塌的该死图表。

图 5.1 和图 5.2 使用了完全相同的数据。不过，图 5.1 的纵轴包含零点，图 5.2 的纵轴则不含零点。图 5.1 掩盖了数据中的任何模式，我们无法判断利润达到峰值的时间。另一方面，图 5.1 正确地向我们传达了"最近的下探很轻微"这一信息。

图 5.2 忽略了零点，放大了数据的波动性，使我们能够发现原本非常模糊的变化。不过，当零点被忽略时，图像将不再准确指示变化的量级。要想知道变化幅度，我们需要查看具体数据。图 5.2 中的曲线高度下降了 40%，但实际收入只下降了 2%。

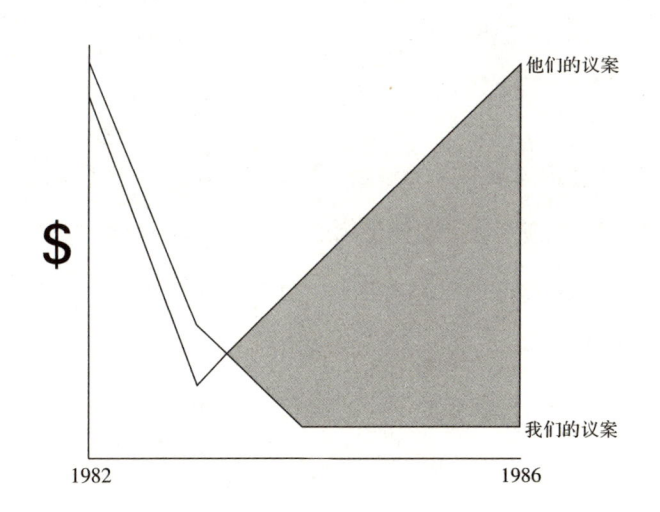

图 5.3 神秘的数轴

图 5.3 显示的图像具有更低的透明度，因为纵轴上并没有数字。罗

纳德·里根总统曾在电视上用这样的图像对年收入 2 万美元的家庭根据他的议案以及众议院筹款委员会拟定的计划分别需要支付的税金进行比较。纵轴显然忽略了零点，而且并没有显示任何数字，只有一个巨大的美元符号。由于纵轴没有数字，因此我们无法衡量两条线之间差距的幅度。实际上，1986 年的差距相当于 9% 的税收减少，即从 2385 美元下降到 2168 美元。由于纵轴忽略了零点，因此这个 9% 的差距被放大成了标有"他们的议案"那条曲线高度的 90%。又由于纵轴上没有数字，因此读者无法发觉这种具有误导性的放大。

事后，白宫发言人戴维·格根（David Gergen）告诉记者："我们尝试了带有数字的图像，发现它们在电视上很难看清，因此我们去掉了数字。我们只是想要传达一种思想。"是的，没错。

▷ **虚惊一场**

1976 年，美国国家科学基金会（NSF）制作了一张图（图 5.4）。显然，这张图意味着颁发给美国公民的诺贝尔科学奖（化学、物理、医学）的数量出现了令人震惊的下降。我们的教育系统出了什么问题？我们的人才是否正在枯竭？

等一下。看看时间轴。前七个时间段都是 10 年，但是第八个时间段 1971～1974 年只有 4 年。由于四年颁发的诺贝尔奖数量少于 10 年颁发的数量，因此美国国家科学基金会制造了一种幻觉，使人误以为美国人获得的科学奖数量出现了下降。

图 5.5 使用了完整的 10 年期数据。如图所示，美国公民最终在 20 世

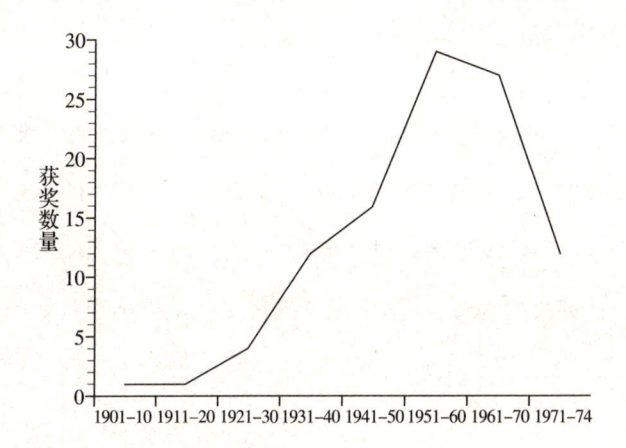

图 5.4 美国诺贝尔科学奖数量的急剧下降？

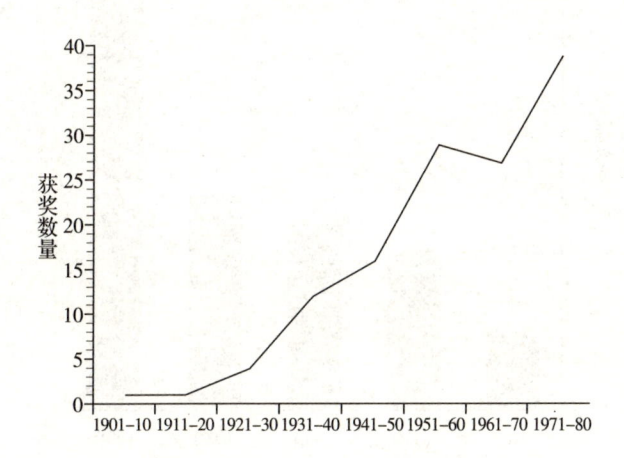

图 5.5 美国诺贝尔科学奖持续增加

纪 70 年代获得了比 60 年代更多的诺贝尔奖。当然，这个趋势无法永远持续下去，除非诺贝尔奖的总数量得到提升。不过，在 20 世纪 70 年代，美国获得了超过一半的诺贝尔科学奖，优于 20 世纪 80 年代、90 年代以及 21 世纪前 10 年的表现。

▷ 让他们吃蛋糕吧[①]

新保守主义者戴维·弗鲁姆（David Frum）在《纽约时报》上发表了一篇文章《欢迎，新富人》。图 5.6 是文章中一张图片的更新版。如图所示，在 1980 年到 1990 年之间，年收入超过 10 万美元的家庭数量出现了急剧增长。弗鲁姆写道："这个星球的历史上从未出现过如此庞大的富人群体。"这听上去是不是有点夸张？

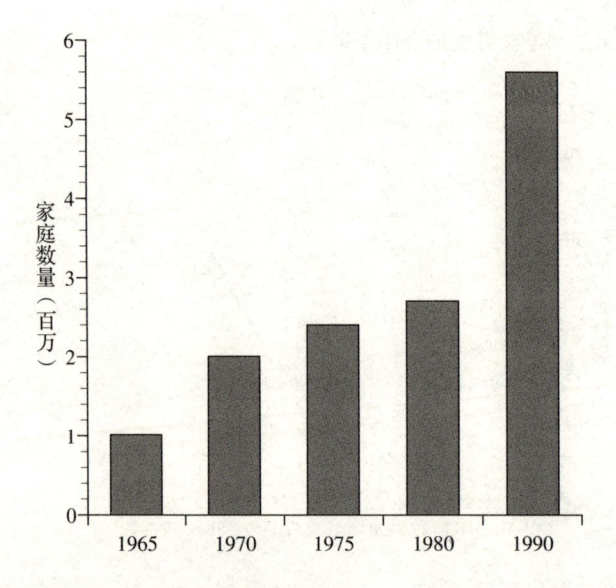

图 5.6 年收入超过 10 万美元的家庭数量

你注意到这张图的奇怪之处了吗？前四个条柱之间都是相隔五年，但是第四个条柱和第五个条柱之间却隔了 10 年（1980 和 1990）。如果调

[①] 传说，当玛丽·安托瓦内特王后听说农民没有面包吃时，她说，让他们吃蛋糕吧。——译者注

整条柱之间的间隔，插入 1985 年的条柱，这种增长就会变得更加平缓，不会在 1980 年和 1990 年之间出现突兀的上涨。

而且，1990 年的 10 万美元并不等同于 1965 年的 10 万美元。在这段时间里，物价上涨了大约三倍，因此 1990 年的 10 万美元大概相当于 1965 年的 2.5 万美元。考虑到通胀因素，我们应当对 1965 年年收入 2.5 万美元的家庭数量与 1990 年年收入 10 万美元的家庭数量进行比较。我们还应当考虑到 1965 年和 1990 年之间的人口增长。当总人口增加时，拥有高收入的人口数量自然有可能增加。

图 5.7 修正了所有这些问题，显示了扣除通胀因素后年收入超过 10 万美元的家庭百分比，并且插入了 1985 年的数据。此外，图中还包含了 1995 年和 2000 年的数据，以提供更多历史背景。根据调整后的数据，20 世纪 80 年代没有什么奇特之处。真正值得注意的是互联网泡沫所在的 90 年代后期。

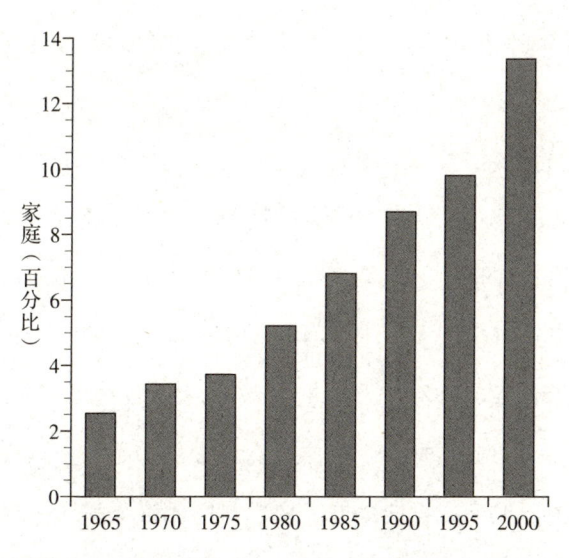

图 5.7 扣除通胀因素后年收入超过 10 万美元的家庭百分比

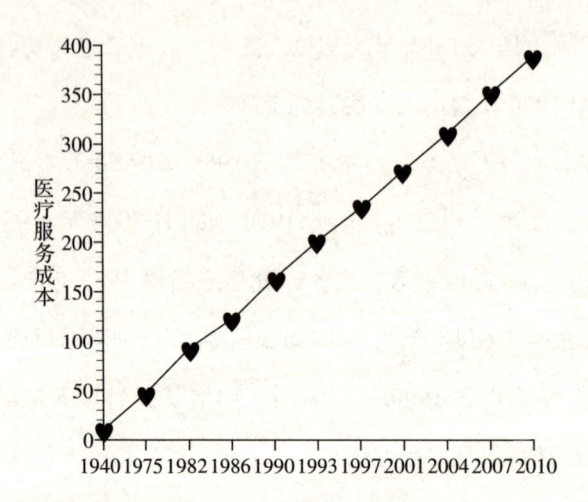

图 5.8 医疗成本稳步上升

▷ 有弹性的数轴

图 5.8 是《华盛顿邮报》一张图表的更新版本。根据这张图,美国医疗成本从 1940 年到 2010 年出现了稳定的增长。(1940 年的成本被调整成了单位 1。)

这张直线图上装饰着心形图案。也许,这是为了显示医生的确非常关心病人,或者暗示丘比特那支笔直的箭射穿了十一颗心。或者,这种毫无必要的装饰也许是为了转移人们对横轴的注意力。在横轴上的十个等距区间中,第一个区间表示 1940 年到 1975 年之间的三十五年,第二个区间表示 1975 年到 1982 年之间的七年,其余区间表示三年或者四年。这些令人困惑的区间显然是为了使曲线看上去更加平直。直线在视觉上也许更具吸引力,但它会歪曲数据。要想让图像准确显示数据,每条数轴上的单位必须具有一致性。同样的 1 厘米不能时而代表 35 年,时而代表七年，时而代表三年。如果图中的区间变来变去，数据一定会遭到扭曲。

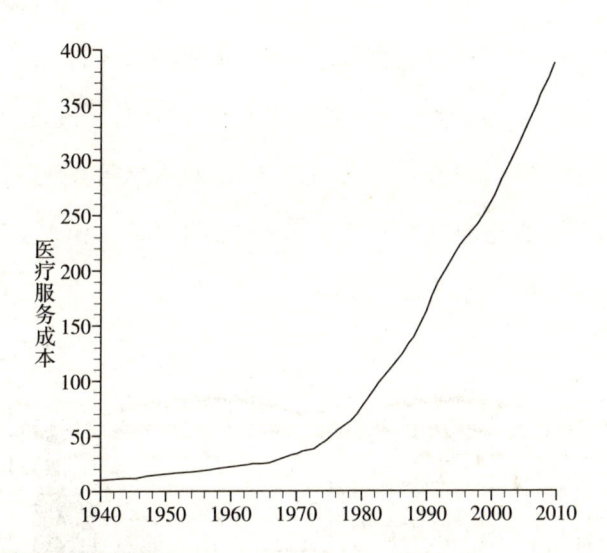

图 5.9 更好的医疗成本图

图 5.9 使用了一致的区间。如图所示，医疗成本并没有沿着直线增长。

为什么成本在 1970 年以后加速增长？也许是因为始于 1965 年的医疗保险开始增长。也许是因为价格整体上出现了增长（这些图像应当扣除医疗成本的通胀因素）。我们无法根据这些数据本身做出判断。不过，我们至少知道，图表中间隔的变化会扭曲数据。

▷ **将恶作剧翻倍**

1786 年，拥有多项才能的苏格兰人威廉·普莱费尔（William

Playfair）出版了包含 44 张图表的《商业和政治图表集》，这是历史上用图像表示数据的一个标志性事件。"普莱费尔"的字面意义是"公平行事"，尽管这个人并不总是能够诚实地运用自己的才能。在这份图表集中，有 43 张图表显示了工资、物价以及其他数据随时间的变化。这种目前已经司空见惯的工具在当时是一件极为新奇的事物，因此普莱费尔不得不做出解释："这种方法使一些人感到震惊，他们觉得这是一种荒谬的做法，因为几何测量与金钱和时间之间没有任何关系；但是这里却用几何工具来表示金钱和时间。"

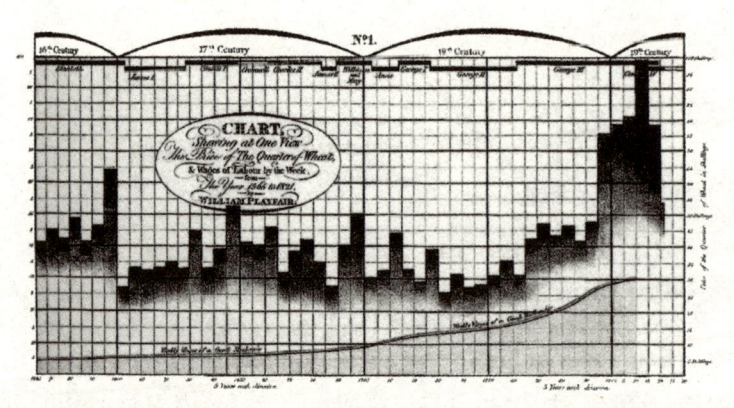

图 5.10 普莱费尔跨越 250 年的工资和物价图像

普莱费尔最著名的一张图发表于 1821 年，显示了从 1565 年到 1821 年"优秀技工"的周薪（图表下方的曲线）和小麦价格（黑色条柱）。普莱费尔写道："值得注意的最主要的现象是，历史上，小麦相对于技工劳动的价格从未像现在这样便宜。"虽然普莱费尔得出了正确的结论，即工资增长超过了小麦价格的增长，但他的图表似乎显示出了相反的结论。

我将使用 1975 年到 2010 年美国家庭收入中值与消费者物价指数

5 扬基队的门票真的划算吗？

（CPI）的数据来说明普莱费尔的图表为何具有误导性。将这些数据放在一张图表上是一件很有挑战性的工作，因为收入的范围是 1.2 万到 5 万美元，而消费者物价指数的范围则是 54 到 218。一种解决方案（也就是普莱费尔的解决方案）是使用两个纵轴，一个表示收入，另一个表示消费者物价指数。图 5.11 似乎清晰表明，家庭收入的增长远远超出了消费者物价指数的增长。现在的美国人在经济上显然比过去富裕得多。

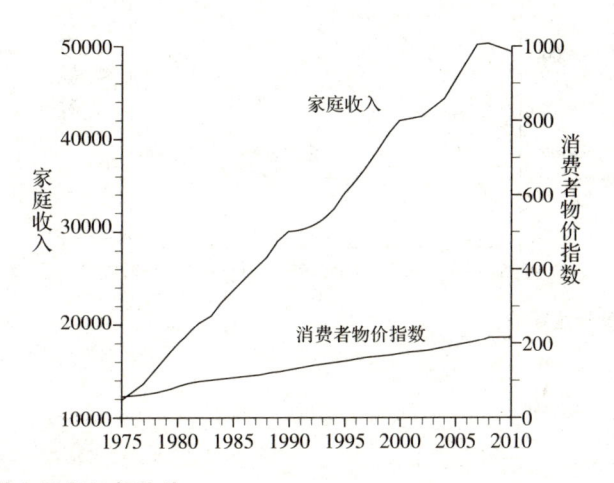

图 5.11 收入增长远超物价

图 5.11 真正说明的问题是，如果你将数轴放大一倍，你就可以将恶作剧放大一倍。通过使用两个纵轴并忽略一个或两个纵轴的零点，你可以创建一家"统计美容院"，开启许多美容可能性。图 5.12 显示了完全相同的数据，但是图中物价的增长似乎远远超过了收入的增长！这个把戏的关键在于调整数轴上显示的数字。如果在数轴上选择范围较小的数字，数据的起伏就会被放大，如果在数轴上选择范围较大的数字，数据的起伏就会被抚平。图 5.11 使用了范围较小的收入数轴和范围较大的 CPI 数

97

轴，因此收入的增长看上去超过了物价的增长。图 5.12 采用了相反的做法，使用了范围较大的收入数轴和范围较小的 CPI 数轴，因此物价的增长看上去超过了收入的增长。

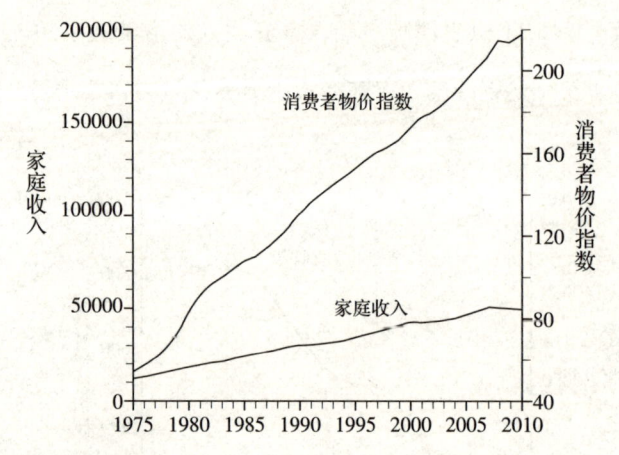

图 5.12 物价增长远超收入

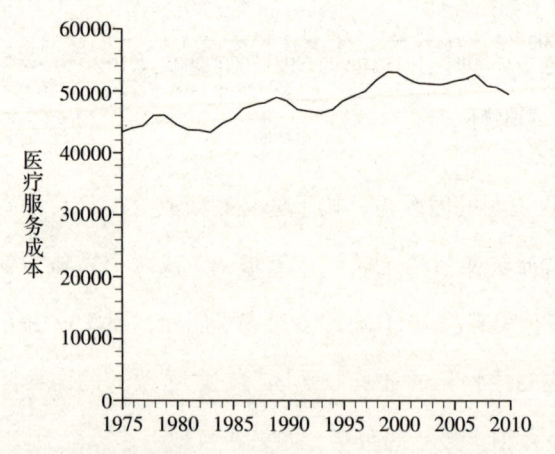

图 5.13 扣除通胀因素后的收入

这个问题没有适用于所有情况的解决方案。在上面的例子中，一个很好的办法是用物价数据校正收入数据，得到一组扣除通胀因素后的收入数据。扣除通胀因素后，过去35年的家庭收入中值出现了一定的增长（收入增长速度稍快于物价），但是这个过程中也存在一些由于经济衰退而导致的下挫。

▷ 学生谎言

一所中等规模的大学有一份校刊，叫做《学生生活》。在校园里，人们亲切地称之为"学生谎言"。这份校刊制作了一张图（图5.14）。在这张图上，我们可以明显看出，在20世纪90年代，该校的就读成本（学费加上住宿和餐饮费用）迅速上涨，而学校在《美国新闻》上的排名却急剧下降。

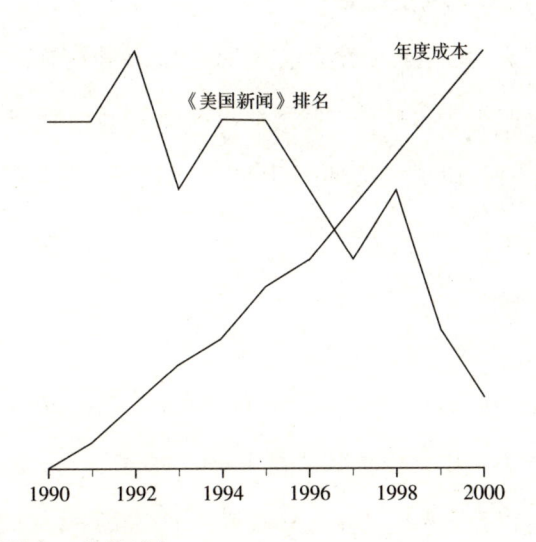

图 5.14 花费越多，收获越少

图中的问题实在是太多了。从哪儿说起呢？图 5.14 有两个纵轴，一个用于表示成本，一个用于表示排名。两个纵轴都忽略了零点，以放大成本和排名的变化。不仅零点被省略，整个数轴和相关数字都被擦掉了，因此我们无法衡量 20 世纪 90 年代这些变化的大小。这张图所依据的数据显示，成本从 1990 年的 2 万美元增长到了 2000 年的 3.6 万美元，每年大约增长 6%，这个数字不算小，但它与同类大学的增长速度相当。

《美国新闻》的排名从 17 变成了 13，这是一种很大的变化。不过，等一下。在大学排名中，第一名才是最好的学校！从 17 变成 13 实际上是一种进步。

因此，成本的年增长率为 6%，与同类大学基本持平，《美国新闻》排名则出现了很大的进步，这与图 5.14 讲述的令人震惊的故事完全不同。在此之前，《伊萨卡时报》头版曾经贴出一张关于康奈尔大学学费和排名的类似图表，它比图 5.14 更加复杂，而且更加古怪。除了图 5.14 中的问题，《伊萨卡时报》的图表还省略了横轴，因为它比较的是康奈尔大学在两个不同时间段的学费和排名！学费使用的是 1965～1999 年（35 年）的数据，学校排名使用的则是 1988～1999 年（12 年）的数据。

▷ 扬基队的门票很划算

纽约扬基队是棒球领域最具传奇色彩的球队。截止 2013 年，在 108 次世界职业棒球大赛中，扬基队获得了 40 次参赛资格，赢得了 27 次冠军。排名第二的圣路易斯红雀队只获得了 11 次冠军，被远远甩在了后面。43 名扬基队队员进入了名人堂，包括贝比·鲁斯（Babe Ruth）、卢·贾里格（Lou Gehrig）、乔·狄马乔（Joe DiMaggio）和米基·曼特尔（Mickey Mantle）。扬基队也是职业体育界最受人鄙视的球队之一，部分原因在于，人们认为这支球队利用高薪挖走了小城市不太富裕的球员，通过金钱手段获得了成功。一些棒球迷自豪地戴着扬基棒球队的帽子，其他一些棒球迷则故意炫耀 T 恤上的"扬基糟糕透顶"字样。

扬基体育场 1923 年启用，其成本相当于今天的 3000 多万美元，拥有前所未有的 5.8 万个席位。贝比·鲁斯是 20 世纪 20 年代最受欢迎的棒球选手，他在扬基体育场的首场比赛中击出了全垒打。观看鲁斯全垒打的观众购买的门票被用于支付体育场的开销，这使它获得了"鲁斯建造的建筑"这一外号。86 年后，2009 年，扬基队搬到了街对面新的扬基体育场，该体育场的建设成本超过 20 亿美元。在新体育场的建造过程中，许多球迷担心扬基队会逐步提高已经很贵的票价，以支付体育场的费用。

扬基队用体育场包厢座位价格的历史数据制作了一张图（图 5.15）。这张图显示，从 1995 年到 2010 年，门票价格并没有加速上涨，反而趋于平缓，这与人们的感受相反。

你注意到图 5.15 的异常之处了吗？不知为什么，图中的时间被放在了纵轴上。我们平时习惯于看到时间出现在横轴上的图像，因此我们很难第一眼看清图 5.15 的含义。图 5.16 显示了同样的数据，只是将时间放在了正常的位置，即横轴上。这种数轴转换使结论发生了逆转。1994年以后，扬基队的票价增速不仅没有下降，反而出现了上升。1967 年到 1994 年的年增长率为 6%，1994 年到 2010 年的年增长率为 21%。你还觉得这很划算吗？

| 简单统计学

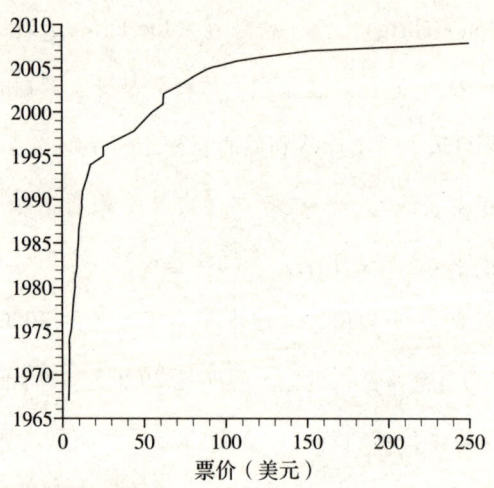

图 5.15 扬基队门票价格增速放缓

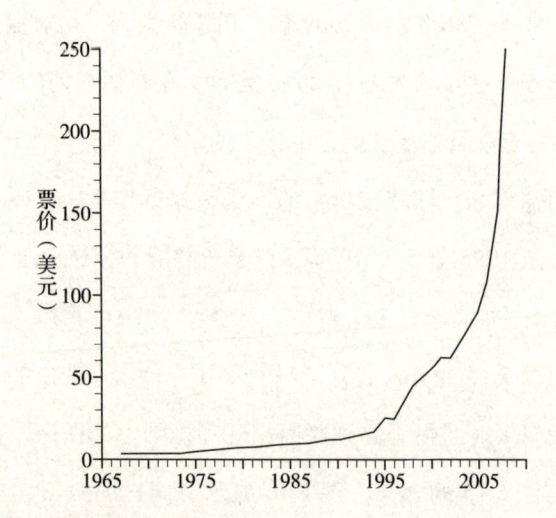

图 5.16 扬基队门票价格加速上涨

▷ 图像的制作艺术

《时代》杂志的第一位图像专员是一位艺术学校毕业生,他的目标是

"将统计数据表现为某种视觉思想，而不是一堆沉闷的数字。"数字本身并不沉闷。它们可以说明问题，引人注目，甚至令人愉快。当我们认为图像的艺术性比知识性更加重要时，我们就会遇到麻烦。

越大越好？

当吉米·卡特总统（President Jimmy Carter）1979年任命保罗·沃尔克（Paul Volcker）担任美联储主席时，美国的通货膨胀率已经超过了13%。在一场针对通货膨胀的全面战争中，美联储将利率提高到了前所未有的水平。在被问及这些货币紧缩政策是否会导致经济衰退时，沃尔克回答道："是的，而且越快越好。"在另一场谈话中，沃尔克表示，"当最后的圆锯停止转动时"，他才会感到满意。这句话的意思是，他希望将利率提到足够高的水平，以堵住借贷源头，使建筑行业停产。

1981年，住房抵押贷款利率达到了18%，其他大多数贷款的利率还要更高。随着利率的上涨，家庭和企业减少了借贷以及对汽车、住房和办公楼的购买。失去工作的建筑工人迅速减少了食品、服装和娱乐开支，这给整个经济带来了一种传导效应。面对昂贵的贷款和下降的收入，农场主将拖拉机开进了华盛顿特区中心，封锁了美联储大楼。失业率从1979年的5.8%上升到了1982年的10%以上，这也是大萧条以来的最高水平。不过，美联储的焦土政策将通货膨胀率从1979年的超过13%降低到了1982年的4%以下。

图5.17比较了三位美国总统任期结束时一张百元钞票的购买力。根据定义，在杰拉尔德·福特（Gerald Ford）任期结束时，一张百元钞票的价值为100美元。到1981年吉米·卡特任期结束时，一张百元钞票

只值 67 美元——因为它只能买下四年前用 67 美元买下的东西。到罗纳德·里根任期结束时，一张百元钞票只值 49 美元。

图 5.17 100 美元的价值在不断下降！

这些不断缩水的百元钞票似乎表明，吉米·卡特任职期间钞票价值的下降相对温和，里根任职期间钞票价值的降幅则要大得多——这个结论很奇怪，因为卡特是 20 世纪 70 年代后期严重通货膨胀期间的总统，而里根在 1981 年 1 月才担任总统，当时通货膨胀正在消退。100 美元、67 美元和 49 美元这三个数据显然意味着同里根的任期相比，卡特任期内的美元价值下降得更厉害，但是上面这张图却讲述了一个完全不同的故事。哪个故事才是正确的呢？

图 5.17 的一个问题是，卡特担任了 4 年总统，里根则担任了 8 年总统。虽然这张图考虑到了年份因素，但是这种任期长度的差别并不明显，因为横轴上并没有年份——实际上，图中并没有画出横轴。另一个问题

是，由于纵轴的省略，我们无法判断图中是否包含零点。

更糟糕的是，图中没有使用简单的条柱，而是使用了形象的百元钞票。里根任期结束时的物价是福特任期结束时的两倍，百元钞票的价值减少了一半。如果将里根那张钞票的高度减半，同时不改变宽度，图片就会出现失真，就像哈哈镜一样。为避免图片被压扁，里根那张百元钞票的宽度和高度同时被减半——这导致了另一种失真。现在，里根那张钞票的面积是福特那张钞票的四分之一，因此这张百元钞票的价值看上去减少了四分之三。

这是几个数字比一张图片更加有用的例子之一。卡特任职期间，物价的年增长率是 10.7%，里根任职期间，物价的年增长率是 3.7%——这与用意良好但聪明过度的图 5.17 所传达的错误信息完全不同。

视觉幻象

美洲原住民部落在南加州经营着多家赌场。有一个部落雇用了一位咨询师，让他根据这些赌场与潜在客户的车程对它们的位置进行评估。这是一个复杂的问题，因为你需要考虑客户的居住位置以及他们可以选择的其他赌场。如果一家赌场与一些潜在客户相距 20 公里，那么 60 公里以外另一家赌场对这些客户的吸引力就会受到影响。

咨询师提出了一个专门用于估计"区位价值"的模型。他没有对这个模型做出解释，而是用一张图（图 5.18）展示了模型的结果。这张图没有显示太多信息，是图表垃圾的一个优秀案例。图片、线条、墨水和斑点可以使图像变得更加生动，但它们常常会创造出缺乏吸引力的图表垃圾，使眼睛更加疲劳，使读者更加困惑。

| 简单统计学

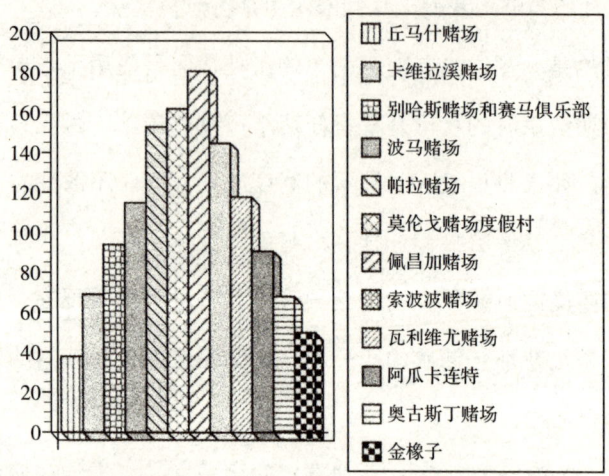

图 5.18 缺乏帮助作用的图像

　　图像应当显示出无法在表格中明确显示出来的模式，图 5.18 并没有做到这一点。图中的条柱显然表明了这 12 家赌场的区位价值；我之所以使用"显然"一词，是因为纵轴上并没有任何标注。我们并不知道这些数字意味着什么，或者它们是如何计算的。它们是美元吗？是百分比吗？是家庭数量吗？ 12 个条柱被排列成了钟形曲线，但是作者并没有解释为什么要把丘马什赌场放在最前面，为什么要把金橡子放在最后面。条柱像钟形曲线一样先上升后下降的模式并没有揭示出任何有用的信息。更加明智的做法是把这些条柱按照从高到低的顺序排列。

　　此外，横轴上并没有任何标注。相反，我们需要在图像和图例之间来回切换，而条柱样式的相似性使这种切换变得乏味而困难。条柱的样式会使人分心，三维外观也没有任何帮助作用。最后，即使我们破译了条柱的含义，我们也不容易将条柱高度与纵轴上的数值相对应。

　　同表 5.1 这样的简单表格相比，上面这张柱状图并没有表现出更大的价值。有时，简洁就是美。

表 5.1 有时，一张简单的表格胜过一张凌乱的图表

赌场	区位价值
佩昌加赌场	181
莫伦戈赌场度假村	162
帕拉赌场	153
索波波赌场	145
瓦利维尤赌场	118
波马赌场	115
别哈斯赌场和赛马俱乐部	94
阿瓜连卡特	91
卡维拉溪赌场	69
奥古斯丁赌场	68
金橡子	50
丘马什赌场	38

　　计算机也会生成文本垃圾——将大小、样式和字体不匹配的文字粘贴在一起形成的像勒索信一样的打印文档。文字处理程序中拥有多种样式选项，但这并不意味着我们必须在一份文档中使用所有样式。我曾收到一份两页纸的时事通讯，上面使用了 32 种不同字体，这还不包括粗体、斜体和不同文字大小所形成的变化。阅读这样的文本是一种痛苦。图表垃圾和文本垃圾都是垃圾，是毫无价值的凌乱，它们无法为人们带来清晰的信息，反而分散了人们的注意力，使人感到困惑。快把垃圾扔掉！

✕ 如何轻松识破一本正经地胡说八道

图像可以揭示某种模式，比如收入随时间的变化以及收入与支出的相互关系。图像也会扭曲数据，误导读者。

当心将数轴上的零点忽略掉的图像。这种忽略可以将图像放大，显示出之前由于分辨率问题而无法发觉的模式。不过，这种做法也会放大数据的波动性，可能产生误导效果。最糟糕的是数轴上没有数字的图像，因为我们无法判断数据的波动性得到了怎样的放大。

当心没有调整人口和物价增长因素的数据。不要被那些将时间放在纵轴上的图像欺骗，尽管我们并不经常见到这样的图像。也不要被间隔不一致的图像欺骗——比如同样的 1 厘米时而表示五年间隔，时而表示十年间隔。

图像不应当仅仅成为一种装饰，为那些缺乏耐心的人带来乐趣。有用的图像可以准确而一致地展示数据，帮助我们理解数据。相反，图表垃圾会分散我们的注意力，使我们感到困惑和烦躁。有些图表垃圾的制作者本意是好的，但是方法不当。有些图表垃圾则是故弄玄虚。

美国有多少非裔职业运动员？

伟大的法国数学家皮埃尔－西蒙·拉普拉斯（Pierre-Simon Laplace）曾经评论道，"概率只不过是以计算形式体现出来的常识而已"。我们应当对缺乏思考的计算保持警惕。计算是一件相对容易的工作。更有难度的问题是这种计算是否有道理。

▷ 蒙提·霍尔问题

统计难题和悖论是一种具有挑战性的趣味头脑体操。它们也可以说明先思考后计算的价值。蒙提·霍尔问题是一个很好的例子。在电视节目《一锤定音》中，你可以在三扇门之中做出选择。其中，一扇门后面是一项大奖，另外两扇门后面是山羊。在你选择一扇门以后，主持人蒙提·霍尔（Monty Hall）每次都会向你展示你没有选择的一扇门后面的山羊，并且询问你是否想要换一扇门。

大多数人认为，既然还剩下两扇门，那么这两扇门的机会是均等的。不过，请动用一下你的常识。你已经知道你没有选择的两扇门中的一扇门后面是山羊了。"他提醒你这两扇门中的一扇门后面有一只山羊"与

"他通过向你展示一只山羊来证明这一点"有区别吗?关于你所选择的那扇门,你并没有获得任何有用的信息。选择这扇门获胜的可能性仍然是三分之一;因此,选择最后一扇门获胜的概率上升到了三分之二。你应当做出转换。

表 6.1 展示了 300 场游戏的结果,其中第一扇门是你最初的选择。在奖品位于第一扇门后面的 100 场游戏中,主持人一半的时候展示第二扇门,一半的时候展示第三扇门。当奖品在第二扇门或者第三扇门后面时,主持人必须展示另一扇门。

第二扇门被展示了 150 次;第三扇门被展示了 150 次。不管主持人展示的是第二扇门还是第三扇门,奖品位于第一扇门后面的次数都是三分之一。

表 6.1 蒙提·霍尔问题

	第一扇门有奖品	第二扇门有奖品	第三扇门有奖品	总计
第二扇门被打开	50	0	100	150
第三扇门被打开	50	100	0	150
总计	100	100	100	300

对于这个难题,另一种思考方法是假设你在选择第一扇门以后昏了过去。你既没有看到蒙提打开一扇门,也没有听到他询问你是否换一扇门。显然,你获胜的可能性仍然是三分之一。

怀疑者有时会被一百万扇门的极端情况说服。假设你不断进行这项游戏。每一次,蒙提向你展示剩余那些门之中某一扇门后面的山羊。你认为你能够在一半的游戏中获得大奖吗?

凭借"最高智商"入选吉尼斯世界纪录名人堂的玛莉莲·沃斯·莎凡（Marilyn vos Savant）在联合专栏"问问玛莉莲"中讨论了蒙提·霍尔问题，在全国范围内引发了人们的愤怒抗议。玛莉莲给出了正确答案，随后收到了一万多封信，许多信件来自大学教授，大多数信件认为她说错了。乔治梅森大学的一位数学教授极为愤怒：

你搞砸了！让我给你解释一下吧：如果一扇门被证明没有奖品，这种信息会把剩余两个选项的概率变成1/2。没有任何理由能够使二者之间出现差异。作为一名数学教授，我对公众缺乏数学技能的现象感到深深的忧虑。请帮帮忙，承认你的错误，并在未来的工作中多加注意。

玛莉莲坚持了自己的答案，并且邀请人们在家中进行这项游戏。数万名学生在全国各地的课堂上进行了实验。新墨西哥州洛斯阿拉莫斯国家实验室进行了计算机模拟。渐渐地，舆论发生了转变。玛莉莲是正确的。那位乔治梅森大学的教授表示，"我向她写了另一封信，并在信中告诉她，在收回自己愚蠢的言论之后，我向你低头认错。我发誓，为了赎罪，我将回复所有写信谴责我的人。作为一名教授，我感到极为尴尬。"

关于这段故事，《纽约时报》发表了一篇文章，包括对蒙提·霍尔本人的采访。霍尔曾在数千场《一锤定音》电视节目的结尾主持这项游戏的某个版本。霍尔知道选手最初的选择仍然有三分之一的正确概率，他还知道打开一扇门的做法会使选手认为自己的机会提高到了一半。他将这种做法称为"亨利·詹姆斯处理"或者"旋转的螺丝"。当选手形成"五五开"的思维模式时，霍尔可以为他们提供数千美元转换或不转换的奖励，以便从心理上将他们推向一边或另一边。霍尔还注意到，他不需要按照玛莉莲的规则行动。如果选手最初选择的门后面是山羊，霍尔可以直接打开这扇门，不向选手提供转换机会。霍尔与《纽约时报》撰稿人进行了十场游戏，撰稿人每次都选择了山羊。

▷ 一个名叫佛罗里达的女孩儿

另一个悖论是，一个名叫史密斯（Smith）的男人正在和他的女儿散步。史密斯说，他们家还有一个孩子。这个不在身边的孩子是女孩儿的概率是多少？乍一看，这个概率似乎是 1/2。不过，一些专家认为这个回答很天真。这些专家说，正确答案是 1/3。他们还说，如果我们发现和史密斯在一起的女孩儿是他的第一个孩子，那么这个概率就会从 1/3 变成 1/2。这是怎么回事呢？

这个悖论具有许多不同的形式，包括男孩儿、女孩儿、熊、鹰，而且曾经出现在许多不同的场合，包括马丁·加德纳（Martin Gardner）1959 年在《科学美国人》上的一篇专栏文章、约翰·保罗（John Paulos）1988 年的作品《数学盲》以及列纳德·蒙洛迪诺（Leonard Mlodinow）2008 年的作品《醉汉的脚步》。这个问题所依据的传统假设是，在所有二孩家庭中，1/4 家庭有两个男孩儿（BB），1/4 家庭有两个女孩儿（GG），一半家庭拥有一个男孩儿和一个女孩儿（男孩儿先出生的情况记作 BG，女孩儿先出生的情况记作 GB）。这些假设与现实并不完全相符，但是这个题目讨论的是逻辑，而不是数据。

"专家"的观点是，当我们知道史密斯的一个孩子是女性时，只剩下了三种可能性：BG、GB 和 GG。因此，两个女孩儿（GG）的概率是 1/3，一个男孩儿和一个女孩儿（BG 或 GB）的概率是 2/3。这种说法听起来很有道理。不过，在你接受这种观点之前，考虑下面的说法。如果这种逻辑是正确的，那么它也适用于史密斯和男孩儿在一起散步的情况。在这种情况下，我们可以排除 GG 的可能性，认为史密斯拥有一个男孩儿和一个女孩儿的概率是 2/3。

如果这种观点是正确的，那么和史密斯在一起散步的孩子是女孩儿还是男孩儿并不重要！因为在这两种情况下，他拥有一个男孩儿和一个女孩儿的概率都是 2/3。因此，我们不需要知道和史密斯在一起的孩子的性别。这个孩子可以藏在史密斯身后，具有某种模糊的性别，或者在公园里和其他几十个孩子一起玩耍。不管是哪一种情况，史密斯拥有一个男孩儿和一个女孩儿的概率都是 2/3。这种说法显然是错误的，因为在所有二孩家庭中，只有一半的家庭拥有一个男孩儿和一个女孩儿。常识一定是正确的，专家的推理一定存在缺陷。

回过头来，考虑史密斯与一个孩子在一起散步的各种可能性。表 6.2 显示了在 BB、BG、GB 和 GG 之间均匀分配的 400 个家庭。在史密斯有两个男孩儿的 100 种情况中（BB），他总是和一个男孩儿散步。在史密斯有两个女孩儿的 100 种情况中（GG），他总是和一个女孩儿散步。在他拥有一儿一女的情况中（BG 或 GB），一个合理的假设是，他与男孩儿或女孩儿散步的概率相等。

| 简单统计学

表 6.2 史密斯的另一个孩子是男孩儿或女孩儿的概率相等

	BB	BG	GB	GG	总计
和女孩儿散步	0	50	50	100	200
和男孩儿散步	100	50	50	0	200
总计	100	100	100	100	400

现在观察第一行,即史密斯和女孩儿散步的 200 种情况。在 100 种情况中(GG),不在场的孩子是女孩儿,在另外 100 种情况中(BG 或 GB),不在场的孩子是男孩儿。在第二行里(史密斯和男孩儿散步的 200 种情况),在 100 种情况中(BB),不在场的孩子是男孩儿,在另外 100 种情况中(BG 或 GB),不在场的孩子是女孩儿。不管和史密斯散步的孩子是女孩儿还是男孩儿,他的另一个孩子是男孩儿或者女孩儿的概率都是相等的。专家错了,常识是正确的。

专家们根据错误的逻辑继续说道,如果我们知道和史密斯散步的女孩儿比另一个孩子年长,那么另一个孩子是女性的概率就会从 1/3 提升到 1/2。专家的理由是,在我们知道陪伴史密斯的女儿是他的第一个孩子以后,我们可以排除 BB 和 BG 的情况,只留下 GB 和 GG 的情况。因此,两个女儿的概率从 1/3 提升到了 1/2。不过,让我们用常识考虑一下这种逻辑的推论。如果知道女儿年长可以将两个女儿的概率从 1/3 提升到 1/2,那么知道女儿年幼也可以将两个女儿的概率从 1/3 提升到 1/2。不过,这个女孩儿一定不是年长就是年幼。根据专家的说法,在这两种情况下,两个女儿的概率都会从 1/3 提升到 1/2。因此,即使我们不知道这个女孩儿年长还是年幼,我们也知道两个女儿的概率是 1/2!常识仍然是正确的，专家仍然是错误的。

最近，蒙洛迪诺改进了二孩悖论，认为如果这个女孩儿宣布自己拥有一个独特的名字，比如佛罗里达，那么这种做法也会将两个女孩儿的概率从 1/3 提升到 1/2。他的理由仍然与直觉相反，而且最终被证明是不正确的。如果蒙洛迪诺的说法是正确的，它将适用于每一个名字，因为每个名字都是独特的。（如果教名不够独特，可以使用教名和中间名，或者使用教名、中间名和出生日期。）如果这种说法适用于每一个名字，那么这个名字是什么并不重要，我们是否知道这个名字也不重要。这里没有悖论，只有受到歪曲的逻辑。

2010 年，在两年一度纪念马丁·加德纳的"加德纳集会"上，加里·福希（Gary Foshee）提出了这个问题的另一个版本。他走上讲台，说道："我有两个孩子。一个是男孩儿，出生在星期二。我有两个男孩儿的概率是多少？"停了一会儿，福希继续说道："你能想到的第一件事情是，'这和星期二有什么关系？'实际上，二者之间存在密切的关系。"然后，福希走下了讲台。他的发言在会场和互联网上引发了一场热烈的讨论。

我的回答是，这和星期二的确没有任何关系。如果星期二能够改变这个概率，那么星期三、星期四或者一周里的其他任何一天也能以同样的方式改变这个概率。不过，这个孩子一定会出生在一周里的某一天。因此，如果福希的说法是正确的，我们可以在不知道这一天是星期几的情况下改变这个概率。福希是错误的。这一天是星期几并不重要。

117

▷ 条件概率的混淆

我有一个缺乏耐心的亲戚——让我们叫他鲍勃（Bob）吧。一次，鲍勃走进一家大卖场，准备购买一部智能手机。手机的款式实在是太多了！他请一位店员帮忙。面对店员说出的令人难以理解的话语，鲍勃的沮丧感不断加深。蓝牙、地理标记、兆像素、HDML、IOS、LCD、RAM、ROM、等等。最终，鲍勃留下一句"你嗑药了吧"，然后转身离去。

在开车回家的路上，鲍勃想到了一个好主意。企业应当通过药检筛选求职者，监督员工。奥运会有药检，自行车运动有药检，赛狗运动也有药检，为什么不能把药检运用到某种重要的事情上，比如服务顾客呢？

鲍勃做了一些调查，发现针对吸食大麻的简单尿检拥有 95% 的准确率。这当然已经足够好了！既然 95% 的准确率在统计检验中是一个足够好的准确率，那么它当然也可以用于排除瘾君子。

不过，如果将鲍勃的想法付诸实践，美国的失业率可能会急剧上升，而且这并不是因为我们是一个毒品之国。鲍勃犯了一个很常见的错误，他混淆了两种条件概率。

几年前，一位黑人大学教授询问一群黑人退伍军人：美国有多少非裔职业运动员？退伍军人给出的猜测在 5 万人到 50 万人之间。正确答案是 1200 人。美国的黑人律师是这个数字的 12 倍，黑人医生是这个数字的 15 倍。没有一个退伍军人相信他的话，但他的说法是正确的。

这一现象的深层次问题是，人们将不同的条件概率混淆在了一起。

6 美国有多少非裔职业运动员？

我们看到黑人在职业运动员中占有很大的比例，因此下意识地认为很大一部分黑人都是职业运动员。如果我们将话题从种族转变成性别，这个错误就会更加明显。美职篮的所有球员都是男性，但是男性之中在美职篮打球的群体只占很小的一个比例。

当年，许多（也许是大多数）非裔美国孩子希望成为下一个迈克尔·乔丹（Michael Jordan）或者魔术师约翰逊（Magic Johnson）。今天，他们希望成为勒布朗·詹姆斯（LeBron James）或者凯文·杜兰特（Kevin Durant）。遗憾的是，他们几乎一定无法成功。拥有梦想和抱负是好的，但是认清现实更加重要。学术和体育运动都很重要，学者兼运动员应当受到尊重。不过，同运动员相比，学者更有可能得到一份好工作。

2012 年，俄亥俄州立大学三线四分卫发布了一条推文："我们是来打橄榄球的，为什么我们还要上课，我们不是来打学校的，上课是没有意义的。"好吧，几年以后，我们再来看看情况如何。

▷ 假阳性问题

毒品检测领域也存在同样的混淆问题。95% 的大麻检测准确率意味着在使用大麻的人之中，95% 的人会检测出阳性。那么，问题来了：在检测出阳性的人之中，大麻使用者的比例是多少？

如果对员工进行毒品检测，会产生两类错误。如果检测错误地发现毒品痕迹，这种错误叫做假阳性；如果检测没能发现毒品痕迹，这种错误叫做假阴性。为了说明假阳性可能产生多大的问题，考虑一项针对

1万名员工的检测,其中500名员工(5%)使用了大麻,9500名员工(95%)没有使用大麻。进一步说,假设检测的准确率是95%:95%的大麻使用者会得到阳性检测结果,95%不使用大麻的人会得到阴性检测结果。

表6.3显示,在使用大麻的500人中,475人(95%)得到了阳性检测结果,25人(5%)没有得到阳性结果。在不使用大麻的9500人中,475人(5%)得到了阳性检测结果,9025人(95%)没有得到阳性结果。到目前为止,情况还算不错。

表6.3 假阳性问题

	检测呈阳性	检测呈阴性	总计
大麻使用者	475	25	500
非大麻使用者	475	9025	9500
总计	950	9050	10000

不过,表6.3还显示,在950个阳性检测结果中,475个结果是假阳性。高达50%的阳性员工没有使用大麻。这就是我们需要谨慎对待条件概率的原因。虽然95%的大麻使用者会检测出阳性结果,但是只有50%的阳性结果来自大麻使用者。

在1997年的"钱德勒诉米勒案"中,美国最高法院以8比1的表决结果裁定佐治亚州要求某些州政府岗位申请者接受毒品检测的法律,违反了第四修正案反对不合理调查的规定。法院认为,在具体个体没有受到犯罪怀疑但某种特殊需要优先于隐私权的一些要求"严密保护"的情况下,调查是被允许的——比如航班飞行员的毒品检测。不过,法院认为，州级当选官员使用毒品的可能性不会危害公共安全。（你可以在这里吐槽了。）

▷ 罕见病问题

假阳性问题也存在于针对疾病的医学检测之中。和大麻检测类似，即使针对疾病的检测拥有很高的准确率，得到阳性检测结果的许多人（甚至大多数人）仍然有可能不是这种疾病的患者。

下面的例子很能说明问题。一百位医生被问到了这样一个虚拟问题：

> 在一次常规检查中，你在一位女性患者的乳房上发现了一个肿块。根据你的经验，在100个这样的肿块里，只有1个肿块是恶性的。不过，为了安全起见，你要求患者接受乳房X光检查。如果肿块是恶性的，那么X光检查将其诊断为恶性的概率是0.80；如果肿块是良性的，那么X光检查将其诊断为良性的概率是0.90。在这个例子中，X光检查认为肿块是恶性的。根据这个X光检查结果，你认为这个肿块是恶性肿块的概率是多少？

在100位接受调查的医生中，95位医生给出了0.75左右的概率。不过，正确的概率是这个数字的十分之一：0.075！

表6.4显示了1000名患者的情况。在10个病例中（1000人的1%），肿块是恶性的。在8个恶性病例中（80%），检测给出了正确的阳性结果。

在990个良性病例中，检测给出正确阴性结果的病例为891个（90%）。

表 6.4 乳房 X 光检测的假阳性

	检测呈阳性	检测呈阴性	总计
恶性	8	2	10
良性	99	891	990
总计	107	893	1000

观察第一行数据。在 10 名拥有恶性肿瘤的病人中，检测给出阳性结果的次数是 80%：8/10=0.80。不过，观察第一列数据。在得到阳性检测结果的 107 名患者中，只有 7.5% 的患者拥有恶性肿瘤：8/107=0.075。尽管 10 个恶性肿瘤中的 80% 得到了正确诊断，这些阳性检测结果仍然远远少于假阳性结果——990 个良性肿瘤中被错误诊断的 10%。正像这里展示的那样，有时大数中的小比例大于小数中的大比例。

条件概率很容易得到错误解读，而这些医生显然犯了这个错误。开展这项调查的研究人员指出，

> 犯错误的医师常常表示，他们认为病人在得到阳性 X 光结果的情况下患癌的概率……与癌症患者得到阳性 X 光结果的概率大致相等……后一种概率是临床研究计划中测量到的概率，是医生熟悉的概率；前一种概率则是制定临床决策时需要使用的概率。看起来，许多甚至大多数医师并没有分清这两种概率。

显然，大多数医生混淆了下列条件性说法。如果肿块是恶性的，检

测结果呈阳性的概率是多少？（答案：80%。）如果检测结果呈阳性，肿块是恶性肿块的概率是多少？（答案：7.5%。）这些医生对医学数据的错误解读可能导致灾难性后果。

▷ 达特茅斯三文鱼研究

当检测数量很多时，假阳性是不可避免的。例如，假设一个看上去很健康的女性接受体检，包括多项可能指示健康问题的风险因素独立检测（比如胆固醇和高血压）。在每项检测中，如果读数超出95%健康女性的读数范围，结果就会被标为"异常"。在每一项检测中，假阳性的概率是5%。对于十项检测，假阳性的概率是40%。对于一百项检测，假阳性结果的概率为99%以上。随着检测数量的增长，假阳性的概率将接近100%。

下面的例子涉及一项包含大量检测的标准神经科学实验。实验人员将志愿者放进磁共振成像仪，向他展示各种图像，并且提出关于这些图像的问题。这种实验不是用植入大脑的电极跟踪大脑活动，而是用功能磁共振成像（fMRI）测量含氧和脱氧血液流过大脑时产生的磁干扰。检测过后，研究人员观察超过13万立体像素（三维数据），以查看大脑的哪些部位受到了图像和问题的刺激。

功能磁共振成像的测量包含许多噪声，包括来自环境以及来自大脑不同部位脂肪组织密度差异的各种磁信号。有时，立体像素会忽略大脑活动（假阴性）。有时，立体像素会错误地指示大脑活动（假阳性）。

一个名叫克雷格·贝内特（Craig Bennett）的学生，在达特茅斯实验室以一种独特的方式开展了这项实验。他用磁共振成像仪研究一条三文鱼在依次看到 15 张照片时的大脑活动。下面是实验报告的一部分：

对象。参与功能磁共振成像研究的一条成熟的大西洋三文鱼（大西洋鲑）。这条三文鱼长约 45 厘米，重约 1.7 公斤，在扫描时处于无生命状态。

任务。对相关三文鱼执行的任务包括完成一个需要动用大脑的开放式任务。实验向三文鱼展示了一系列照片，照片上描述了社会情境中具有特定情绪效价的人类个体。实验要求三文鱼确定照片中的个体正在经历的情绪。

设计。刺激以区组设计的形式呈现，每张照片展示 10 秒，然后休息 12 秒。共有 15 张照片得到展示。总扫描时间为 5.5 分钟。

分析。实验用一般线性模型（GLM）的普通最小二乘估计对三文鱼立体像素数据进行了处理，用方脉冲函数与标准血液动力反应的卷积模拟血液动力反应的预测指标，并且添加了一个 128 秒的时域高通滤波器，以校正低频漂移。实验没有使用自相关校正。

分析部分听上去很专业，不是吗？不过，你是否在对象部分注意到这条三文鱼"在扫描时处于无生命状态"？没错，克雷格在当地市场买了一条死三文鱼，放进磁共振成像仪，向它展示照片，然后向它提出问题。不过，由于立体像素数量众多，因此出现了一些假阳性，可以被解释成三文鱼对照片和问题的反应。只是这条三文鱼已经没有了生命。

6 美国有多少非裔职业运动员？

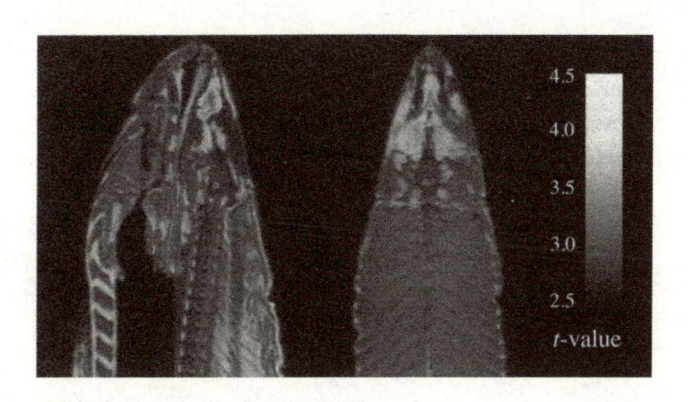

图 6.1 三文鱼的功能磁共振成像检测结果

根据这项实验，贝内特和他的教授艾比盖尔·贝尔德（Abigail Baird）提出了一个有力的观点：功能磁共振成像研究需要考虑到假阳性问题。多达 40% 的已发表论文并没有做到这一点。

这项死三文鱼研究获得了超过大多数功能磁共振成像研究的曝光度，甚至获得了搞笑诺贝尔奖——哈佛大学每年都会举办一个非常欢乐的颁奖仪式，以奖励"首先使人发笑，然后使人思考的成就"。

× 如何轻松识破一本正经地胡说八道

蒙提·霍尔问题是一个绝妙的悖论，因为我们的直觉是错误的，而且可以通过运用常识得到改进。二孩悖论则是另一种类型的精彩悖论。在这个悖论中，我们的直觉是正确的，而且可以通过使用常识得到证实。

不要仅仅进行计算。运用常识思考你所回答的问题是否正确，假设是否合理，结果是否可信。如果一种统计观点不合理，应对其进行仔细思考；你可能会发现，这种观点是在胡说八道。

假阳性问题与条件概率的混淆有关。在某些情况下（比如存在某种疾病），一项检测很有可能显示阳性结果，但阳性检测结果并不能认定疾病的存在。它可能是假阳性。对于罕见疾病（比如恶性肿瘤）或者存在大量读数的情形（比如死三文鱼磁共振成像），假阳性现象更为常见。

辛普森悖论

7 辛普森悖论

霍乱是一种以腹泻和呕吐为标志的肠道疾病，常常会导致死亡。霍乱最初仅仅存在于印度次大陆。不过，19世纪陆地和海洋贸易路线的发展将这种疾病传播到了世界各地，导致数千万人死亡。

1832年，霍乱袭击伦敦，导致6500人死亡。当时的医疗机构认为，霍乱和其他疾病一样，是由呼吸"瘴气"（有毒气体）引起的。腐烂的垃圾、街道上的人畜粪便以及受到污染的泰晤士河散发出来的臭味使伦敦臭气熏天。在潮湿多雾的夜晚，空气尤其令人讨厌。许多人惧怕"夜晚的空气"，他们躲在门窗紧闭的室内。如果不得不外出，他们也会挡住面部。在缺乏像样的卫生服务、味道难闻的贫困街区，霍乱更加常见，这一现象支持了瘴气理论。

瘴气理论无法得到明确证明，因为这个问题存在其他一些需要考虑的混杂因素。例如，整体来看，贫困街区居民的年龄高于其他街区。一些人吃着不同的食物，从事着不同的行业，缺少甚至没有暖气。真正发挥作用的是其中的一个因素还是所有因素呢？

有时，科学家可以在受控条件下进行实验，使混杂因素保持恒定，以分离出一个因素的影响。如果其他所有相关因素维持恒定，那么观测到的结果显然是由变化的因素导致的。不过，这种理想的对照实验常常是不现实或不道德的，因此研究人员必须根据观察到的现象得出结论，而无法对其进行控制。霍乱问题即是如此。医生当然无法强制性地随机选择一部分人呼吸有毒气体，同时随机选择另一部分人在空气清洁的环境下生活和工作。不过，当时出现了一个自然形成的实验，彻底揭示了这种疾病的原因。

几个世纪以来，伦敦和其他大城市的住宅用地下粪坑收集人体废物。专业人员会定期将粪坑清空，并用运货马车将废物运走。这些废物被称为"夜间土壤"，因为夜间的城市街道行人稀少，专业人员会选择在这个时候将其运走。通常，这些废物被运往附近的农场，以充当肥料。

1848年，一部法律要求伦敦市民停止使用粪坑，将他们的住宅与遍布整个伦敦的新建污水管道相连。这部法律减少了粪坑和"夜间土壤"运输所导致的恶臭和危险，但它也制造了另一个问题。污水管道将未经处理的污水排入泰晤士河，而这条河流是许多伦敦市民的直接或间接饮用水来源。

1849年，36岁的医生约翰·斯诺（John Snow）发表了一篇论文《论霍乱的传播模式》，认为霍乱不是由呼吸污浊空气导致的，而是由"患病人体排出的、通过被污水污染的饮用水传播的一种毒物"导致的。我们并不知道斯诺是如何提出这种理论的。也许，他认为呼吸糟糕的空气应当影响肺部，但霍乱影响的却是肠道，这意味着它与人们的饮食有关。斯诺还发现，在1848年禁止粪坑的法律颁布后不久，伦敦就发生了1848~1849年的霍乱大流行。当然，这种推理是一种被称为"前后即因果"的逻辑谬论。一个事件紧随另一个事件发生并不意味着后面的事件是由前面的事件导致的。

弗洛伦斯·南丁格尔（Florence Nightingale）和其他顶级公共卫生权威认为斯诺的想法过于天真，缺乏依据。瘴气理论已经根深蒂固，很难被一个年轻医生的奇异猜测所推翻。斯诺无法固定包括瘴气在内的所有潜在混杂因素，强迫一些人饮用被污染的水，强迫另一些人饮用干净的水，以检验他的理论。不过，在1854年，当另一场流行霍乱袭击伦敦时，斯诺想出了检验这种理论的两种不同的方法。

多年来，萨瑟克和沃克斯豪尔水务公司与兰贝斯公司一直在通过不同的管道将泰晤士河同一受污染区域的水源输送到伦敦的相同街区。在1848～1849年霍乱流行期间，两家水务公司的客户拥有相同的死亡率。在1848年禁止粪坑的法律颁布后，英国微生物学家亚瑟·哈索尔（Authur Hassall）对伦敦水源与污水系统之间的关系进行了详细而充分的研究。他所得到的令人震惊的结果，1850年发表在英国著名医学期刊《柳叶刀》以及一部名为《对伦敦和郊区居民水源的一项显微镜研究》的书籍中，他写道：

> 我已经证明，泰晤士河水中始终可以检测到与污水相连的各种动植物物质，包括一些粪便；而且，同样的物质存在于一些公司向公众提供的水源之中；这条证据链是完整而具有决定性的；因此，我们反复发现，肉类的肌纤维以及被食用的蔬菜组织的更多无法破坏的部位从抽水马桶进入污水管道，从污水管道进入泰晤士河，从泰晤士河进入水务公司的蓄水池，从蓄水池重新回到公众家中。
>
> 因此，毫无疑问，根据目前的伦敦供水系统，这座城市的一

部分居民不得不以某种形式消费自己的排泄物，并为这种特权支付账单。

在哈索尔详细而令人担忧的结论的影响下，1852年的《大都会水法》规定，从1855年8月31日起，伦敦水务公司不得从泰晤士河严重污染的区域采水。兰贝斯公司已经获得了上游35公里处的土地，并在1852年做出了改变，开始从没有受到伦敦污水影响的泰晤士河区域采水。萨瑟克和沃克斯豪尔公司直到1855年才开始搬迁。

斯诺意识到，这是对他的理论进行检验的绝佳时机。相邻住宅的居民恰巧由不同的水务公司提供服务，这一事实自然而然地控制住了各种潜在混杂因素。斯诺写道：

> 同时，这项实验也具有最大的规模。不同性别、各个年龄段和职业、各种阶层和地位、从上流人士到穷人的30多万市民毫无选择地被划分成了两个群体，而且在大多数情况下，他们对此并不知情；一个群体的供水系统包含伦敦污水，其中含有可能来自霍乱病人的任何物质，另一个群体的供水系统中基本没有这种杂质。

斯诺考察了1854年霍乱流行前7个星期的所有病人死亡记录，并且确定了由这两家水务公司提供水源的家庭。他发现，萨瑟克和沃克斯豪尔公司每一万户家庭的死亡数字是另一家公司的将近9倍：

表 7.1（伦敦各地区霍乱致死人数对比）

	家庭数量	霍乱死亡数量	每一万户家庭的死亡数量
萨瑟克和沃克斯豪尔公司	40046	1263	315
兰贝斯公司	26107	98	37
伦敦其他地区	256423	1422	59

这些数据令人信服地证明了饮用被污染的水与霍乱发病之间的关系。

斯诺还发现了支持这种理论的其他有力证据。1854 年的流行霍乱对索霍区的影响尤其强烈，在 10 天之内导致 500 多人丧生。斯诺就住在索霍区附近。3/4 的居民逃离了这个地区，显然是想躲开这里的瘴气。不过，斯诺并没有离开，他想对自己的理论进行调查。

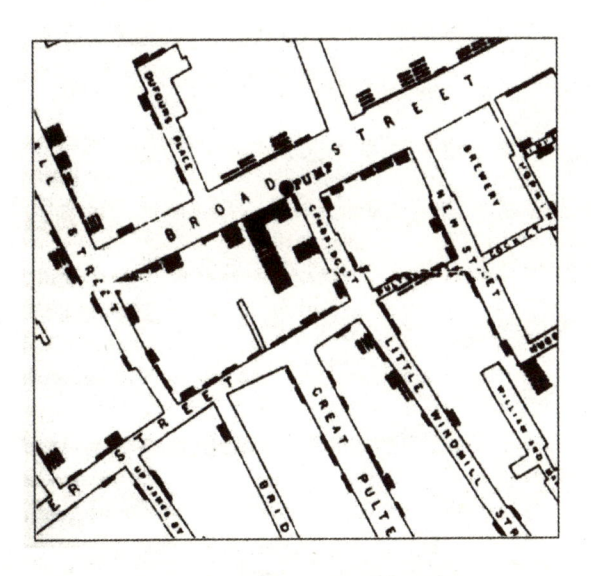

图 7.1 布罗德大街水泵附近的霍乱死者，用住址前的横线表示。

当时，整个伦敦市有几十口公共水井，人们可以在这里打水喝，或

133

者将水带回家。索霍区还没有与伦敦污水系统相连接，斯诺怀疑索霍的粪坑正在污染从公共水井打上来的水。斯诺画了一张图，显示了 13 个公共水泵的位置以及 578 个霍乱受害者的住所。他很快发现，许多受害者生活在布罗德大街的一个水泵附近。这个水泵位于布罗德大街和剑桥大街的十字路口。图中的叠加线显示了霍乱受害者的住址，这些受害者显然集中于水泵附近，很可能是因为他们喝了这里的井水。

斯诺亲自走访了生活在其他公共水泵附近的霍乱受害者的家庭，发现他们常常在工作、购物或上学路上经过布罗德大街的水泵时饮用这里的井水。斯诺还发现，一些家庭之所以使用布罗德大街的水泵，是因为这里的水味道比较好。

另外，许多生活在布罗德大街水泵附近但不喝井水的人并没有受到霍乱的影响，这给瘴气理论以沉重一击。这个街区的人们呼吸着相同的空气，但是只有用布罗德大街的水泵喝水的人才会死于霍乱。

圣詹姆斯教区负责管理布罗德大街水井的监护委员会急于采取措施结束这场流行霍乱。斯诺说服他们取走了水泵把手，以阻止人们饮用这里的井水。霍乱很快停止了。不过，在霍乱停止以后，人们重新安上了水泵把手。瘴气理论过于根深蒂固，很难被一位年轻的医生推翻。

后来，人们发现了布罗德大街水泵传播霍乱的原因。最初，这里曾经是一座住宅，一个患上霍乱的婴儿的尿布曾被丢进住宅的粪坑里。当房屋被烧毁、街道被拓宽时，房子里的粪坑遭到了遗弃。人们在距离粪坑 0.9 米的地方挖了这口水井。后来，粪坑发生了渗漏，污染了布罗德大街的水井。

1858 年，斯诺患上了中风，不幸病故。他没能看到自己的理论被人接受，没能看到流行霍乱的终结。1859 年，伦敦开始建设一个现代污水系统。具有讽刺意义的是，这项措施的目的是将污水管线布置在地下，以免其散发气味，从而减少瘴气。这种做法无意中带来了一个好处，那就是污水不再污染人们的供水系统。1866 年，另一场流行霍乱袭击伦敦，但是与新的污水系统相连接的城镇区域并没有受到影响。当这个系统彻底完工时，伦敦终于安全了。

现代科学家最终证明了斯诺的理论。霍乱是通过摄取被粪便物质污染的饮食传播的。所有发达国家的城市都建设了有效的污水处理系统和清洁供水系统，消灭了流行霍乱。今天，约翰·斯诺以其在研究重要公共卫生问题时对数据的独创性使用得到了认可和纪念。他被视为研究疾病模式、原因和影响的流行病学之父。

混杂因素常常出现在使用观测性数据的研究中，因为人们无法通过现实的方法使这些因素维持恒定。不过，大自然有时会为研究人员提供便利条件。在霍乱研究中，斯诺非常幸运地研究了伦敦市相邻住宅由不同水务公司服务的区域，从而减少了社会经济因素的混杂效应。斯诺指出，生活在相邻住宅的家庭可能来自相同的社会经济阶层。如果斯诺需要对不同水务公司服务的不同街区或城市进行比较，这种条件就无法成立了。

有时，为了处理混杂因素，可以对观测性数据进行细分。在研究吸烟对健康的影响时，性别可能是一个混杂因素。一项得到良好设计的研究可能会分别分析男性和女性的数据，以控制性别因素。在研究收入对生育的影响时，年龄和宗教信仰可能成为混杂因素。一项得到良好设计的研究可能会把数据分成具有相同年龄和相似宗教信仰的不同小组。

最重要的一点是，我们应当永远牢记，一项研究的结论有可能受到混杂因素的干扰。

▷ 某人的悖论

2010 年，一家互联网公司收集了两种不同网页布局的数据。在"一次点击"形式中，广告出现在网页的第一个页面上。在"二次点击"形式中，第一个页面上显示的是关键词；如果用户点击关键词，与这个关键词有关的定向广告就会显示出来。在这两种形式中，如果用户点击广告，公司就会获得收入。二次点击形式要求用户付出更多精力，但定向广告可能更加有效。因此，当用户选择"二次点击"广告时，公司可以获得更多收入。

分析人员向公司总裁展示了表 7.2 所示的数据。（收入和用户数的单位均为百万。）二次点击形式具有较高的 RPM（平均一千名用户的收入），为 12.14 美元，一次点击则只有 11.60 美元。下一步的行动似乎很明显：如果他们在所有网页上使用二次点击形式，收入就会增长。

表 7.2 收入、用户与千人收入（RPM）

一次点击			二次点击		
收入	用户数	RPM	收入	用户数	RPM
$2.9	250	$11.60	$1.7	140	$12.14

这个结论可能是一个昂贵的错误。这些数据属于观测性数据，可能存在自选择偏差，即访问"一次点击"网站的用户可能与访问"二次点

击"网站的用户存在系统性差异。要想进行有效的比较，公司可以进行一项对照实验。每个网站可以将用户随机导向两种形式中的一种。这样一来，公司就可以对每一种形式的效果进行有效的比较。

还有一个不太明显的问题。一个讨厌的统计学家分发了一张表（表7.3），这张表对美国本土和国外的用户进行了划分。在两种用户中，一次点击形式都具有更高的 RPM。不出所料，人们感到极为震惊。总裁举起双手，询问为什么一次点击形式在美国本土和国外全部占优，但在总体上却处于劣势。一些员工提议对这些数据进行检查。其他一些人露出茫然的表情，希望某人能够站出来解决这个悖论。

然后，大家明白过来了。

表 7.3：区分美国用户与国际用户

	一次点击			二次点击		
	收入	用户数	RPM	收入	用户数	RPM
美国	$1.8	70	$25.71	$1.2	50	$24.00
国际	$1.1	180	$6.11	$0.5	90	$5.56
总计	$2.9	250	$11.60	$1.7	140	$12.14

这是辛普森悖论的一个例子。虽然爱德华·辛普森（Edward Simpson）在 1951 年的一篇论文中描述了这个悖论，但它实际上是由另外两位统计学家在 50 年前发现的，这使辛普森悖论成了斯蒂格勒定律的一个例子。斯蒂格勒定律的内容是："没有一项科学发现是以其最初发现者的名字命名的。"（斯蒂格勒本人就是一个例子，他指出，罗伯特·K. 默顿才是斯蒂格勒定律的发现者。）辛普森悖论指的是当聚合数据被分解时

其中的模式发生逆转的现象。在上面的例子中，对于聚合数据来说，二次点击占据优势。当数据被分解成美国和国际两部分时，一次点击占据优势。

要想理解这种逆转，首先考虑二次点击网站拥有较高 RPM 的聚合数据。用户类型（美国或国际）是一个混杂因素，因为 RPM 不仅与点击形式有关，也与用户类型有关。同国际用户相比，美国用户拥有更高的 RPM，而且恰巧更喜欢访问二次点击网页，这推高了二次点击的总体 RPM。如果我们将这种混杂因素考虑在内，将美国用户和国际用户的数据分开，我们就会发现，在两种类型中，一次点击拥有更高的 RPM。

如果所有网页使用一次点击形式，公司的总体收入才有可能提高，这与他们最初的印象相反。幸运的是，公司的政策专家非常聪明，认识到了辛普森悖论，而且进行了上面描述的对照实验。他们的结论是，一次点击形式在大多数网站上表现得更好，但是一些网站更适合二次点击形式。

要想注意到可能的辛普森悖论，关键是考虑是否存在被忽略的混杂因素。下面是另一个例子。20 世纪 70 年代，有人指控加州大学伯克利分校研究生院歧视女性申请人。作为证据，他们提供了表 7.4 中的数据，指出男性申请人的录取率为 44%，而女性申请人的录取率只有 35%。

表 7.4：男性更有可能被录取

	申请人	录取率
男性	8442	44%
女性	4321	35%

法院启动了一项调查，以确定哪些系的问题最为严重。不过，在考察了该学院85个系的录取率以后，人们几乎没有发现女性受到歧视的证据。相反，他们觉得一些系对于女性的录取率反而高于男性。

表7.5显示了最大的六个系的录取率。第一个系拥有最高的录取率，第二个系拥有第二高的录取率，依此类推。总体而言，男性申请人的录取率是45%，女性申请人的录取率则只有30%——这似乎是歧视女性的明显证据。不过，在考察每个系时，只有两个系（第三个系和第五个系）男性的录取率高于女性，而且这种差异很小，不具有统计显著性。唯一具有统计显著性的录取率差异出现在第一个系。在这里，女性的录取率明显高于男性（82%和62%）。

表7.5：最大的六个系的录取率

	总计		男性		女性	
系	申请人	录取率	申请人	录取率	申请人	录取率
1	933	64%	825	62%	108	82%
2	585	63%	560	63%	25	68%
3	918	35%	325	37%	593	34%
4	792	34%	417	33%	375	35%
5	584	25%	191	28%	393	24%
6	714	6%	373	6%	341	7%
总计	4526	39%	2691	45%	1835	30%

这仍然是辛普森悖论。当数据被分解时，聚合数据中的模式遭到了逆转。这里的混杂因素是，一些系的录取率远高于其他系。第一个系拥

有 64% 的总录取率；第六个系拥有 6% 的总录取率。现在，你应该注意到，男性更喜欢申请第一个系，而不是第六个系，女性则恰恰相反。

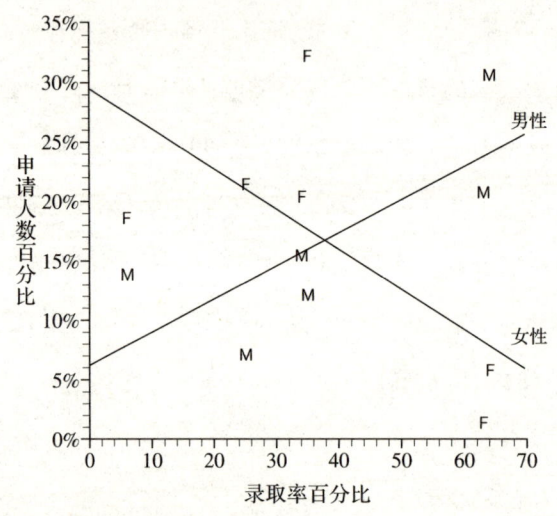

图 7.2 女性更喜欢申请录取率较低的系

图 7.2 以图形的方式证明了表 7.3 所显示的结论。横轴是系录取率。纵轴是每个性别申请这个系的人数比例。字母 F 代表女性申请人，M 代表男性申请人。例如，最左边的两个点代表第六个系，它的录取率是 6%。14% 的男性申请人和 19% 的女性申请人申请了第六个系。两条拟合线表明，总体而言，女性倾向于申请录取率较低的系，男性申请人则恰恰相反。男性的总体录取率较高，因为他们以不成比例的人数申请了最容易进入的系。在考察了所有 85 个系并且考虑到这种混杂因素以后，人们撰写了一份详细的研究报告，指出该校"对女性存在微小但具有统计显著性的偏向"。

发现混杂因素并不总是一件容易的事情。这里的要点是，我们应当留意是否存在可能改变结论的混杂因素。让我们尝试几个例子。

阿拉斯加航空公司在五个存在竞争的主要机场，拥有优于另一家航空公司的准点运行记录，但其总体准点记录则不如竞争对手，为什么？因为阿拉斯加航空拥有许多飞往西雅图的航班，而西雅图的天气问题经常导致飞机延误。对于每个年龄群体，瑞典的女性死亡率都要低于哥斯达黎加，但瑞典拥有更高的女性总体死亡率，为什么？因为瑞典拥有更多的老年女性（老年人拥有相对较高的死亡率）。一项医学研究发现，一种手术对于小型和大型肾结石的治疗成功率均高于另一种手术，但其总体成功率却不如另一种手术，为什么？因为它经常被用于治疗大型肾结石（大型肾结石的治疗成功率相对较低）。

所有这些例子以及其他许多例子之所以存在辛普森悖论，是因为某种混杂因素对聚合数据产生了影响。不过，这并不意味着分解数据永远优于聚合数据。表 7.6 对两个假想的棒球选手进行了比较，将数据分解成了单日和双日。例如，科里（Cory）在双日的 100 次击球中击出 20 个安打，安打率为 20/100=0.200。在这些编造出来的数据中，两名选手恰巧在单日拥有更好的表现，科里恰巧在单日拥有更多的击球次数。因此，虽然吉米在单双日都具有更高的安打率，但是整个赛季安打率更高的人是科里。

表 7.6：谁是更好的击球手？

	双日	单日	所有日期
科里	20/100=0.200	90/300=0.300	110/400=0.275
吉米	61/300=0.203	31/100=0.310	92/400=0.230

根据这些数据，你认为谁是更好的击球手？我认为是科里，因为我们没有理由认为单双日是一个有意义的混杂因素。这只是数据中的一种巧合而已。如果我们根据每天的字母数分解数据，或者将日期按照字母顺序排列，我们可能会看到同样的现象。在这些情形中，分解数据中的模式仅仅是一种巧合，我们可以安全地将其忽略掉。聚合数据可以更加准确地衡量谁是更好的击球手。在其他一些情形中，混杂因素是真实的，忽略它们是一种危险做法。

▷ 我要再来一杯咖啡

咖啡拥有一个漫长而充满争议的历史。咖啡灌木几个世纪以前在非洲热带森林中被发现。最初，人们将磨碎的豆子和水果混在一起，连皮带瓢一齐吃下去。去除渣滓后饮用液态咖啡的做法似乎起源于15世纪的也门，随后传播到其他地区。在土耳其，咖啡成了日常生活的一个重要组成部分，人们甚至会对准新娘冲咖啡的能力进行评估。结婚以后，如果丈夫无法每天提供咖啡，妻子可以和他离婚。

咖啡目前是世界上最受欢迎的饮料之一。许多人喜爱咖啡，另一些人则认为咖啡具有成瘾性，对健康有害。咖啡被称为世界上使用最多的毒品。真相究竟如何？关于咖啡的第一项统计研究发生在18世纪的瑞典，那是一个有趣的实验。

咖啡在17世纪被引入瑞典并逐渐流行开来。不过，许多人将咖啡视为邪恶的饮品，认为它会使富人上瘾，使广大人民受到煽动。多年来，咖啡被课以重税，或者被完全禁止。后来，国王古斯塔夫三世（King

Gustav III）开展了一项有趣的实验。据说，这是瑞典的第一项临床试验。

古斯塔夫是一位在许多方面表现开明的独裁者。他开展了许多经济和政治改革，赋予天主教徒和犹太人宗教自由，减少死刑和拷打，并且慷慨地支持艺术。不过，他的一些冒险行动则没有那么成功。为了团结人民，他曾向俄罗斯开战。瑞典皇家歌剧院的裁缝为一伙瑞典人制作了俄罗斯军装，这些人穿过俄罗斯边境，向一个瑞典边防哨所开火。以这场自导自演的挑衅事件为导火索，古斯塔夫对俄罗斯发动了一场"自卫"进攻。这是一场代价高昂的战争，双方失去了许多战士、船只、弹药和装备，却没有获得或失去任何土地。古斯塔夫国王没能利用共同的敌人将瑞典人民团结起来，反而导致了巨大的伤亡和经济代价，许多人对他丧失了信心。

古斯塔夫对酒精和咖啡的战争取得了同样失败的结果。为了筹集资金应对军事灾难，古斯塔夫将制造和销售酒精饮料的权利收归政府所有。这一政策的效果和美国的禁酒令类似。农民仍然在酿酒，酒精消费量不降反升。至于咖啡，一些著名的瑞典科学家认为咖啡是一种健康的滋补品，另一些人则持有相反的观点。古斯塔夫相信咖啡是一种毒药，并且决定证明这一点。他找到了两个犯下谋杀罪行，即将被斩首的男性双胞胎。古斯塔夫将他们的判决改为终身监禁，但是有一个条件。其中一个人需要每天喝三壶咖啡，另一个人需要每天喝三壶茶。两位由朝廷任命的医生将确保这些要求得到实施，并且需要在双胞胎去世时通知国王。古斯塔夫相信，他为那个喝咖啡的人准备了和斩首相同的命运——他的死将彻底证明咖啡是一种毒药。

结果，医生和古斯塔夫都死在了两个双胞胎的前面（古斯塔夫被人刺杀)。喝茶的兄弟最终在83岁那年去世,当时喝咖啡的兄弟仍然活得很健康。虽然这个结果出乎意料,但是瑞典政府仍然将咖啡的禁令维持到了19世纪20年代。最后,瑞典政府终于决定完全允许瑞典人民去做他们想做的事情——饮用咖啡,饮用大量的咖啡。

值得注意的是,古斯塔夫在实验中明智地选择了两个完全相同的男性双胞胎,以消除性别、年龄和基因的混杂效应。最明显的缺点是,实验的样本太小了。如此小的样本无法得出任何具有统计说服力的结论——包括支持咖啡或者反对咖啡的结论。

多年以后,一些规模更大的研究认为古斯塔夫关于咖啡有害的观点是正确的。不过,这些研究都存在致命缺陷。一个反复出现的问题是,我们无法在现实中进行长期随机化实验。古斯塔夫是国王,可以用一对即将被斩首的双胞胎去做他想做的事情。我们无法让人们喝咖啡或者不喝咖啡。相反,我们只能使用观测性数据。我们观察到一些人喝咖啡;我们观察到另一些人不喝咖啡;我们对两个群体进行比较。问题是,选择喝咖啡的人和选择不喝咖啡的人之间可能存在系统性差异。

例如,1971年的一项研究发现,同没有膀胱癌的人相比,患有膀胱癌的人更愿意喝咖啡——这意味着咖啡会导致膀胱癌。不过,这里存在一个混杂因素,那就是喝咖啡的人更愿意吸烟。导致膀胱癌的到底是咖啡还是香烟呢?1993年,一项针对35项研究的严格分析报告证明了咖啡的清白,指出香烟才是真正的元凶。报告认为,"在扣除吸烟的影响以后,没有证据表明男性或女性的'下尿道癌'风险出现了上升。"2001年的一项研究证明了香烟会增加膀胱癌的风险,而咖啡则不具有这种效果。这项研究还提出了一个新的观点:同不喝咖啡的吸烟者相比,喝咖啡的吸烟者患上膀胱癌的可能性要小一些。咖啡似乎可以在一定程度上抵销香烟的致病效果。

下面是另一个例子。20 世纪 80 年代早期，备受尊重的研究员、哈佛大学公共卫生学院院长布赖恩·麦克马洪（Brian MacMahon）领导的一个团队发现，喝咖啡和胰腺癌之间存在紧密的联系。这项研究发表在世界顶级医学期刊之一《新英格兰医学期刊》上，并在全国范围内得到了报道。这个哈佛研究小组提出，如果人们停止喝咖啡，胰腺癌发病率可能会得到极大的降低。麦克马洪遵守了自己提出的建议。在研究之前，他每天喝三杯咖啡。在研究之后，他戒掉了咖啡。

麦克马洪的研究对患有胰腺癌的住院病人以及患有其他疾病并被相同医生要求住院的病人进行了比较。这是一种针对观测性数据的便捷采样，因此是有问题的。这些医生中有许多胃肠专家。许多没有患癌的住院病人放弃了咖啡，因为他们担心咖啡会使溃疡和其他胃肠问题恶化。患有胰腺癌的病人并没有停止喝咖啡。这几乎可以保证胰腺癌患者之中拥有更多的咖啡饮用者。不是咖啡导致了胰腺癌，而是其他疾病导致其他人不再喝咖啡。

另一个问题是，麦克马洪之所以进行这项研究，是因为他认为胰腺癌可能与酒精或香烟有关。他考察了酒精，他考察了香烟，他考察了雪茄，他考察了烟斗。他没有发现任何关联。不过，他仍然在继续探索。他尝试了茶，他尝试了咖啡。终于，他发现了一个现象：胰腺癌患者喜欢饮用更多的咖啡。

当我们通过挖掘数据得到一种理论时，我们不能用搜刮过的数据检验这种理论。假设我抛 100 次硬币。在通过各种可能的角度考察数据以后，我注意到，在抛出两个正面和一个反面以后，下一个硬币是正面的可能性超过了一半。这种古怪的理论是通过仔细考察我自己的数据得到的，因此它当然可以被这些数据证实。要想进行公平的检验，我需要事先提出理论，然后用新的抛硬币实验对其进行检验。

随后的研究（包括麦克马洪的团队进行的一项研究）没能证实最初的结论："与之前的研究相反，我们没能观测到男性或女性的任何风险趋势。"美国癌症协会也同意这种观点："最近的科学研究发现，咖啡与胰腺癌、乳腺癌或者其他癌症风险之间没有任何关系。"随后的研究不仅没有证明麦克马洪最初的理论，反而发现喝咖啡似乎可以降低胰腺癌的风险——至少是对男性而言。

咖啡似乎具有许多健康益处，包括降低许多癌症、肝硬化、胆囊疾病、心血管疾病、阿尔茨海默病、帕金森病、斑块疾病以及痛风的风险。咖啡最大的风险似乎是伤害胃肠器官的保护层。正因为如此，具有溃疡和其他胃肠问题的人才会被要求停止喝咖啡——这也是最初的胰腺癌研究存在缺陷的原因之一。

在这份存在缺陷的胰腺癌研究发表以后，2012 年，同一份著名期刊《新英格兰医学期刊》发表了迄今为止规模最大的一项研究，这项研究在 13 年时间里对 40 万人进行了跟踪。研究发现，扣除吸烟、喝酒和锻炼的混杂效应，同不喝咖啡的人相比，每天喝一杯咖啡的人在各个年龄段去世的概率都会下降 5 到 6 个百分点。对于每天喝两杯或三杯咖啡的人来说，男性的风险可以降低 10%，女性的风险可以降低 13%。

研究人员为什么不断改变想法呢？巧克力曾经是有害的，现在是有益的。葡萄酒曾经是有害的，现在是有益的。咖啡曾经是有害的，现在是有益的。阳光曾经是有害的，现在是有益的。好的变成了坏的，坏的变成了好的。这是因为，最初的研究存在缺陷——而这通常是因为人们忽略了混杂因素，或者为了寻找值得发表的结论而对数据进行了挖掘。

✕ 如何轻松识破一本正经地胡说八道

如果一项研究支持你的观点，你会自然倾向于会意地点点头，认为你的观点得到了证实。更加明智的做法是进行仔细观察并考虑混杂因素。当一项研究看上去不合理时，你也应当采取这种做法。

例如，伯克利研究生录取政策歧视女性的说法看上去是合理的。不过，当人们开展深入调查，以确定问题最严重的院系时，他们发现了意想不到的现象——实际上，这些院系倾向于优待女性申请人。女性的总体录取率之所以偏低，是因为她们更喜欢申请录取率较低的教育计划。

由于潜在的自选择偏差和混杂因素，观测性研究存在固有的挑战性。应时刻对利用数据发现理论的研究保持警惕。

状态火热的雷·阿伦

8 状态火热的雷·阿伦

在宿敌波士顿凯尔特人和洛杉矶湖人之间进行的美职篮（NBA）总决赛第二场比赛中，凯尔特人后卫雷·阿伦（Ray Allen）连续投中了七个三分球。一名队友说，这"令人难以置信"。另一名队友认为这件事"不可思议"。一位体育新闻撰稿人写道，"阿伦找到状态了。"另一个人写道，阿伦"进入了仅仅属于现实版超级明星和电影角色的投篮区域"。

雷·阿伦的情况并不是个例。连续得手和连续失误在体育运动中很常见。许多篮球选手连续多次投篮得分（或者投篮不进）。许多橄榄球四分卫连续多次传球成功（或者传球失误）。许多棒球选手连续多次安打（或者出局）。球迷和选手看到了这种连续现象，认为选手状态很好或者状态糟糕。珀维斯·肖特（Purvis Short）在12年的美职篮生涯中平均每场比赛得到17分，他还在一场比赛中得到了59分。肖特说出了人们的普遍看法："你处在仅仅属于你自己的世界里。这很难描述。不过，篮筐似乎变得很宽。你知道，不管你做什么，球都会进入篮筐。"

和以前一样，我们仍然是在看到一种模式以后编造出符合这种模式的理论。如果篮球选手连续多次投篮得分，这一定是因为他的状态很好，投篮得分的概率出现了上升。如果选手连续多次投篮不中,这一定是因为他的状态不好,投篮得分的概率出现了下降。大多数球迷和选手并没有认识到,即使每次投篮、传球或击球与之前的投篮、传球或击球没有关系,也会出现完全来自巧合的连续现象。

例如,假设我抛20次硬币,每次抛硬币代表一次投篮。正面代表命中,背面代表不中。一连串正面代表状态火热,一连串背面代表状态不佳。下面是我的结果:

正面 正面 正面 背面 背面 背面 背面 正面 正面 背面
正面 正面 正面 正面 背面 正面 正面 背面 背面 正面

从第4次开始,连续出现了4个背面。从第11次开始,连续出现了4个正面。我经历了状态不好的时刻,随后又经历了状态很好的时刻,尽管每次抛硬币都是独立的!

我将这个实验重复了10次。在7次实验中,我抛出了连续至少4个正面或背面。我两次抛出连续4个正面或背面,4次抛出连续5个正面或背面,一次抛出连续10个正面或背面。表8.1显示了抛20次硬币时出现各种连续次数的理论概率。连续抛出4个或更多正面或背面的概率是0.768。在我的10次实验中,有7次出现了这样的情况。我所抛出的连续7个正面或背面不太常见,但如果像我这样将实验重复10次,这种情况也有大约11%的概率。

表 8.1：抛 20 次硬币连续出现正面或背面的概率

连续次数	恰好是这个连续次数的概率	至少是这个连续次数的概率
<3	0.021	1.000
3	0.211	0.979
4	0.310	0.768
5	0.222	0.458
6	0.121	0.236
7	0.061	0.115
8	0.029	0.054
9	0.013	0.025
>9	0.012	0.012

当然，这是抛硬币，不是真正的投篮。不过，这正是问题所在！在完全随机的抛硬币中，常常会出现仅仅来自巧合的连续命中或不中。这并不能证明运动员的优秀状态或糟糕状态仅仅是一种巧合，但它却在提醒我们，优秀的状态无法确保连续成功，糟糕的状态也不能保证连续失败。优秀或糟糕的状态也许仅仅是运气而已。

雷·阿伦在美职篮职业生涯中投出了超过 7000 个三分球，命中率为 40%。想象一个拥有 40% 正面概率的硬币被抛了 7000 次。实际上，在这 7000 次里面，在某个地方，几乎一定会出现连续 7 个正面。雷·阿伦的连续命中也许并不比连续 7 个正面具有更多的含义。

▷ 小数定律

丹尼尔·卡尼曼（Daniel Kahneman）和阿莫斯·特沃斯基（Amos

Tversky）合作发表了许多论文，包括发现我们的判断如何受系统性偏差和误差影响的开创性研究。2002 年，卡尼曼获得了诺贝尔经济学奖。特沃斯基无法分享这个奖项，因为他已经过世了。不过，卡尼曼表示："我感觉这是一个联合奖项。我们共事了十几年时间。"

卡尼曼和特沃斯基观察到的认知错误之一是相信小数定律。想象我们从一个装满红球和蓝球的巨大容器中取出 10 个球。小数定律指的是这样一种错误观念：如果容器中 50% 的球是红球，那么我们取出的 10 个球中将有 5 个红球。事实并非如此。我们取出 5 个红球和 5 个蓝球的概率只有大约 25%。大多数时候，红球和蓝球的数量是不等的。

错误的小数定律将导致两个相互关联的错误。第一个错误叫做赌徒谬误。如果我们取出的前 3 个球是红球，那么我们倾向于（错误地）认为下一个球很可能是蓝球，因为我们最终一定会得到 5 个红球和 5 个蓝球。类似地，如果一个均匀的硬币被抛掷 10 次，前 3 次都是正面，那么下一次很有可能是背面，因为我们最终将会得到 5 个正面和 5 个背面。第 10 章将会更加详细地讨论这种谬误。

第二个错误发生在我们不知道容器中有多少红球和蓝球的情形中。如果我们取出 5 个球，其中 4 个球是红球，我们就会（错误地）认为容器中一定有 80% 的球是红球。因此，下一个球有 80% 的可能性是红球。

类似地，如果篮球选手在 5 次投篮中 4 次命中，我们可能认为他下次投篮命中的概率是 80%。如果这个选手在 5 次投篮中 4 次不中，那么他下次投篮命中的概率只有 20%。根据很小的投篮样本，我们认为选手的状态由好转坏，从 80% 的命中率转变成了 20% 的命中率。我们没有意识到，即使选手每次投篮命中的可能性都是 50%，他也会时而五投四中，时而五投一中。这种现象无法说明任何问题。

我们天生倾向于寻找模式并且相信我们看到的模式背后一定存在某种合理的解释。上述错误观念就是这种倾向的一个例子。1937 年和 1938 年，真力时广播公司广播了一系列每周超感知觉实验。这个广播节目邀请听众猜测播音室里的"发送者"正在观看的符号，并把猜测结果寄给电台。这种实验涉及五个随机"二选一"（比如圆圈或者方块），类似于 5 次抛硬币。

这项在全国范围内进行的实验并没有证明超感知觉的真实性。相反，实验的主要结论是，人们低估了随机数据中模式的出现频率。听众选择了看上去具有随机性的序列，避开了看上去不具有随机性的序列。例如，在一项实验中，121 位听众选择了下面这个序列：

□□○□○

只有 35 个人选择了

□○□○

只有 1 个人选择了

□□□□□

如果方块和圆圈是随机选择的，就像抛 5 次硬币一样，那么上面这些序列拥有完全相同的出现概率。不过，听众感觉方块和圆圈应当得到平衡（第 10 章将会讨论这种错误的平均定律），因此不会出现全是方块或者全是圆圈的情况。他们还认为方块和圆圈完美交替式的平衡不太可能出现，因为它看上去不具有随机性。听众不愿意猜测连续五个方块或者方块和圆圈完美交替的序列，因为他们不相信这些序列会随机出现。

现在从另一个方向考虑这个问题。你不需要猜测圆圈和方块序列的结果。相反，考虑你看到其中某种模式时的反应。第一个模式没有任何独特之处。第二个模式比较奇特，第三个模式更加奇特。虽然我们知道圆圈和方块出现的可能性是相等的，但是我们仍然会低估连续 5 个方块或者完美交替序列完全随机出现的可能性。相反，我们认为这些模式背后一定存在某种特殊的因素。也许，电台人员对圆圈和方块的选择不是随机的？

同样的道理，当一个平时拥有 50% 命中率的篮球选手连续 5 次投篮命中时，我们认为一定存在某种独特的因素。选手状态很好，下次投篮很可能命中。连续 5 次传球成功的四分卫状态很好，下次传球很可能成功。连续 5 次抓到好牌的牌手运气很好，下一局很可能抓到好牌。

我们不断低估巧合在生活中的存在性，没能认识到随机性会生成看上去有意义但实际上毫无意义的模式。我们很容易被那些对无法解释的事情做出解释的说法所引诱。

▷ 一项篮球研究

三位杰出的心理学家——康奈尔大学的托马斯·吉洛维奇（Thomas Gilovich）以及斯坦福大学的罗伯特·瓦隆（Robert Vallone）和阿莫斯·特沃斯基——对"手顺"现象做了一项有趣的研究。他们调查了 100 名篮球迷，发现 91% 的人相信选手"在两三次投篮命中以后投篮命中的可能性高于两三次投篮不中以后投篮命中的可能性。"他们还要求这些球迷估计一个假想的、拥有 50% 命中率的选手在上次投篮命中以及不中的情况下投篮命中的概率。球迷的平均估计值分别是 61% 和 42%。

篮球选手也相信状态火热和糟糕的说法。在他们调查的 7 位职业选手中，5 个人（71%）相信选手在之前两三次投篮命中以后投篮命中的可能性要高一些。对于拥有 50% 命中率的假想选手在上次投篮命中以及不中的情况下投篮命中的可能性，职业选手的平均估计值分别是 62.5% 和 49.5%。

吉洛维奇、瓦隆和特沃斯基考察了各种篮球数据，认为这种常见的感受是错误的。他们最有说服力的数据来自美职篮费城 76 人队 1980～1981 赛季的表现。这些教授对每名选手连续 2 次或 3 次投篮命中以后投篮命中的频率与这名选手连续 2 次或 3 次投篮不中以后投篮命中的频率进行了比较。他们发现，事实上，选手在连续投篮命中以后的整体表现稍差于连续投篮不中以后的表现。

这种分析的一个问题是，上述数据没有考虑两次投篮的时间间隔。一名选手的连续 2 次投篮可能间隔 30 秒，间隔 5 分钟，位于一场比赛的上下半场，甚至出现在不同的比赛中。球迷和选手并不认为一个人周二在费城的表现会影响他周四在波士顿的投篮命中概率。另一个问题是，连续命中的选手可能倾向于做出难度更大的投篮动作。这可以解释选手在投篮命中以后整体表现更加糟糕的原因。

此外，当一名选手被认为状态火热或糟糕时，对方可能会对他采取不同的防守策略。投篮选择可能还会受到分数、比赛剩余时间以及双方选手累计犯规次数的影响。这个问题存在许多混杂因素。

美职篮首发队员平均每场比赛进行 10～20 次投篮，每个半场 5～10 次。如果"手感好"是一种相对温和的现象，那么基于 5～10 次投篮的

157

统计检验不太可能发现这种现象，尤其是当数据中隐藏着不同投篮难度、不同投篮间隔以及其他混杂影响因素时。

吉洛维奇、瓦隆和特沃斯基的结论不仅与球迷和选手的观念相抵触，而且与大量证据相矛盾。在大量体育运动中，当运动员充满自信时，他们可以做出更好的表现。在一项掰手腕研究中，竞争者被事先告知他们比对手强或者比对手弱。当对决双方获得错误信息、认为弱者更强时，较弱的一方在12场比赛中赢了10场。当对决双方获得关于谁是强者的正确信息时，较强的一方赢得了所有12场比赛。

一种看上去比较合理的观点是，连续投篮命中的篮球选手将会变得更加自信，这种信心可以帮助他做出更好的表现。也许，好手感是真实的，但是由于投篮选择、投篮间隔以及防守调整等混杂因素而很难在篮球比赛中被检测出来。

那么，其他运动项目的证据呢？高尔夫球和掷飞镖领域有一些关于状态火热和状态糟糕的实验证据。不过，在这些研究中，志愿者需要反复打高尔夫球和掷飞镖，但他们的报酬却很微薄。（你相信每天5美元的价格吗？）面对大量试验，他们几乎没有理由认真对待这件事情，因此研究人员观测到的火热和糟糕状态可能源自动力不足的志愿者专注程度的起伏。如果志愿者专心实验时的成功率较高，感到厌倦时的成功率较低，命中和失误就会在数据中出现聚集，形成连续成功和连续失败的现象。在这些连续成功和连续失败之中，他们的能力并没有出现波动，真正出现波动的是他们的专注力。

为了绕过篮球研究和人工实验中存在的问题，我开始寻找高水平运动员在没有混杂因素的情况下为了真正的利益而全力竞争的运动项目。

选手的每次尝试最好具有相同的条件和相同的难度,两次尝试之间最好间隔很短的时间。我想到了两个运动项目:职业掷马蹄铁和保龄球。它们并不是非常吸引人的运动,但它们的确具备我所需要的特点。

▷ 小沃尔特·雷·威廉姆斯

一位名叫小沃尔特·雷·威廉姆斯的优秀运动员恰好在两个运动项目上都有着不俗的表现。威廉姆斯最初用右手投掷马蹄铁。10岁那年,他参加了一场锦标赛,在50次投掷中投出了45个套环,获得了"神投手"的外号。13岁那年,他伤到了右手手指,并且开始学习左手投掷。18岁那年,他伤到了右手手腕,因此改到了左手。他的右手套环率是85%,左手套环率是50%。是的,你没听错;他的左手比我们一般人的右手还要厉害。

威廉姆斯用右手获得了6个世界冠军。当他的套环率下降到70%时,他转换到了左手。46岁那年,他用左手在世界锦标赛中获得了第二名。威廉姆斯说,现在,他的两只手在这个项目中的表现一样好,但他更喜欢使用左手。

他在保龄球领域的表现也许更加出色,而且这显然为他带来了更加丰厚的财务回报。(你无法以投掷马蹄铁为生,但你可以通过投掷保龄球成为百万富翁。)威廉姆斯7次成为职业保龄球员协会(PBA)年度选手,在PBA锦标赛中赢得了将近500万美元奖金。不过,他最喜爱的仍然是马蹄铁。他开着一辆房车周游全国,从一个马蹄铁或保龄球赛场赶到另一个赛场,并且尽量挤出一些时间去打高尔夫——他有3个差点

(handicap)。在被问及为什么能够做到这些时,他的回答很简单:"长期以来,我一直是这样做的,我觉得这很正常。"

威廉姆斯有许多连续多次命中的经历。1991 年,他以 32 岁的年龄连续投出了 56 个马蹄铁套环。他在 PBA 比赛中打出了 8 个完美球局(连续 12 次全中)。不过,他当时已经获得了两个体育项目的世界冠军,并且投掷了许多马蹄铁和保龄球。也许,这些连续命中仅仅是幸运的巧合。

威廉姆斯是一个聪明的运动员。他曾回忆自己高中时在当地大学参加计算机课程时的情景:"最初,我和许多对计算机一无所知的人一样,感到有点害怕,因为我们觉得计算机很聪明。实际上,计算机是很笨的。它们只会按照你的要求工作。如果你让它们去做错误的事情,它们就会去做错误的事情。"我说过,他的确是一个聪明的运动员。

威廉姆斯在加州大学波莫纳分校主修物理学,辅修数学。在精彩的保龄球纪录片《一群普通绅士》中,威廉姆斯表示,如果保龄球这条路走不通,他"很可能会成为教师,或者为美国宇航局工作。"在加州大学波莫纳分校的毕业论文中,他写了一个预测保龄球轨迹的计算机程序。他还写了一个软件程序,用于记录马蹄铁锦标赛的详细结果。当我寻找马蹄铁比赛数据时,我无意中发现了威廉姆斯及其收集的数据。他对"好手感"现象也很感兴趣,而且愿意和我分享他的数据。

▷ 投掷马蹄铁

马蹄铁比赛场地有两个相距 12 米的标桩。在每局比赛中,每位选手向同一个标桩投掷两个马蹄铁。所有 4 个马蹄铁投掷完毕后开始计分。

套住标桩的马蹄铁叫做"套环",记三分。位于标桩 15 厘米范围内的非套环记一分。在常规抵销计分法中,两位选手投出的套环相互抵销,与标桩距离相等的马蹄铁也相互抵销。如果一位选手投出两个套环,对手投出一个套环,第一位选手得三分。如果两位选手都投出两个套环,双方不得分。第一位达到 40 分的选手将成为获胜者。

在世界锦标赛中,入围的 16 位选手捉对厮杀,每位选手需要与其他 15 位选手依次过招。最终排名是由选手的总体胜负记录决定的。

在顶级锦标赛中,选手通常投出 60% 到 80% 的套环,比赛通常持续二三十局。历史上最伟大的比赛之一出现在 1965 年的世界锦标赛上:在持续两个半小时、长达 97 局的马拉松式较量中,套环率 89.7% 的雷·马丁(Ray Martin)输给了套环率 90.2% 的格伦·"雷德"·亨顿(Glen "Red" Henton)。

这里的"好手感"问题是,选手在一局比赛中投出的套环数量是否取决于之前几局投出的套环数量。由于世界级投手通常不会出现双误,因此我将每个选手每局的表现描述成双套环或非双套环。顶级选手投出双套环的次数大约是一半,这与抛硬币非常类似。

表 8.2 使用了威廉姆斯向我提供的 2000 年和 2001 年世界锦标赛的数据。根据这张表,选手在双套环之后投出双套环的可能性高于非双套环之后投出双套环的可能性(0.548 对 0.501)。他们在连续两次双套环之后投出双套环的可能性高于两次非双套环之后投出双套环的可能性(0.545 对 0.490)。这些"好手感"模式意味着存在另一种相同的"差手感"模式:非双套环之后出现非双套环的可能性高于双套环之后出现非双套环的可能性(0.499 对 0.452)。

表 8.2 中的经验性差异看上去可能不太明显，但它足以决定谁是冠军，谁是失败者。

表 8.2：双套环或非双套环之后双套环或非双套环的频率

	双套环频率	非双套环频率
两次双套环之后	0.545	0.455
一次双套环之后	0.548	0.452
一次非双套环之后	0.501	0.499
两次非双套环之后	0.490	0.510

在 64 名选手中，51 名选手在双套环之后投出双套环的可能性高于非双套环之后投出双套环的可能性。在 63 名选手中，48 名选手在两次双套环之后投出双套环的可能性高于两次非双套环之后投出双套环的可能性（一名选手的两种可能性相等）。这些差异均具有很高的统计显著性。投掷马蹄铁的随机性不像抛硬币那么大。选手的确会获得好手感和差手感。

▷ 保龄球

在保龄球运动中，10 个目标瓶被排列成金字塔形，与球道起始处相距 18 米。每局比赛包含 10 格。如果选手在某一格第一次投球时击倒所有 10 个球瓶，这一格将被记作全中。如果选手没有投出全中，倒下的瓶子将被清走，选手将获得击倒剩余球瓶的第二次机会。如果选手在第二次投球时击倒剩余球瓶，这一格将被记作补中。

选手每格的基本分等于被击倒的球瓶数。如果是补中，得分为 10 分加上下次投球时被击倒的球瓶数。如果是全中，得分为 10 分加上下两次投球时被击倒的球瓶数。如果第十格投出补中或全中，选手将获得奖励投球机会（补中奖励 1 次，全中奖励 2 次）。完美球局包含 12 次全中（十格加上两次奖励投球），得分为 300 分。职业保龄球选手投出全中的概率为 60% 左右，平均每局得分超过 200 分。

在 PBA 锦标赛中，所有选手先投 9 局。9 局得分排在前 64 位的选手进入下一轮，然后再投 9 局。前 32 名选手进入对抗赛阶段，选手将根据前 18 局的表现获得种子编号并捉对厮杀。1 号种子对 32 号种子，2 号种子对 31 号种子，依此类推。

表 8.3 使用了 2002～2003 赛季 PBA 对抗赛阶段的数据。根据这张表，选手在前一格投出全中以后投出全中的可能性高于前一格投出非全中以后投出全中的可能性（0.571 对 0.560）。他们在前两格投出全中以后投出全中的可能性高于投出两个非全中以后投出全中的可能性（0.582 对 0.546）。

和投掷马蹄铁一样，表 8.3 中的差异看上去可能不太明显，但它足以决定谁是胜利者，谁是失败者。

表 8.3：全中或非全中之后全中的频率

	全中的频率	非全中的频率
两次全中后	0.582	0.418
一次全中后	0.571	0.429
一次非全中后	0.560	0.440
两次非全中后	0.546	0.454

在 134 名保龄球选手中，80 名选手全中后投出全中的可能性高于非全中后投出全中的可能性。而且，在 110 名选手中，77 名选手在两次全中后投出全中的可能性高于两次非全中后投出全中的可能性（24 名选手数据不足，无法进行有效比较）。和投掷马蹄铁一样，这些保龄球差异具有很高的统计显著性。

我们也许可以将连续 12 次全中组成的完美球局视为终极好手感。在 2002～2003 赛季 PBA 巡回赛的对抗赛阶段，出现了 19 场完美球局。如果"好手感"只是一种传说，那么完美球局的预期场次只有这个数字的一半左右。42 名选手在前 10 格中全部投出了全中，需要加投两次。根据这项数据，如果"好手感"只是一种传说，那么完美球局的预期场次也只有 19 场的一半左右。这两个结果均具有统计显著性。

我们的结论比较复杂。我们被模式诱惑，希望获得这些模式的解释。当我们看到一连串成功时，我们认为"好手感"提高了成功的可能性。当我们看到一连串失败时，我们认为"差手感"提高了失败的可能性。对于抛硬币，我们很容易驳斥这种理论，但在涉及人类时，情况就不同了。我们显然会产生或好或坏的情绪，这将导致我们的能力出现起伏。问题是，这些波动是否重要，是否可以忽略。

许多关于好手感的实证研究并没有给出具有说服力的答案，因为这些研究的数据中存在混杂因素。例如，投篮涉及不同的投球位置和不同的防守压力。所以，我们很难判断导致选手表现起伏的原因是他的能力波动，还是他的不同的投篮方式或者对手的不同防守策略。

不具有这些混杂因素的马蹄铁和保龄球数据显示出了好手感和差手感的证据。我们所观测到的表现波动足以区分胜利和失败——但它并没有人们想象的那么明显。

✕ 如何轻松识破一本正经地胡说八道

我们喜欢在数据中寻找模式并为我们所看到的模式编造一些理由，这是无法避免的事情。因此，我们很容易相信好手感和差手感的说法是真实的，相信成功率会出现极大的波动。记住，即使在随机的抛硬币实验中，也会出现仅仅来自巧合的、引人注目的连续成功和连续失败现象。

好手感和差手感很可能的确存在，但它比我们想象的要小得多。

胜者的诅咒

9 胜者的诅咒

西北大学经济学教授贺拉斯·西克里斯特（Horace Secrist）职业生涯可谓相当杰出。他写了 13 本教材，曾担任西北大学经济研究局局长。1933 年，在后来被称为"大萧条"的巨大国家经济灾难中，他出版了一本书，希望能够解释灾难的原因，提供解决方案，维护自己的学术名誉。结果，这本书反而败坏了他的名声。

当时的传统经济观点认为，从整个国家来看，供给会创造出与之相应的需求。像总需求不足这样的事情是不可能存在的，因为企业不仅雇用工人提供商品和服务，而且为工人支付工资，以确保一个国家的公民有能力购买这些商品和服务。像失业率这样的问题是不可能存在的，因为劳动力市场可以平衡需求和供给，确保每个想要工作的人都能找到工作。这就是需求供给平衡的含义：公司能够招到他们想要招聘的人数，想要工作的人能够找到工作。

英国经济学家约翰·梅纳德·凯恩斯（John Maynard Keynes）对全球经济大萧条进行了研究，认为传统观念是错误的。从 1929 年到 1933 年，美国的产量下降了一半，失业率从 3% 上升至 25%。农场收入下降了 1/3，超过十万家企业破产，包括全国超过 1/3 的银行。绝望的人们在街角乞讨，在垃圾堆里翻找食物。在英国，总产量下降了 1/3，失业率达到了 20%。

凯恩斯总结道：

> 马尔萨斯之后的职业经济学家显然对其理论结果与事实观察缺乏一致性的现象无动于衷……这使经济学家们被视为赣第德式的人物，他们脱离这个世界，专心浇灌自己的菜园，他们认为只要我们不加干预，整个世界就会在所有可能的方向中朝着最美好的方向发展……经典理论也许代表了我们的经济应当具有的状态。不过，如果认为现实与理论相符，我们就会忽视眼前的困难。

凯恩斯认为，需求不足不仅是可能的，而且是大萧条的原因。一个人只要睁开眼睛，就会看到这一点。他认为，供给不会自动创造需求；相反，需求常常会创造供给。如果人们减少对家具的开销，企业就会减少家具产量，解雇他们所聘用的一些家具制造者。这些失去工作和收入的家具制造者将会削减食品、服装和娱乐开销，导致这些行业的公司减少产量和员工。这种效应将波及整个经济，因为每个人的开支为其他人提供了收入，每一次开支的降低都会减少其他人的收入和消费能力。失业人数可能会越来越多，并且可能维持很长时间。

1936 年，凯恩斯发表了经典论文《就业、利息和货币通论》，颠覆了经济学理论。实际上，这篇论文创造出了一个全新的经济学分支，叫做宏观经济学。

在此之前，贺拉斯·西克里斯特已在学术领域浸淫多年，深受古典经济学的束缚。西克里斯特认为，大萧条的原因一定出现在供给侧。因此，他开始研究企业实践。西克里斯特及其助手花了 10 年时间，收集和分析了美国百货商店、服装店、五金店、铁路和银行等 73 个不同行业的数据。他整理了从 1920 年到 1930 年多项企业成功指标的年度数据，包括利润对销售额的比率、利润对资产的比率、费用对销售额的比率、费用对资产的比率。对于每个比率，他根据 1920 年的比率值将每个行业的公司分成了四个部分：最优的 25%、次优的 25%、第三好的 25% 以及垫底的 25%。接着，他计算了前 1/4 公司从 1920 年到 1930 年每年的平均比率。他对其他三个部分的公司进行了同样的计算。每个部分的比率值都在随时间的推移而收敛。1920 年位于前两个部分的公司在 1930 年更加接近平均水平。1920 年位于后两个部分的公司在 1930 年更加接近平均水平。最极端的两个部分表现出了更大的变化。

显然，他发现了一个普遍成立的经济真理。随着时间的推移，最成功和最不成功的公司倾向于更加接近平均水平。美国企业正在向平庸靠拢。他在《平庸在商业中的胜利》一书中记录和描述了这种理论。这本书是一部统计学力作，共 468 页，包含 140 张表格和 103 张图表，有力地支持了他那不同寻常的结论。

西克里斯特的结论是：

完全自由的行业准入和持续竞争意味着平庸的持续。新的公司是由相对"不胜任"，至少是缺乏经验的人成立的。如果一些公司取得成功，它们必须满足它们所归属的行业和市场的竞争要求。不过，出色的判断、经营意识和诚信总是无法抵抗肆无忌惮、愚蠢轻率、信息不畅和考虑不周的做法。结果是，零售行业过于拥挤，店铺很小而且缺乏效率，大量企业能力不足，费用相对高昂，利润微薄。只要某个领域可以自由进入（事实的确如此），只要竞争是"自由"的（在上述范围内，事实的确如此），那么优势和劣势往往无法持续。相反，平庸往往大行其道。

美国的经济问题显然源于他所发现的新的经济原则：竞争压力将不可避免地削弱优秀企业的才能。显而易见的解决方案呢？保护优秀公司免于希望进入这个市场的不太胜任的公司所带来的竞争。

在出版这部作品之前，西克里斯特向38位杰出的统计学家和经济学家寻求意见和批评。他们显然没有发现任何问题。作品出版以后，著名同行们最初发表的评论充满了溢美之辞。

> 这本书出色地说明了如何利用统计研究将经济学理论转变成经济学定律，将一门定性科学转变成定量科学……这本书以极为可信的方式展示了一位有能力的统计学家兼经济学家如何以刻苦的、长期持续的、有思想的、极为成功的努力加强我们关于竞争事实和理论的知识。（《政治经济学期刊》）
>
> 你将情不自禁地赞美作者及其助手在完成一项极为艰苦的任务时表现出来的热情和执着。（《皇家统计学会期刊》）
>
> 作者总结说，相互依赖的商业结构中竞争力量的相互作用将确保"平庸的胜利"。作者的研究方法具有充分的科学性。（《美国经济评论》）

从社会角度看，具有竞争性商业制度的经济体未来毫无希望，只有两点例外：这些研究可能会导致一些商业规划被引入；尽管优秀单位倾向于沦为平庸，但是这种平庸的整体水平可能会通过某种形式的私人或社会控制得到提升……这些结果为商业人士和经济学家带来了一个具有某种悲剧性色彩的持续问题。(《美国政治和社会科学院年报》)

杰出统计学家哈罗德·霍特林 (Harold Hotelling) 写了一篇犀利的评论，礼貌而坚定地说明了西克里斯特 10 年的工作成果无法证明任何事情。西克里斯特不但没有维护自己的名誉，反而成了被均值回归愚弄的一个经典案例。

▷ 均值回归

我曾经和一个学生对棒球领域的均值回归做了一些研究。我们没有写出 468 页的著作，但我们至少在看到均值回归时认识到了这一点。发表这篇论文的期刊评论员写道：

几乎没有哪个统计事实比均值回归更加有趣，原因有两点。首先，人们几乎每天都会在生活中遇到它。其次，几乎没有人理解这种现象。

这两个原因的叠加使均值回归成了人类决策最基本的错误来源之一，在医学、教育、政府甚至体育领域导致了许多错误的推理。

没错，我们几乎每天都会遇到均值回归现象，而且几乎没有人理解这种现象。就像西克里斯特的例子说明的那样，这是一种致命的组合。

要想理解回归，假设100个人被问到20个关于世界历史的问题。每个人的"能力值"是他在大量此类测试中的平均得分。一些人的能力值是90，一些人的能力值是80，一些人的能力值近乎为零。

一个能力值为80的人在测试中拥有80%的平均正确率，但他不会在每次测试中得到80%的正确率。想象一个拥有无数问题的测试库。根据幸运程度，一个能力值为80的人在一项测试中知道超过80%问题的答案，在另一项测试中知道不到80%问题的答案。一个人在任何一项测试中的得分都是对其能力值的不完美测量。

我们能够根据一个人的测试分数做出哪些推断呢？一个重要推断是，一个测试分数相对其他人比较高的人很可能得到了高于自身能力的分数。在一项测试中得分在90～95之间的人可能具有更加普通的能力值（比如85～90、80～85或者75～80），只是这一次发挥出了超常水平；他也可能具有更高的能力值（比如95～100），只是这一次表现不佳。前一种情况的可能性比较大，因为能力值低于90～95的人比能力值高于90～95的人要多。

如果这个人的能力实际上低于90～95，那么当他进行另一次测试时，他的分数很可能也会低于90～95。类似地，得分远低于平均水平的人可能表现不佳，并且可能在随后的测试中得到高一些的得分。这种"得分远离均值的人在第二次测试中倾向于获得更加接近均值的得分"的现象是均值回归的一个例子。

我们可以在许多环境中遇到回归现象——尤其是当我们想要测量的

某件事情得到不完美的测量结果时。标准化考试显然是对能力的不完美测量。因此，由于较低的考试成绩而获得特殊辅导的学生通常并不像他们的分数显示的那样糟糕。所以，即使辅导老师什么也不做，只是打着响指说"给我提高！"，这些学生也有可能在随后的考试中做出更好的表现。

医学检测是对患者情况的不完美测量，因此检测结果会出现回归现象。假设一名患者在常规医学检查中接受 20 项检测，其中一项检测结果令人担忧。患者的状况很可能不像检测结果显示的那样糟糕。在接受一些治疗以后，即使这种治疗毫无价值，患者也可能出现改善。

投资成功是对投资者才能的一种不完美测量。因此，我们也会看到回归现象：平均来看，在任何一年做出最佳股票选择的投资咨询师都会在第二年变得更加平庸。

第 7 章对不同网页布局（比如一次点击和二次点击形式以及不同的页面颜色和字体）进行测试的互联网公司也会出现回归现象。公司根据下列实验提出建议。当一名用户访问网站时，网站用随机事件生成器将用户带到多个页面版本中的某个版本。接着，公司记录用户的反应（用户在页面上的停留时间；用户是否一层层点击下去，以获得更多信息等等）。经过几天测试，公司需要汇报哪个页面版本最为成功。该公司反复遇到的一个问题是，当客户听从公司的建议并更改布局时，他们所获得的实际收益通常低于实验中观测到的收益。你如何解释这种现象呢？

当然是均值回归啦！每个实验得分都是对布局收益"能力"的不完美测量。由于实验中存在随机性（这当然是事实），得分最高的布局的未来收益很可能比实验结果更加接近均值。如果实验中用户点击量出现了 30% 的增长，实际增长率可能只有 20%。这种布局没有任何问题。它仍然是最成功的布局。只不过，公司需要认识到，"实际收益比实验预测值更加温和"是一种极为自然的现象。

诺贝尔奖获得者丹尼尔·卡尼曼曾告诉以色列飞行教官，如果新兵接受表扬而不是惩罚，他们可以实现更快的进步。一位高级教官提出了强烈的反对意见：

> 我曾在许多场合对漂亮地执行某种特技动作的飞行学员提出表扬。总体而言，当他们再次训练时，他们的表现会退步。另一方面，我经常对表现糟糕的学员大吵大嚷。总体而言，他们下次会做出更好的表现。所以，请不要告诉我们鼓励是有效的，惩罚是无效的，因为实际情况恰恰相反。

卡尼曼立即意识到，这位教官受到了均值回归的欺骗。做出最佳飞行表现的学员通常不具有他们表现出来的那种远高于平均水平的能力。平均来说，不管教官表扬他们，叱责他们，还是一言不发，他们都不会在下次飞行中做出同样好的表现。指责卡尼曼的高级教官错误地认为他的表扬导致学员表现退步；实际上，这些学员并没有看上去那样优秀。类似地，平均来说，飞行表现最为糟糕的学员并没有看上去那么无能；如果教官能够控制住自己的吼叫，这些学员可以在下次飞行中做出更好的表现。

卡尼曼后来写道：

> 这是一个快乐的时刻，因为我理解了这个世界的一个重要真理：

由于我们倾向于在其他人表现出色时奖励他们,在其他人表现糟糕时惩罚他们,又由于均值回归现象,因此从统计上看,我们将由于奖励别人而受到惩罚,由于惩罚别人而受到奖励,这是人类社会的一个组成部分。

卡尼曼不是第一个认识到均值回归重要性的人。在 19 世纪,弗朗西斯·高尔顿爵士(Sir Francis Galton)在研究父母及其成年孩子身高时观察到了均值回归现象。身材异常高大的父母倾向于拥有矮一些的孩子,身材异常矮小的父母倾向于拥有高一些的孩子。不过,高尔顿得出了错误的结论:人类身高正在向平庸回归;实际上,高尔顿这项研究的题目是《世代身高向平庸回归》。

均值回归并不意味着每个人很快都会得到相同的历史测试分数,它也不意味着每个人很快都会具有相同的身高。均值回归意味着观测到的身高是对我们遗传自父母并传给孩子的基因因素的不完美测量。一个身高 2 米的人可能拥有 1.8 米的基因并受到了积极的环境影响,或者拥有 2.1 米的基因并受到了消极的环境影响。前一种情况的可能性比较大,因为拥有 1.8 米基因的人比拥有 2.1 米基因的人多得多。因此,我们所观测到的非常高的父母的身高通常高于他们的基因身高以及他们孩子的平均身高。

回归是双方向的,因为它仅仅反映了随机波动。身高很高的父母倾向于拥有矮一些的孩子,身高很高的孩子倾向于拥有矮一些的父母。我的身高是 1.9 米,我不仅比我的成年孩子高,而且比我的父母高。

这种现象不限于身高。回归存在于无法通过观测型特点准确反映出来的任何遗传特性之中：身高、体重、智力、足部尺码、头发密度。异常的父母通常拥有不太异常的孩子，异常的孩子通常拥有不太异常的父母。

▷ **西克里斯特的愚蠢**

同样的道理，西克里斯特关于成功和不成功公司的研究也涉及均值回归。在任何给定的年份，最成功的公司可能拥有更多的好运，取得不仅优于其他公司，而且优于自身长期利润率的表现。最不成功的公司则恰恰相反。这就是顶尖和垫底公司随后的表现通常更加接近公司平均水平的原因。与此同时，它们的顶尖和垫底位置被其他正在经历好运或霉运的公司所取代。这种上下波动是正常生命起伏的一部分，它并不意味着所有公司很快就会流于平庸。

让我们考虑一个具体的例子。假设某个行业里有三种公司：好公司，差公司，普通公司。每家好公司按照投资回报率计算的平均利润率为40%。每家差公司的平均利润率为20%。每家中等公司的平均利润率为30%。每一种公司的数量相等。

每家公司的平均利润率是它的"能力值"。每家公司在任意一年的利润率等于其能力值 +6%、+3%、−3% 或者 −6%。因此，能力值为 40% 的公司在任意一年拥有 46%、43%、37% 和 34% 利润率的可能性是相等的。它们的年利润率在能力值附近随机波动。我并不是说现实中的能力永远不会发生变化。我只是在这里做出一种假设，以说明即使能力不变，回归也是有可能发生的。

这些假设用于生成两年的数据，我将这两年称为 1920 和 1930 年。在每一年，有 12 种具有同等可能性的利润率观测值：46%、43%、37%、36%、34%、33%、27%、26%、24%、23%、17% 和 14%。

根据西克里斯特的做法，假设我们根据这些公司的利润率观测值将其分成四个部分。最优的部分包含利润率观测值为 46%、43% 和 37% 的公司。次优的部分包含利润率为 36%、34% 和 33% 的公司。第三好的部分为 27%、26% 和 24%。垫底部分是 23%、17% 和 14%。

均值回归之所以发生，是因为利润率观测值远离均值的公司倾向于拥有更加接近均值的能力值。在这种情况下，他们在其他任意一年的利润率将更加接近均值。在我们的例子中，利润率观测值位于前 1/4 的公司拥有 46%、43% 和 37% 的利润率。它们的平均利润率是 42%。不过，所有这些公司都具有 40% 的能力值。它们排在所有公司前 1/4 的年份里拥有 42% 的平均利润率，但它们在其他任意一年的平均利润率期望都是 40%。表 9.1 显示了这些公司根据 1920 年利润率被分成四个部分时的收敛情况。

表 9.1：根据 1920 年利润率形成的四个部分的平均利润率

	1920	1930
第一部分，1920	42	40
第二部分，1920	34	33
第三部分，1920	26	27
第四部分，1920	18	20

1920 年位于前两个部分的公司倾向于在 1930 年拥有更加接近平均

水平的利润率。1920 年位于后两个部分的公司同样倾向于在 1930 年拥有更加接近平均水平的利润率。

  这种回归并不取决于我们使用哪一年将公司分成四个部分。不管使用哪一年分组，利润率都会在另一年出现回归。表 9.2 显示了根据 1930 年利润率分组时的收敛情况。

表 9.2 根据 1930 年利润率形成的四个部分的平均利润率

	1920	1930
最优部分，1930	40	42
次优部分，1930	33	34
第三好部分，1930	27	26
垫底部分，1930	20	18

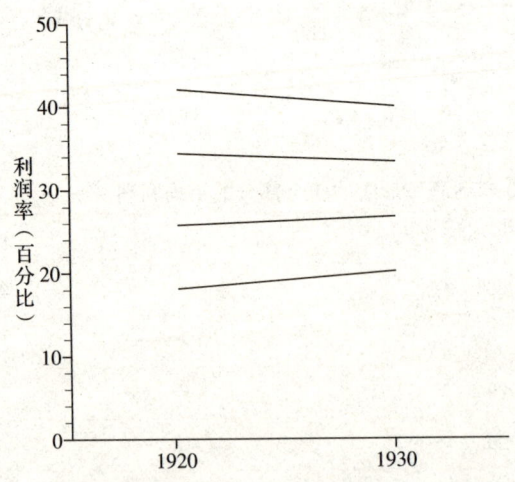

图 9.1 根据 1920 年利润率形成的四个部分在 1930 年出现回归

⑨ 胜者的诅咒

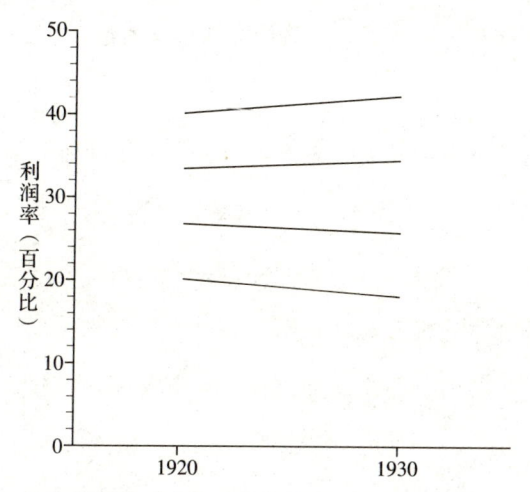

图 9.2 根据 1930 年利润率形成的四个部分在 1920 年出现回归

图 9.1 以图形方式说明了如果我们像西克里斯特那样使用 1920 年划分四个部分,利润率将在 1930 年出现回归。图 9.2 说明了如果我们使用 1930 年划分四个部分,利润率将在 1920 年出现回归。

这里面绝对不涉及能力值的收敛。我们假设每家公司每年的能力值是相同的。回归之所以发生,仅仅是因为利润率在能力值附近随机波动。

异常的父母通常拥有不太异常的孩子,反之亦然;同样的道理,不管我们沿着时间前进还是后退,利润率都会出现回归。观测到的回归只能证明当利润率在能力值附近波动时,观测到的利润率差异大于实际能力值的差异。正如霍特林所说,"这些图表实际上只能证明相关利润率存在波动趋势。" 10 年的工作成果随着这句话流进了下水道。

▷ 古老的谬误何曾消亡?

虽然霍特林对西克里斯特的错误进行了明确的剖析,但是这个错误

并没有消失。1970年,一位著名的政治经济学家写道:

　　一部完全被人遗忘的、具有类似主题的早期经验性作品拥有一个意味深长的名字:《平庸在商业中的胜利》。这本书由贺拉斯·西克里斯特撰写,1933年由西北大学经济研究局出版。这本书包含一个详细的统计学论证过程,证明了随着时间的推移,平均而言,最初表现出色的公司会出现退步迹象,而最初表现糟糕的公司则会出现改善。

　　遗憾的是,天真的作者并没有意识到西克里斯特的结论没有产生任何影响的原因。他只记得西克里斯特,忘记了霍特林。

　　20世纪80年代,一位诺贝尔奖获得者在一本投资教材中指出,"最终,经济力量将导致不同公司利润率和增长率的收敛。"为了支持这种说法,他考察了1966年利润率最高和最低的公司。14年后,1980年,两个群体的利润率更加接近均值。他得意地总结道:"对总体均值的收敛是显而易见的……这种现象无疑是真实的。"多么似曾相识的说法!和50年前的西克里斯特一样,他并没有考虑到这种收敛仅仅来自均值回归的可能性。

　　几年后,另外两位杰出的金融教授(其中一位也是诺贝尔奖获得者)犯下了完全相同的错误。他们发现了数据中的收入回归现象。和西克里斯特一样,他们将其完全归因于竞争力量:

　　在竞争环境中,行业内和跨行业的利润率都会向均值靠拢。其他公司最终会模仿一家公司高于正常利润率所依靠的创新产品和新技术。破产或被收购的前景将激励利润率较低的公司将资产分配到更有成效的地方。

竞争力量也许的确存在。不过，它们显然不是事情的全部。部分原因（甚至全部原因）在于"收入相对较高的公司更有可能正在经历好运，而不是霉运"这一单纯的统计性观察。

这种反复出现的错误的另一个版本出现在一本书及其书评之中，二者均出自著名经济学家的手笔。他们认为，所有国家的经济增长率随时间收敛。他们完全忽略了均值回归在这种收敛中起到的作用。米尔顿·弗里德曼（Milton Friedman）写了一篇恰当的评论，题目叫做《古老的谬误何曾消亡？》

这本书的作者和书评作者都是优秀的经济学家，对现代统计方法了如指掌，他们竟然没能认识到自己陷入了回归谬误，对此我感到很吃惊……不过，考虑到这种谬误在大众讨论和学术研究中的普遍存在，我也许不应该感到吃惊。

既然著名统计学家、金融教授和经济学家都能忽略均值回归，其他人又怎么能幸免呢？

▷ 道指落榜生

道琼斯工业平均指数（"道指"）是代表美国最优秀公司的 30 只蓝筹

股票的平均价格。根据道琼斯公司的说法，这些"重要公司以其产品或服务的质量和被广泛承认著称，拥有强劲而成功的增长历史"。

一个平均委员会定期改变道指中的股票。有时，这是因为公司与另一家公司合并或者被另一家公司收购后股票停止了交易。有时，公司进入了困难时期，不再被视为真正的蓝筹股票。这些"落榜"公司被更加成功的公司所取代。

例如，1991年11月1日，家得宝取代了西尔斯。西尔斯是一个具有传奇色彩的美国成功故事，它从一家销售手表、玩具、汽车和易组装房屋等各种商品的目录邮购公司发展成了美国最大的零售商。西尔斯在道指中停留了75年，但它目前在与沃尔玛、塔吉特和家得宝等折扣零售商的竞争中陷入了困境。西尔斯的收入和利润开始下降，股价也在过去的6个月里下跌了将近50%。家得宝则在住宅建设和装修的带动下急速发展，每过56个小时就要开一家新店。该公司的工具与西尔斯具有传奇色彩的克拉夫茨曼工具存在直接竞争关系，而且它似乎正在赢得这场销售战争。家得宝的股票价格过去6个月上涨了50%。

当一家正在衰落的公司被一家蒸蒸日上的公司取代时，你认为哪只股票会在接下来表现得更好——进入道指的股票，还是离开道指的股票？如果你能考虑到均值回归，你就会知道，被踢出道指的股票未来的表现很可能会优于取代它的股票。

这是违反直觉的，因为我们很容易将伟大的公司与伟大的股票混淆在一起。假设你发现了一个历史上长期具有丰厚稳定利润的伟大公司（让我们称之为利恩米恩）。利恩米恩是一个优秀的投资项目吗？答案取决于股票价格。每股10美元的投资有吸引力吗？100美元呢？1000美元呢？对于某些价格，股票太贵了。对于某些价格，股票太便宜了。不管公司多么优秀，我们都需要首先了解股票价格，然后再去判断它是不是一个具有吸引力的投资项目。

遇到困难的公司也是一样的道理。假设一家不幸叫做"涤纶西装"的公司处于下行死亡螺旋之中。公司目前每股分红 1 美元，这个数字预计每年稳步下降 5%。谁会购买如此失败的股票呢？如果价格合适，谁会不买呢？你会用 5 美元购买每年的股息分别为 1 美元、95 美分、90 美分……的股票吗？如果 5 美元的价格无法打动你，1 美元呢？10 美分呢？

让我们回到道指添加和删除的股票上来。投资者面对的问题不是进入道指的公司目前是否比它们所取代的公司更加成功，而是哪些股票是更好的投资品。进出道指的股票都是耳熟能详的公司，都会受到数千名投资者的密切关注。1999 年，投资者非常清楚，家得宝表现出色，西尔斯表现糟糕。这种观念一定会体现在它们的股价上。这就是家得宝股价上涨 50%、西尔斯股价下跌 50% 的原因。

不过，由于均值回归，被移出道指的公司通常不像它们最近的表现所暗示的那样可怕，取代它们的公司通常也不像它们表现得那样优秀。在这种情况下，落榜的股票通常拥有不合理的低价，入榜的股票通常拥有名不副实的高价。当一家表现糟糕的公司向平均水平回归时，其股价会上涨；当一家表现出色的公司向平均水平回归时，其股价会下跌。这种观点意味着同添加到道指中的股票相比，被道指删除的股票通常会表现得更好。

在被踢出道指五年半以后，西尔斯在 2005 年被凯马特收购。如果你在西尔斯被道指删除以后立即购买它的股票，那么到西尔斯被凯马特收购的时候，你的总回报率将达到 103%。在同样的五年半时间里，取代西尔斯的家得宝下跌了 22%。标准普尔 500 股价指数这段时期的回报率是 −14%。西尔斯离开道指后的回报率高于平均水平，而家得宝进入道指后的回报率低于平均水平。（凯马特和西尔斯的合并效果非常糟糕，但那又是另一个故事了。）

西尔斯与家得宝的对比是一起孤立事件，还是"道指落榜生表现优于道指入榜生"这一系统性模式的一部分呢？实际上，1999 年发生了四次替换：家得宝、微软、英特尔和西南贝尔公司取代了西尔斯、固特异轮胎、联合碳化物和雪佛龙。家得宝、微软、英特尔和西南贝尔公司都是伟大的公司，但这四只股票在接下来的 10 年里表现都很糟糕。

假设你在 1999 年 11 月 1 日四次替换发生那天向道指添加的四只股票各投资 2500 美元。共计 1 万美元。这是你的入榜投资组合。你还建立了一个落榜投资组合，向道指删除的四只股票各投资 2500 美元。

表 9.3 显示了替换发生后的 10 年时间里这些投资组合的表现与标普 500 的对比。10 年后，标普 500 下跌了 23%。入榜投资组合表现更加糟糕，下跌了 34%。相比之下，落榜投资组合上涨了 64%。

表 9.3 1999 年 11 月 1 日添加和删除的股票

	初始投资组合	五年后	十年后
入榜投资组合	10000 美元	6633 美元	6604 美元
落榜投资组合	10000 美元	9641 美元	16367 美元
标普 500	10000 美元	8295 美元	7652 美元

这仍然只是 1999 年道指的四次替换而已。也许 1999 年是不同寻常的一年，其他年份的替换具有不同的表现？非也。2006 年的一项研究考察了 1928 年 10 月 1 日道琼斯 30 只股票平均指数诞生以来的所有 50 次更改，发现在 32 次更改中，被删除股票的表现优于替代它们的股票，在 18 次更改中，被删除股票的表现不如替代它们的股票。被删除股票的组合每年比新增股票的组合好 4%。经过 78 年的积累，这是一种巨大的差距。100 美元新增股票的投资组合将在 2006 年增长到 16 万美元；100 美元被删除股票的投资组合将增长到 330 万美元。

由于表现糟糕而被踢出道指的公司比取代它们的好公司更加适合投资。

▷ 冠军窒息

大多数体育迷都相信"冠军窒息"现象——取得某种优异成绩的运动员随后的表现往往令人失望。显然，人们会付出不同寻常的努力，以取得不同寻常的成绩。不过，当他们登顶时，他们对失败的担忧会使他们所担忧的失败变成现实。同样的现象似乎也存在于许多职业领域。

在罗杰·马里斯（Roger Maris）1961 年以 61 个全垒打超越贝比·鲁斯以后，他在 1962 年和 1963 年分别只打出了 33 个和 23 个全垒打。在马丁·斯科塞斯（Martin Scorsese）1976 年制作了《出租车司机》以后，他在 1977 年制作了糟糕透顶的《纽约，纽约》。

最有名的例子是《体育画报》封面诅咒。在俄克拉荷马连续赢得 47 场大学橄榄球比赛胜利之后，《体育画报》刊登了《俄克拉荷马为何战无不胜》的封面故事。俄克拉荷马在下一场比赛中以21∶28输给了圣母大学。经过这次溃败，人们开始注意到，出现在《体育画报》封面上的运动员明显受到了诅咒，无法在之后的比赛中取得同样优秀的表现。2002年，《体育画报》刊登了关于诅咒的封面故事，使用了黑猫的图片和可爱的文字说明"没人愿意登上的封面"。最近，我们又有了"麦登诅咒"：出现在视频游戏《麦登橄榄球》封面上的橄榄球选手无法取得像之前那样优秀的表现。

不好意思，让你们这些真正相信诅咒的人失望了。实际上，这仅仅是均值回归而已。

运动员的表现是对技能的不完美测量，因此它会向均值回归。表9.4显示了2010年平均击球率最高的十位职业棒球大联盟选手。乔希·汉密尔顿（Josh Hamilton）的平均击球率最高，为0.359。你认为乔希是一个在2010年赛季表现令人失望的、击球率为0.400的击球手呢，还是在2010年表现出色的、击球率为0.300的击球手呢？2010年排在前十名的击球手都在这一年取得了超出职业生涯平均水平的表现。总体而言，这十位选手职业生涯的平均击球率约为0.301，他们在2010年的平均击球率则是0.327。

在20项比较中，这些选手只有3次在2009年或2011年的表现优于2010年（用斜体显示）。在20项比较中，前十位击球手2010年的平均击球率在2009年和2011年有17次出现了向均值的回归（回归是一种趋势，不是必然的）。

回归并没有描述"能力"随时间的变化，比如公司被竞争削弱或者棒球选手的状态随着年龄的增长而下滑。回归是由"表现"相对于"能力"的波动导致的，因此远离均值的表现反映了更加接近均值的能力。所以，不管我们向前查看下一年，还是回头查看上一年，我们都会观察到棒球选手的回归现象。

表 9.4 2010 年平均击球率最高的 10 位选手 2009 年和 2011 年的表现

	2009	2010	2011	职业生涯
乔希·汉密尔顿	0.268	0.359	0.298	0.308
卡洛斯·冈萨雷斯	0.284	0.336	0.295	0.298
米格尔·卡布雷拉	0.324	0.328	0.344	0.317
乔·莫尔	0.365	0.327	0.287	0.323
乔伊·沃托	0.322	0.324	0.309	0.313
艾德里安·贝尔特	0.265	0.321	0.296	0.276
奥马尔·因方特	0.305	0.321	0.276	0.275
罗宾逊·卡诺	0.320	0.319	0.302	0.308
比利·巴特勒	0.301	0.318	0.291	0.297
特罗伊·托洛维斯基	0.297	0.315	0.302	0.293
平均	0.305	0.327	0.300	0.301

根据"平庸胜利"谬误，我们会得出优秀选手和队伍技能退步的结论。实际上，正确结论是，任何给定赛季表现最优秀的人通常不像他们耀眼的记录显示的那样拥有出色的技能。大多数人的运气比较好，这使他们在某个赛季的表现优于上一个赛季和下一个赛季——而在上一个赛季和下一个赛季，他们的顶尖位置将被其他人取代。

《体育画报》诅咒和约翰·麦登诅咒是均值回归的极端案例。当一名选手或一个团队做出足以登上《体育画报》或《麦登橄榄球》封面的优异表现时,他们接下来的表现几乎一定会出现退步。考虑到运气在运动员成功的表现中一定会起到的作用,凌驾于其他人之上的选手或团队几乎一定受到了运气的帮助——身体健康、幸运的反弹球、可疑的裁判。好运不可能永远持续下去,非凡的成功也是如此。

▷ 寻找学院院长和灵魂伴侣

几年前,一所小型私立大学在全国范围内寻找一位新的学院院长。学校认为所有内部候选人都不够优秀。遴选委员会根据数百名外部申请人的简历和介绍信选出了几个人,邀请他们在中立机场参加面试,以免泄密。令遴选委员会印象最为深刻的三位候选人被邀请到校园里,在两天时间里与教员、行政人员、职员和学生见面。

遴选委员会对这三位优秀候选人极为热情。不过,同候选人到来之前的大肆宣传相比,每位候选人的实际表现都很令人失望。人们谣传说,遴选委员会已经确定了人选,他们故意请来了两位失败者,以表明他们中意的人是最优秀的候选人。不过,关于谁是委员会中意的人,人们产生了极大的分歧。

你觉得这个例子存在均值回归现象吗?没有人能够仅仅根据简历、介绍信和机场面试知道每位候选人的优秀程度。你认为看上去最优秀的三位候选人实际上比他们的表现更加优秀,还是不像他们表现得那样耀眼?如果一个人比他表现得还要好,但他仍然能够在候选人之中排在前三位,这样的事情实在是太少见了。失望几乎是无法避免的,因为表现最为优秀的三位候选人几乎一定不像他们看上去那样出色。均值回归现象还可以解释内部候选人为何处于固有的劣势地位。一个在大学里工作了二三十年的人并没有太多可以隐藏的优缺点。和基本处于未知状态的外部候选人不同,对于内部候选人,你对他的了解和他未来的表现基本是一致的。

有一年,我在我的统计课堂上讨论了这段经历。课后,一名学生找到我,向我讲述了一个不同寻常的巧合。前一天晚上,他和他的父亲通了电话。他的父亲是另一所大学的社会学教授,他抱怨说,当他们邀请最优秀的教员岗位申请人来到校园时,这些申请人通常不像纸面上和之前的短暂面试中表现得那样令人激动。这名学生说,他会在下午给父亲打电话,简单谈谈均值回归现象。

我们对灵魂伴侣的寻找也是同样的道理。每个人都在寻找不同的东西,我们可以称之为"魅力"。在我们见到的几十人、几百人或者几千人之中,少数人会脱颖而出。当我们看到魅力的迹象并鼓起勇气深入了解这个人时,我们通常会失望。坏消息是,这是正常的。好消息是,我们需要继续寻找。值得深思的消息是,对方很可能和我们有着同样的感受。

实际上,在生活中,我们几乎每天都会遇到均值回归现象。我们应当努力预测和识别这种现象,做到不被这种现象欺骗。不要忘记西克里斯特的故事。

× **如何轻松识破一本正经地胡说八道**

当学术能力或运动能力等特点得到不完美测量时,观测到的表现差异会夸大实际能力差异。表现最优秀的人与平均水平的距离很可能不像看上去那样遥远，表现最为糟糕的人也是如此。因此，他们随后的表现将会朝着均值回归。

这并不意味着表现最优秀的人受到了诅咒。实际上，这只是因为他们的出色表现得到了好运的帮助。均值回归也不意味着能力向均值收敛、大家很快就会具有平均水平，它仅仅意味着极端表现在经历好运和霉运的群体之间轮换。均值回归也不意味着成功和不成功的公司将收敛到令人沮丧的平庸状态。

10

如何转变运气?

10 如何转变运气？

在《宋飞正传》的"反面"一集中，乔治承认，他的生活之所以与他的设想完全相反，是因为他所做的每个决定都是错误的。杰里告诉乔治，解决方法是将他正常想做的事情反过来。因此，当乔治看到一个美女独自吃饭时，他应该走过去说："我叫乔治，无业，目前和我的父母生活在一起。"令人难以置信的是，这种做法成功了。当他应聘纽约扬基队的工作时，他指责老板乔治·施泰因布伦纳（George Steinbrenner）毁掉了这支队伍。他当场受到了聘用。

与此同时，伊莱恩的生活变得一塌糊涂，她失去了男友、工作和公寓。在这一集的结尾，伊莱恩抱怨说，她已经变成了乔治。相比之下，杰里的生活和之前没什么两样。克雷默给杰里起了"正负相抵"的外号，因为杰里遇到的每件坏事都会被一件好事抵销。当一场独角戏演出被取消时，杰里立即在同一个周末获得了同样价钱的工作。当他打扑克时，他的输赢局数相互抵销，因此不赔不赚。当他的女友抛弃他时，杰里镇定自若，因为他相信新的女友很快就会出现。

杰里不是唯一感觉事情会正负相抵的人。许多人相信，每当硬币正面朝上时，背面朝上的可能性就会增长，因为长期来看，正面和背面出

195

现的可能性一定是相等的。同样的道理，棒球经理会用替补击球手换下连续四次实现安打的选手，因为这名选手已经到了该出局的时候。

这种观点的一种变化形式是认为世界上好事和坏事的供应量是固定的。我曾经看到一名射手在赛季初期的大学橄榄球比赛中葬送了三个三分球和一个加分球。电视评论员说，教练应当对这些失误感到高兴，因为接下来的几个星期会有几场艰难的比赛。评论员说，每位射手在赛季里都会出现一些失误，在年初将这些失误"用掉"是令人欣喜的。

一位读者给专栏作家玛莉莲·沃斯·莎凡写信，说他参加了许多工作面试，但是没有收到任何录用通知。他希望录用的可能性能够随着拒绝次数的增加而增加。另一位读者向玛莉莲写道：

> 在我参加的一场关于消防安全的讲座上，主讲人说："我知道你们中的一些人会说，你们在家里生活了25年，从未经历任何类型的火灾。对此，我想说的是，你们过去比较幸运。不过，这意味着你们和下一场火灾的距离不是越来越远，而是越来越近。"

西弗吉尼亚州最高法院首席法官曾经开车前往南达科他州参加一场司法会议。他解释道："在我的一生中，我坐了许多次飞机。我已经用掉了我的统计英里数。只要还有其他可行的替代方案，我是不会坐飞机的。"

这种常见的推理过程基于错误的平均定律。一些人认为，如果抛1000次硬币，一定会有500个正面和500个背面；因此，如果前十次、前五十次或者前一百次出现的正面多于背面，那么为了使结果得到平衡，接下来出现的背面一定多于正面。这是一种普遍存在的观点，但它是错误的。硬币无法控制自己的落地方式。如果硬币是完好的，并且得到公平抛掷，那么不管上一次或者之前 999 次抛掷的结果如何，正面和背面接下来出现的可能性都是相等的。

不过，许多赌徒仍然相信错误的平均定律，因为他们急于在混乱的随机结果中找到一种盈利模式。当轮盘连续多次转出黑色数字时，总会有人急切地在红色上下注，认为平均定律将会发挥作用。其他人则匆忙地在黑色上下注，试图赶上这一波黑色运势。庄家愉快地接受双方的赌注，他们知道，未来的旋转并不取决于过去的结果。

最具戏剧性的轮盘赌之一发生在 1913 年 8 月 18 日的蒙特卡洛。当时，一张赌桌上反复出现黑色结果。当黑色连续出现 10 次时，赌桌围满了投注红色的人，他们相信平均定律将会为他们带来回报。不过，黑色仍然不断地出现。在连续出现 15 次黑色以后，人们近乎疯狂地挤到赌桌前，以便将更多赌注压到红色上。接下来出现的仍然是黑色。当黑色第 20 次出现时，绝望的赌徒将他们剩下的所有筹码压在红色上，希望挽回一部分损失。当这轮离奇的轮盘赌结束时，黑色连续出现了 26 次，赌场收获了数百万法郎。

一定会有一些失败者认为这场赌局受到了操纵。也许事实的确如此。不过，在蒙特卡洛和其他地区的公平赌局中，基于平均定律的投注策略是无效的。实际上，有效的少数投注体系基于相反的原则——设备的物理缺陷导致一些数字出现的频率高于其他数字。19 世纪末，英国工程师威廉·贾格尔斯（William Jaggers）雇用了六名助手，用一个月的时间记录了蒙特卡洛轮盘赌的获胜数字。他不是根据事物的平均定律避开这些数字，而是投注这些数字，因为他觉得轮盘的不完美将使这些数字的出现频繁继续高于其他数字。他赚了将近 12.5 万美元——相当于今天的 600 多万美元。后来，赌场发现了问题，开始在夜间调整轮盘，贾格尔斯的幸运之旅这才结束。

　　人类与硬币和轮盘不同，他们拥有记忆，而且关心胜负问题。不过，棒球选手的安打概率并不会因为上一次的失误而得到提升。连续四次出局也许仅仅是因为运气不好，导致直球直接砸进了外野手的手套。这种糟糕的运气并不能确保下次击球出现好运。如果不是运气的原因，那么选手的糟糕表现可能来自身体问题。不管是哪一种情况，连续四次出局的棒球选手不一定在下次击出安打，连续四次安打的选手也不一定在下次出局。如果说我们能够得到什么结论的话，连续四次安打的击球手很可能比连续四次出局的击球手更加优秀。

　　类似地，三分球失误不一定会得到成功的补偿。糟糕的表现可能仅仅意味着射手不是很优秀。面试被拒并不会提高被录用的可能性。相反，这只能更加证明这个人不合格或者在面试中表现糟糕。没有发生火灾并不会提高发生火灾的可能性；它可能仅仅说明房主比较谨慎，不会把纸张和布料放在火炉附近，不会把金属放进微波炉，不会在离家时开着火炉，不会在吸烟时睡着。每一次安全的飞机旅行并不会提高下次飞机坠毁的可能性。

　　霉运不会提高好运的可能性，反之亦然。每一次失败不会提高成功的可能性，反之亦然。它可能仅仅是随机性的一种表现而已。

10　如何转变运气？

× 如何轻松识破一本正经地胡说八道

　　当我们经历糟糕的运气时，我们希望自己能够转运。我们的霉运不可能永远持续，但发生在我们身上的坏事并不会自动提高发生好事的可能性。要想改变运气，我们通常需要改变自己的行为。例如，如果我们在找工作时不断遭到拒绝，我们应当考虑如何更好地表现自己，或者考虑申请不同的工作。

　　正负相抵只是一个笑话，不是值得信赖的规律。

11

SADARAREA

德克萨斯神枪手

11 德克萨斯神枪手

奇斯威克是西伦敦一个美丽富饶的郊区，其境内的泰晤士河是著名赛艇比赛的一部分赛道。牛津和剑桥之间具有传奇色彩的年度赛艇比赛将终点设在奇斯威克桥附近。奇斯威克还培养出了小说家 E. M. 福斯特（E. M. Forster）、毕沙罗画家家族、摇滚乐手皮特·汤森（Pete Townshend）、女演员海伦·米伦（Helen Mirren）以及伦敦最大、最古老的啤酒厂——如今以"伦敦之巅"闻名的富勒啤酒厂。

第二次世界大战期间，这个宁静的田园小镇遭到了多枚德国炸弹的袭击，包括 1944 年 9 月 8 日星期五晚 7 点之前毫无预兆的一枚炸弹。斯泰夫利路学校 64 岁的管理员罗伯特·斯塔布斯（Robert Stubbs）一边穿越学校的运动场，一边思考一些杂务以及即将到来的降雨。突然，他被抛到了 6 米以外的草地上。当他站起来的时候，他发现被震飞的不仅仅是他的身体。到处都是残骸和碎石。路旁的许多树木被击倒，甚至被炸成碎片。斯泰夫利路的房屋有着 22 厘米厚的墙壁，但是仍然有 11 幢房屋被毁，还有 27 幢房屋遭到严重破坏，无法居住。一名士兵死在了拜访女友的路上。一个三岁的孩子死在婴儿床上，因为爆炸吸走了她肺部的空气。一名妇女在倒塌的房屋中遇难。还有 17 人在倒塌的房屋中严重受伤。要不是许多人在那个夏天由于担心受到此类袭击而撤离奇斯威克，伤亡人数还会进一步增长。

一位目击者表示，当时的声音听上去就像煤气总管爆炸一样。一位政府官员也表示，这完全有可能是煤气总管爆炸。这种说法成了官方的解释。奇怪的是，奇斯威克爆炸发生15秒以后，伦敦另一个地区发生了另一起"煤气总管爆炸"。市民产生了怀疑，并用嘲讽的口气将类似爆炸称为"飞行的煤气管道"。他们的怀疑是有道理的。英国政府最终承认，奇斯威克遭到了从德占荷兰发射的V-2火箭的袭击。

V-2火箭重8000磅，飞行速度为每秒900米，对地面的冲击相当于50辆以每秒96公里的速度前进的、重达100吨的火车头。落地以后，火箭的弹头发生爆炸，在斯泰夫利路形成了一个9米宽、3米深的弹坑。冲击波为400米范围内的一切事物带来了沉重的打击。

在二战最后阶段，德国军队向伦敦发射了数千枚V-1和V-2。V-1是7.5米长的无人飞机，用内部陀螺仪控制飞行路径。这些飞机以每小时480公里的速度前进，同时发出嘎嘎声。从德国占领的法国发射场地到伦敦，它们需要飞行大约30分钟。飞机搭载了一个小型风车装置。当飞机向伦敦飞行时，这个装置可以根据风车的转动次数估计V-1前进的距离。经过预先设置的转动次数以后，V-1将会朝着地面大角度俯冲下去。

V-2是最早的远程战斗火箭和最早抵达外层空间的火箭。这种火箭以每小时超过4800公里的速度飞行，几分钟就能抵达伦敦。由于V-2的飞行速度是音速的4倍，而且飞行高度超过80公里，因此它们几乎无法用战斗机或高射炮拦截。每枚火箭携带一吨弹头，能够毁掉400米范围内的一切事物。

从 1944 年 6 月到 1945 年 3 月，伦敦遭到了 2419 枚 V-1 和 517 枚 V-2 的袭击。V-1 在伦敦上空飞行时会发出"嘟嘟嘟"的单调声音，可以提醒人们炸弹来了。而且，最初的 V-1 存在设计缺陷，向地面俯冲时会关掉发动机。伦敦人知道，当"嘟嘟嘟"的声音停止时，他们就要寻找藏身之处了。同 V-1 相比，V-2 更加可怕，因为它的飞行速度高于音速，而且不会在袭击之前发出提醒。更加怪异的是，在火箭袭击地面以后，人们才会听到火箭俯冲时发出的呼啸之声。呼啸声结束后，人们还会听到上层大气的音爆，仿佛时光出现了逆转。先是巨大的爆炸声，然后是来自天空的、震耳欲聋的呼啸声，然后是呼啸声的起始地点传来的音爆。

在人们星期日做礼拜的时候，一枚 V-1 击中了威灵顿兵营的卫兵教堂。这个教堂是一座雄伟的建筑，拥有加固的屋顶。不过，炸弹仍然炸飞了屋顶，将巨大的建筑劈成两半，导致 119 人丧生，141 人受伤。还有一枚 V-2 击中了伦敦一家沃尔沃斯商店。整个建筑被彻底摧毁，变成了商店地下室里的一堆碎石。168 名购物者丧生，其中一些人死于爆炸的冲击波，一些人死于建筑的倒塌。当炸弹降落在居民区时，整个街区都可能被摧毁。

所有袭击导致数万人死伤，数百万住宅、办公室、工厂被毁。平民精神状态受到的影响也许更加严重。不管是去教堂，还是去购物，或是待在家里看电视，哪里都是不安全的。超过一百万人离开伦敦。

虽然 V-1 和 V-2 造成了巨大的破坏，但它们的准确率非常有限。例如，V-1 的风车系统很容易被风干扰，因为风会使风车加速或者减速。德国人将 V-1 对准伦敦塔桥，但是只要 V-1 降落在伦敦范围内，他们就会感到满意。实际上，数百枚飞弹落在了田野和海洋里，没有造成任何破坏。

不过，许多伦敦人相信，德国人对准了某些街区。一些区域似乎存在炸弹聚集现象，另一些区域则很少被炸弹袭击。这意味着德国人瞄准了一些街区，避开了另一些街区。在寻找这些数据聚集现象的原因时，一些人提出，德国间谍可能生活在德国人没有轰炸的区域。他们轻率地认为，如果存在某种模式，那么它一定拥有某种原因。实际上，这是不一定的。

即使是随机数据，也会出现聚集现象。我将一枚25美分硬币抛了10次，下面是我得到的结果：

背面 正面 正面 背面 背面 正面 正面 正面 正面 正面

在这个小实验的后半段，5个正面聚集在了一起。发生了什么事情？我是否改变了我所面对的方向，或者坐在了另一把椅子上？不。没有发生任何特别或不同寻常的事情。当我们看到数据聚集时，我们自然而然地认为发生了某种特别的事情——这些正面（或背面）成串出现是有原因的。实际上，这是没有原因的。即使是完全随机的抛硬币实验，也会出现数据的聚集。如果你不相信，你可以抛十次硬币。即使每次抛掷是完全随机的，你也有47%的概率得到至少四个连续正面或连续背面。

随机投掷的炸弹落点也是同样的道理。一些区域会出现炸弹的聚集，另一些区域不会出现炸弹，这是无法避免的事情。英国统计学家R.D.克拉克（R. D. Clarke）对南伦敦一个区域的数据进行了分析，这个区域受到了 537 枚炸弹的袭击。他将这个区域分成 576 个一平方公里的正方形，然后统计落在每个正方形里的炸弹数量。接着，他将炸弹分布与 537 枚炸弹随机降落在南伦敦时的分布期望进行了比较。表 11.1 显示了他的发现。

表 11.1 随机降落的炸弹

正方形里的炸弹数量	正方形的预期数量	正方形的实际数量
0	227	229
1	211	211
2	98	93
3	31	35
4	7	7
5 及以上	2	1
总计	576	576

如果炸弹是随机降落的，预计将会有 227 个正方形不会受到炸弹袭击。实际上，229 个正方形躲过了攻击。类似地，我们预计 211 个正方形拥有一枚炸弹；实际上，211 个正方形拥有一枚炸弹。总体而言，观测到的分布与随机轰炸的预期结果非常类似。在随机轰炸的情况下，实际差异和观测到的差异一样大甚至更大的可能性是 95%。这些观测到的炸弹聚集绝对没有任何意义。它们与炸弹随机降落时的预期相符。

即使是完全随机的数据也会出现数据聚集现象，因此我们没有必要根据这种现象徒劳地寻找异想天开的解释。遗憾的是，人们很难抗拒"每一种模式一定有原因"这一想法的诱惑。

207

▷ 癌症聚集恐慌

20世纪70年代，失业的流行病学家南希·韦特海默（Nancy Wertheimer）开车在丹佛市穿行，寻找19岁之前死于癌症的人生活过的家庭。她在寻找这些家庭的某种共同点——尽管她并不知道这种共同点是什么。

她发现，许多癌症受害者的家庭靠近大型输电线。她的生活伴侣、物理学家埃德·利珀（Ed Leeper）带着她开车在丹佛市穿行，测量每个家庭与不同类型的电线和变压器之间的距离，并对电磁场的强度做出假设，以估计电磁场（EMF）的辐射量。他们对没有儿童癌症受害者的丹佛家庭样本进行了同样的估计。他们承认，他们并不了解输电线可能导致癌症的原因，但他们仍然总结说，生活在大型输电线附近的孩子患癌的风险将提高一到两倍。

他们发表的报告以及一些可怕的故事引发了全国范围的恐慌。一个自杀的人曾经生活在输电线附近。一些不再下蛋的母鸡生活在输电线附近。一个名叫保罗·布罗德（Paul Brodeur）的新闻工作者在《纽约客》上撰写了三篇文章，指出康涅狄格州吉尔福德市一个发电厂附近的居民之中出现了异常众多的癌症病例，加州弗雷斯诺市输电线附近一所小学的员工也出现了15个癌症病例。布罗德将这些文章做了些许修改，放在了一本书中，书名是《输电线大揭秘：公用事业公司和政府如何试图隐瞒电磁场带来的癌症风险》。他提出了不祥的警告："由于暴露在输电线磁场之中，数千名毫不知情的儿童和成人将受到癌症的袭击，其中许多人将毫无必要地夭折。"

随之而来的全民疯狂为咨询师、研究员、律师和小型设备制造商带来了利润丰厚的业务，包括制造允许人们在家里测量电磁场的高斯计（电磁场读数较高的房间将被仅仅用于存储物资）。

和前面一样，问题在于，即使是随机数据，也可能存在聚集现象。即使癌症在人群中的分布是随机的，癌症受害者也存在地理聚集的可能性。为了说明这一点，我设计了一座虚拟城市，城市里的一万名居民生活在间隔均匀的住宅里，每个人有 1% 的患癌可能性。（我忽略了人们生活在家庭里以及癌症与年龄有关的事实。）我通过计算机模拟抛硬币的方式决定癌症受害者在这座虚拟城市里的分布。图 11.1 显示了我所得到的癌症地图。白色区域没有癌症受害者。

地图下方显然存在一个癌症聚集区。如果这是真实的城市，那么当我们开车在这些人居住的街区行驶时，我们一定能够找到某种特别的东西。也许，城市的少年棒球联合会球场坐落在附近。现在，如果我们将这些球场附近的居民患癌率与远离球场的居民患癌率进行比较，你觉得会有什么结果？球场附近将拥有更高的患癌率，这说明生活在少年棒球联合会球场附近会导致癌症。拆掉这些球场！

图 11.1 还显示了一个防癌堡垒，即无人患癌的一个城市区域。如果我们在这个没有癌症的街区行驶，我们一定会找到某种不同寻常的事物。也许，城市的水塔坐落在附近。现在，如果我们将水塔附近的居民患癌率与远离水塔的居民患癌率进行比较，水塔附近的患癌率当然会更低一些。这就是我们一开始在这片街区进行寻找的原因——这里没有人患癌。

防癌堡垒

癌症聚集区

图 11.1 癌症地图

我们对少年棒球联合会球场附近和水塔附近的推理存在同样的问题。如果我们根据数据编造理论（少年棒球联合会球场导致癌症，水塔预防癌症），那么这些数据当然会支持这种理论！它怎么会不支持呢？我们会编造出一种与数据不符的理论吗？当然不会。根据创建理论时使用的数据来检验这种理论的做法是不公平的。我们需要新的数据。在新数据面前，这种理论也应当成立。

有时，数据聚集的确非常重要。1976 年夏天，在由一群退伍军人组成的宾州美国军团的年度会议上，一种神秘肺病袭击了 182 人，并导致 29 人死亡。经过大量侦察工作，科学家发现了导致这些人患上肺炎（现在叫做军团病）的、由空气传播的细菌。这些科学家还发现了比疾病最初爆发时使用的抗生素更加有效的抗生素。

对于军团病，人们根据数据聚集得到一种理论，并用新数据对其进行检验。如果没有理论和新数据，我们所拥有的仅仅是数据聚集而已。韦特海默和利珀发现的癌症受害者聚集是"德克萨斯神枪手"谬误的一种形式。在最初的版本中,一个没有射击技能的人用一把枪向谷仓的一面墙射出大量子弹,然后在弹孔最多的位置画上靶心。即使癌症的地理分布是完全随机的,也会出现巧合性的聚集——就像100次随机射击的弹孔会出现随机聚集一样。

要想进行有效的统计检验,研究人员应当首先画出靶子,然后发射子弹——首先论证输电线可能导致癌症的原因,然后比较有输电线和没有输电线的街区发生癌症的频率。

韦特海默和利珀这项研究的另一个问题是,他们对电磁场辐射量的估计可能会受到他们对研究结果预期的影响。有偏估计很容易将非常小的风险率提高一两倍。要想进行科学的研究,应当让中立的观测者在不知道哪些住宅有癌症受害者、哪些住宅没有癌症受害者的情况下对电磁场的辐射量进行估计。

在韦特海默和利珀的报告发表以后,玛丽亚·费克廷(Maria Feychting)和安德斯·阿尔鲍姆(Anders Ahlbom)开展了一项更加严格的输电线电磁场研究,他们找出了生活在高压输电线300米范围内的瑞典家庭。他们不是估测电磁场辐射量,而是使用详细的瑞典公用设施记录计算这些人25年来每年接受的电磁场辐射。经过对数据的细致分析,费克廷和阿尔鲍姆的结论是,接受辐射量最大的孩子患上儿童白血病的可能性是没有受到辐射的孩子的4倍。

费克廷和阿尔鲍姆的研究体现了另一种形式的德克萨斯神枪手谬误。冒牌神枪手不是先射击,再在最密集的区域画上靶心,而是向许多目标射出许多子弹。然后,他找到自己所击中的一个目标,用油灰盖住其他弹孔,然后刷掉一切痕迹,只留下他所击中的目标。

费克廷和阿尔鲍姆的研究考虑了多种癌症、多个年龄群体、多种电磁场衡量标准以及划分"无辐射""轻度辐射""中度辐射"和"重度辐射"的多个阈值,从而创造出了数百个目标。他们计算了将近800种风险率,然后选择了儿童白血病。如果输电线完全是良性的,那么一些风险率将仅仅由于运气不佳而高于其他风险率。其他一些风险率将远低于平均水平。费克廷和阿尔鲍姆自然会选择报告最高的风险率,不去提及其他风险率。他们掩盖了没有命中的目标。

这种神枪手谬误形式也叫费曼陷阱,是以诺贝尔奖获得者理查德·费曼(Richard Feynman)的名字命名的。我们将在13章再次提到他。费曼请加州理工学院的学生计算他在走出教室时在停车场里看到的第一辆车拥有某个特定牌照(比如8NSR261)的概率。加州理工学院的学生非常聪明,他们假设牌照中的每个数字和字母是相互独立的,然后迅速计算出了8NSR261的概率。他们的答案是1.76亿分之一。当他们得到答案时,费曼说,正确的概率是1,因为他刚才在路上看到了这个牌照。如果某件可能性极低的事情已经发生,那么它就不再是小概率事件了。

不过,研究人员一直在做同样的事情。在考察数据之后预测数据的形式是很容易的,也是没有意义的。在我们的输电线例子中,在观测儿童白血病以后预测儿童白血病的做法是没有说服力的。当人们根据数据发明某种理论时,如果这种理论没有合理的基础,没有得到新数据的检验,那么这种证据是无法令人信服的。神枪手应当仅仅画出一个目标,而且应当在开枪之前而不是之后画出这个目标。

输电线理论是否拥有任何依据?科学家对电磁场非常了解,但是没有任何合理的理论能够证明输电线电磁场会导致癌症。这种电磁场的能量远远低于月光的能量，其磁场能量比地磁场还要弱。

此外，费克廷和阿尔鲍姆在癌症得到诊断的那一年发现了癌症与儿童电磁场辐射量之间的相关性，但他们没有发现诊断一年前、五年前或者十年前癌症与儿童电磁场辐射量之间的相关性，尽管癌症症状的出现通常需要几年时间。最后，如果输电线电磁场与癌症之间存在联系，那么受到更高剂量辐射的人应当拥有更高的风险率，这与事实不符。他们自己的数据与他们的理论相矛盾。

这项瑞典研究得到新数据的证实了吗？没有。例如，覆盖英格兰、苏格兰和威尔士儿童的《英国儿童癌症研究》发现，接受电磁场辐射量较多的儿童患上白血病或其他癌症的可能性要小一些，尽管这种差异的观测值不具有统计说服力。此外，在这项瑞典研究公开后，人们对啮齿动物进行了一些实验研究，发现比输电线生成的电磁场大得多的电磁场对死亡率、癌症发病率、免疫系统、繁殖力和出生异常没有影响。

在权衡理论观点和经验性证据之后，美国国家科学院认为输电线不是一种公共健康威胁，没有必要资助进一步的研究，更不要说拆除输电线了。美国的一份顶级医学期刊同意这种观点，认为我们应当停止将研究资源浪费在这个问题上。就连瑞典那项研究的一位共同作者也做出了让步，认为没有必要进行进一步的研究，除非某种理论能够解释电磁场导致癌症的原因。

1999年，《纽约客》发表了一篇题为《癌症聚集的迷思》的文章，含蓄地批判了保罗·布罗之前撰写的文章。

× 如何轻松识破一本正经地胡说八道

数据聚集现象无处不在，甚至存在于随机数据之中。想要寻找某种解释的人一定会找到一种解释。不过，某种理论与数据聚集现象相符并不是一种具有说服力的证据。人们发现的解释需要言之有理，而且需要得到新数据的检验。

类似地，向足够多的目标发射足够多的子弹的人一定会击中某个目标。对数百种理论进行检验的人一定会发现至少支持一种理论的证据。这种证据不具有说服力，除非理论是合理的，而且能够得到新数据的证实。

如果你听到某些数据支持某种理论，那么在你相信之前，请回答两个问题。首先，这种理论是否合理？如果不合理，不要轻易相信胡言乱语是合乎情理的。其次，房子里是否存在一位德克萨斯神枪手？宣传这种理论的人在提出理论之前是否查看了数据？他是否在选定他所宣传的理论之前对数百种理论进行了检验？如果你看到了冒烟的枪口，不要急于做出判断，应当等待这种理论接受其他数据的检验。

12

终极拖延

12 终极拖延

20世纪70年代早期,美国统计协会赞助了一系列论文,以展示统计工具的广泛应用。加州大学圣迭哥分校社会学教授戴维·P. 菲利普斯(David P. Phillips)撰写的一篇论文首先提出了下面这个具有挑逗性的问题:

在电影和某些类型的浪漫主义文学作品中,我们有时会看到临终时的场景,垂死之人努力不咽下最后一口气,只为看到某件特别的事情。例如,一位母亲可能会延缓死亡时间,直到分别已久的儿子从战场归来。这些小说中的壮举能否发生在现实生活中呢?

这显然是一个有趣的问题。我们许多人会把今天能做的事情拖到明天。不过,死亡也能像减肥和清理房间一样得到拖延吗?哪些证据可以用于判断死亡能否得到推迟呢?没有人收集孩子拜访临终父母的数据。即使有人收集,我们也无法知道即将到来的访问对父母的死亡时间是否具有任何影响。

菲利普斯是一个聪明人,以优异成绩获得了哈佛大学学士学位,并且获得了普林斯顿大学博士学位。他想到了一个巧妙的方法：调查著名人物能否将死亡推迟到生日庆祝活动之后。对于老人来说，生日并不总是快乐的，因为它不断向人们提醒着时间的流逝。不过，菲利普斯认为，名人的生日可以得到大家的庆祝，因此是值得他们活着看上一眼的。关于名人死在生日或其他纪念日的逸事有很多。也许，他们为了纪念这些日子而推迟了死亡时间？

17 世纪的英国医生、科学家和作家托马斯·布朗爵士（Sir Thomas Browne）死于 10 月 19 日，那是他的生日。他似乎预言了这件事："第一天应当成为最后一天，蛇尾应当刚好在这个时候回到它的嘴里，他们应当在出生日终结，这的确是一种惊人的巧合。"此外，布朗的朋友和仰慕者凯内尔姆·迪格比爵士（Sir Kenelm Digby）死于 6 月 11 日，那是他的生日，也是他在斯堪德隆战胜荷兰和威尼斯海军的日子。因此，理查德·法勒（Richard Farrar）写下了下面的墓志铭：

在 6 月 11 日，他出生和死去
并在斯堪德隆进行了勇敢的战斗；
生日、忌日和胜利日竟是同一天
真是一件少有的事情！

这两个死在出生日的人是个案吗？这种事情经常发生、比正常的巧合更加频繁吗？加州大学欧文分校教授吉尔伯特·盖斯（Gilbert Geis）从《美国名人录》中随机选择了 2250 个人，发现只有三个人死在生日那天，这比正常的随机情况还要少。盖斯挖苦地总结道："也许，致力于科学的托马斯·布朗爵士希望提供一些数据，以支持他的理论。"

盖斯的数据没有证明人们能够把死亡推迟到生日之后。不过，一些名人死在了其他一些值得注意的日子上。美国第二任和第三任总统约翰·亚当斯（John Adams）和托马斯·杰斐逊（Thomas Jefferson）都是在1826年7月4日去世的，这一天是《独立宣言》签署50周年。5年后，第五任总统詹姆斯·门罗（James Monroe）同样逝世于7月4日，他们是否将死亡时间推迟到了7月4日呢？这仅仅是巧合吗？

这很可能仅仅是一种巧合。美国第一任总统乔治·华盛顿（George Washington）死于12月14日。没有人记得这一天，因为它没有值得纪念的地方。它不是独立日、圣诞节、元旦、华盛顿的生日、他妻子的生日、他的结婚纪念日、任何战斗的周年纪念或者任何特别的日子。我们天生喜欢寻找模式，因此我们发现三位总统死在7月4日是一件值得注意的事情，但是我们忘记了没有死在7月4日的所有总统、将军以及其他美国领导人。死在6月28日的第四任总统詹姆斯·麦迪逊（James Madison）呢？如果其他三位总统能够死在独立日，为什么麦迪逊不能呢？他难道不能凭借强烈的爱国心将死亡推迟6天并死在7月4日吗？

美国有几千位名人，但一年只有365天——这意味着许多人将会死在特别的日子上，或者与其他人死在同一天。我们记住了"特别"的死亡日期，没有注意到其他死亡日期。某人恰好死在值得注意的日子上，这一事实是不值得我们注意的。它是无法避免的。

巧合的人物和日期只能证明我们花了许多时间寻找巧合，无法证明其他任何事情。要想进行有效的统计检验，我们需要事先表明，我们将查看一组明确的人物和一组明确的日期，看一看死在这些特别日期的人数是否多得出乎意料。要想检验菲利普斯的推迟理论，我们可以考察一群名人，看一看死在生日这天（或者生日过后不久）的人数是否多于死在临近生日时的人数。

▷ 死亡凹陷和尖峰

菲利普斯在某种程度上做到了这一点。他考察了《400位美国名人》中具有已知死亡日期的逝者——这本书是《美国历史百科全书》的一部分，后者是一本巨著，集结了美国最重要的史实。菲利普斯的结论是，著名人物常常能够推迟死亡时间，因为出生月之前几个月的死亡人数少于预期（"死亡凹陷"），而出生月和之后几个月的死亡人数则要多于预期（"死亡尖峰"）。这份关于名人生日和忌日的著名研究得到了许多统计学教材的引用，包括我自己的统计学教材。

在这项研究结束之后，菲利普斯和许多人合作发表了其他一些得到广泛宣传的研究报告，这些报告支持了他的理论：犹太人将死亡时间推迟到赎罪日之后；犹太人将死亡时间推迟到逾越节之后；中国老年妇女将死亡时间推迟到中秋节之后。也许，终极拖延的观点的确有些道理。

随后，人们产生了怀疑。在我的统计课程中，三名学生试图在学期论文中用不同数据集合复制菲利普斯的生日/忌日结论。没有人发现具有统计显著性的死亡凹陷和尖峰。图12.1显示了他们的联合数据。横轴上是死亡月减出生月的值，死在出生月之前的人是负值，死在出生月的人是零，死在出生月之后的人是正值。

死在出生月前一个月的人数稍稍小于预期，死在出生月之前第二个月和第三个月的人数则要远远多于预期,而且出生月和出生月之后并没有死亡尖峰。随机数据可以在大约一半的情形中表现出至少和图 12.1 中每个月实际死亡人数和预期人数之间差异一样大的差异。

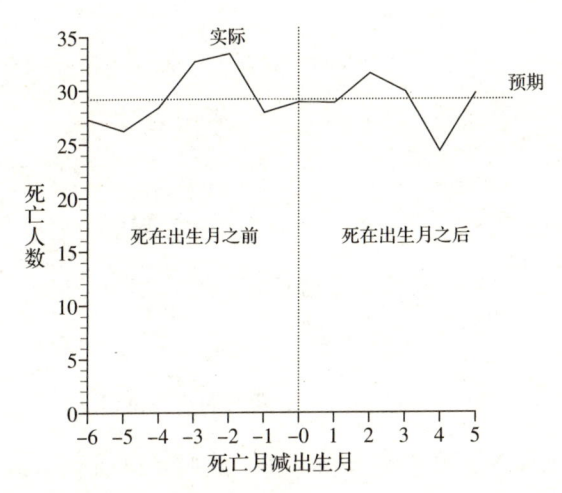

图 12.1 比较死亡月与出生月的三项研究

证实菲利普斯理论的三次独立尝试均告失败,这使人感到非常困惑,因此我和另一名学生希瑟·罗耶(目前已经当上了教授)重新检查了菲利普斯提出推迟理论所依据的生日/忌日数据。考虑到他对戏剧性临终场景的描述,他的分析中有一个令人不解的地方,那就是菲利普斯将出生月的所有死亡算在了一起,没有对生日之前和之后的死亡进行区分。而且,菲利普斯将出生月的所有死亡算作被推迟到生日庆祝之后的死亡。如果你生于 11 月 22 日,死于 11 月 11 日,他就会将你的情况算作成功的推迟。对于这种古怪的统计,唯一合理的解释是,这种做法可以使菲利普斯获得他想要的结果。

我和希瑟发现,在死于出生月的 26 位名人中,13 人死在生日之前,一个人死在生日当天，12 人死在生日之后！死亡日期与生日接近的 26 个人在死亡的推迟上完全没有取得成功。我们还将死亡时间分成了生日前 30 天，生日后 30 天……依此类推；我们并没有发现人们能够推迟死亡的证据。

▷ 经过进一步研究

这些发现使我对菲利普斯的其他研究产生了疑问。这些研究证明，人们能够将死亡推迟到赎罪日、逾越节和中秋节之后。这些研究也存在问题吗？

事实的确如此。我和另一名学生彼得·李（Peter Lee，现在是博士）考察了犹太人的数据。在赎罪日研究中，菲利普斯没有比较赎罪日之前和之后的死亡率。相反，他对赎罪日位于 9 月 28 日和 10 月 3 日之间的 10 年中（1922、1925、1930、1933、1941、1949、1952、1960、1963 和 1968）9 月死亡率与相邻两年的平均 9 月死亡率进行了比较。这是一种极为笨拙的考察赎罪日之前死亡凹陷的方法，而且完全忽略了节日之后的预期死亡尖峰。别忘了，这种理论认为，死亡推迟形成了之前的死亡凹陷和之后的死亡尖峰。要想支持这种理论，我们既要看到凹陷，也要看到尖峰。更加自然的做法是比较每年赎罪日之前和之后的死亡人数。不过，菲利普斯并没有提及这种明显的比较。更加奇怪的是，他的逾越节研究的确比较了逾越节之前一周的死亡人数和逾越之后一周的死亡人数。

生日、赎罪日和逾越节的研究使用了不同的方法：相邻月（并非以正式节日为中心），不同年份正式节日之前的一个月，以及相邻星期（以正式节日为中心）。这显然是一种可疑的做法。为什么一个人要在每项研究中使用不同的计算方法呢？答案似乎只有一个，那就是只有这样才能得到他所希望的结果。另一件可疑的事情是，赎罪日研究和逾越节研究使用了两组不同的数据。如果不是为了得到理想的结果，为什么不把这两组数据同时用在两个节日上呢？

问题还不止于此。令人震惊的是，研究中的死者不一定是犹太人！赎罪日研究中的数据包括1921～1969年纽约市的所有居民（这段时间犹太人口的比例为28%）以及1875～1915年布达佩斯的所有居民（这段时间犹太人口的比例为22%）。逾越节研究中的数据包括通过姓氏判断"很可能是犹太人"的加利福尼亚死者。

根据生活在纽约或布达佩斯判断一个人的犹太人身份是一种极为勉强的做法。拥有看上去属于犹太人的名字不仅是一种勉强的判断标准，而且非常适合人为操纵。研究人员将名为阿舍和布罗迪的人包含进来，但却排除了名为阿什和巴赫的人。这是因为前者明显比后者更像犹太人，还是因为他们的死亡时间支持研究人员的理论？（突击测验：格林是犹太人还是非犹太人？）

彼得·李在一个犹太纪念教堂收集了超过5000名死者的数据，这些人不仅是百分之百的犹太人，而且具有强烈的信仰，因为他们的悼念仪式被安排在了犹太人停尸房里。我和彼得将他们的死亡日期与四个重要的犹太节日（光明节，逾越节，犹太新年，赎罪日）进行了比较。

总体而言，这些纪念日之前的死亡人数多于之后的死亡人数，尽管每个节日的结果都够不上统计显著性的阈值。对于每个节日来说，在随机情况下，观测到的差异出现的次数预计超过总次数的一半。

▷ 午夜的月饼

接着，我开始研究菲利普斯的中秋节数据。农历八月十五的中秋节是中国最重要的节日之一。这一天，一家人通常团聚在一起，庆祝节日。节日餐包括午夜时分在户外享用的传统月饼。

菲利普斯和另一位共同作者分析了加州死亡率，认为一些华裔美国老年妇女能够将死亡时间推迟到中秋节庆祝活动之后。最有力的证据是，他们观察到了75岁以上的中国妇女在中秋节之前一个星期的死亡凹陷以及之后一个星期的死亡增长。

这些数据的一个奇怪之处是，中秋节当天恰好拥有较多的死亡人数。这些死亡应当算作发生在节日之前还是之后呢？菲利普斯将它们算作节日之后；这样一来，它们就成了死亡推迟的证据。不过，主要的节日仪式发生在午夜。如果一个人能够将死亡推迟到节日之后，她难道不能将死亡推迟到主要的仪式活动之后吗？在逾越节前后的犹太人死亡研究中，菲利普斯将传统逾越节晚餐那天午夜之后的死亡算作成功的推迟。将发生在中秋节当天的死亡算作节日之后的唯一明显理由就是这样可以支持死亡推迟理论。

类似地，菲利普解释说，他之所以关注75岁的妇女，是因为老年妇女负责准备丰盛的晚餐。不过，在逾越节研究中，菲利普斯使用了65岁这一年龄作为分辨犹太老年男性的阈值。也许，中秋节研究使用75岁、逾越节研究使用65岁的原因是，只有这样做才能支持他的理论。

如果我们不是人为地将样本限制在"75岁以上的妇女"这一范围内，不是莫名其妙地将节日当天的死亡视作午夜仪式之后发生的死亡，那么中秋节研究的结论可能不会具有统计显著性；这一结果完全不足为奇。

这些不合情理的现象要求我们使用没有经过必要篡改的新数据进行一项独立检验。我们用新的华裔美国人、韩裔美国人和越南裔美国人死亡数据对中秋节的死亡推迟进行了重新检验。不管如何记录节日当天的死亡，华裔老年妇女节日前一周的死亡人数都要多于节日后一周的死亡人数。越南裔老年妇女也是如此。韩裔老年妇女节日前的死亡人数要么多于节日之后，要么与节日之后持平。上述差异均不具有统计显著性。

这个例子真正的教训是什么？不是人们能够推迟死亡，而是如果你的目标是发表论文，而且你对数据的直接分析不起作用，那么你可以尝试不太直接的分析方法。做一个德克萨斯神枪手！迟早会有某种方法能够起到作用。进行大量检验，然后仅仅提及与你的理论相符的结果。

▷ 漫长的告别

在我进行这项"侦探"工作后不久，俄亥俄州立大学综合癌症中心统计学家和研究科学家多恩·扬（Donn Young）将他刚刚发表在《美国医学协会期刊》上的研究报告复印件寄给了我。他写道：

> 照顾临终癌症患者的医护工作者通常能够回忆起那些紧紧把握生命、排除万难活过重要节日或重要活动并在随后死去的人。通过"希望"自己活过某个节日，这些患者能够与家人共同经历这种重要

活动，并且看上去为家人和朋友免除了将欢乐的节日和悲剧性事件联系在一起的不便。

为了弄清这些逸事是某种系统性现象的反映，还是对感人事件的选择性回忆，扬和一名同事考察了俄亥俄超过30万癌症患者的死亡时间。他们关注癌症患者的原因有三点。首先，同心脏病等疾病导致的突然死亡相比，死亡推迟与慢性病患者的关系似乎更加密切。其次，癌症患者很少与生命维持设备相连接，而连接这种设备的患者的死亡时间可以由家庭成员决定。第三，同其他许多疾病不同，癌症患者的死亡不具有季节模式，比如在冬季月份上升并在夏季下降。

他们比较了圣诞节、感恩节和患者生日之前以及之后几个星期的死亡人数。在所有三种仪式性活动中，活动之前的死亡人数稍稍多于活动之后的死亡人数，而且三种活动的差异均不具有统计显著性。他们的数据无法说明癌症患者能够将死亡推迟到重要活动之后。

多恩·扬将这些民间传说归结为美好的愿望和选择性记忆（我们记住了值得纪念的巧合，忘记了其他情况）。这种传说的一个不幸后果是，当病人死在节日之前时，家人可能会感到内疚或羞愧：约翰对我们爱的不够深，因为他不愿意和我们共同庆祝节日。扬给出了完全不同的建议。如果你所爱的人得了绝症，而且某个重要活动即将到来，不要碰运气。现在就进行庆祝：

去年夏天，我的父亲在88岁生日的一个星期之后死于慢性肾衰竭，我们提前庆祝了他的生日，因为我们并不知道他能否坚持到这一天。幸运的是，他做到了，因此我们再次庆祝了他的生日。我觉得没有人会认为将这样的活动庆祝两次不是一个好主意。

× 如何轻松识破一本正经地胡说八道

对于看上去天马行空的理论，应当抱有极为谨慎的怀疑态度。留意不自然的数据分组。留意研究人员似乎仅仅提到经过仔细选择的一部分统计检验的研究。

13

黑色星期一

13 黑色星期一

1987年10月12日的星期一是华尔街令人紧张的一个星期的开始，尽管这个星期最初看上去并不比平时更加紧张，而且没有什么使人感到紧张的特殊理由。接着，市场开始震荡。道指周三下跌4%，周四下跌1%，周五又下跌了5%。纽约股票交易所（NYSE）创下了3.39亿股的交易纪录，输家与赢家的比例达到了17:1。不过，人们很难弄清股价下跌的原因。

《华尔街日报》周一的"市场同步"专栏指出，周五的大跌可能是抛售的高潮，许多技术分析师相信，这是牛市开始的信号。一位分析师表示"抛售压力的峰值已经过去了"，另一位分析师表示"如果我们还没有看到底部，那么底部很可能近在眼前"。

如果股票市场的预测如此简单，那么这些专家就会通过股票交易发财致富，而不是依靠预测来谋生。这篇文章的刊登日期就是著名的黑色星期一，市场在这一天出现了可怕的动荡。当股市开盘时，由于沽盘订单数量众多，道指30只股票中的8只在纽约股票交易所的交易中断了一个小时。这一天的交易量达到了惊人的6.04亿股，道指下跌了508点（23%）。输家与赢家的比例达到了40:1，所有股票的市值减少了大约

5000 亿美元。

第二天是"恐怖星期二",股票市场接近全面崩溃。道指开盘时上涨了 200 点,但在中午之前回到了周一收盘点位以下。当天,许多著名股票的交易出现了临时的中止,比如 IBM 中止了 2 个小时,默克中止了 4 个小时。一些大型金融机构据说即将破产,一些银行中止了对证券公司的借贷,证券公司要求之前借钱的交易人卖掉股票,偿还贷款。一些最大的证券公司敦促纽交所彻底关门,以阻止这种螺旋式下跌。

美联储当天宣布削减利率,承诺提供人们急需的资金,要求银行积极放贷;这些措施挽救了当天的股市。在投资银行的强烈鼓励下,一些大公司宣布了回购股票的计划,整个系统勉强脱离了解体的危险。一位市场参与者说:"星期二是我们 50 年来经历过的最危险的一天。我想,再晚一个小时,股票市场就要崩溃了。"道指周二收盘时上涨了 6%,股票交易量为 6.08 亿,第二天又上涨了 10%——这宣告了短期危机的结束。

当少数数据与其他数据存在较大差异时,这些数据被称为"异常值"。例如,道琼斯工业股票价格平均指数每天的上下变动很少超过 4%。1987 年 10 月 19 日下跌的 23% 就是一个异常值。有时,异常值仅仅是笔误(比如弄错小数点的位置),而且可以得到校正。有时,异常值反映了特殊的情况,比如某一天发生自然灾害;如果我们不关心这种异常事件,我们可以将异常值丢弃。在其他情况下,异常值也许值得研究。我们可能非常希望看到股票市场对于自然灾害、总统遇刺或战争结束的反应。

1987 年 10 月 19 日黑色星期一的股市暴跌是一个值得研究的现象。其中的一个结论是,美联储愿意而且能够采取阻止股票市场暴跌所需要的任何行动。此外,总统特别工作组"布兰迪委员会"得到的结论是,所谓的"投资组合保险"(这个名称极具误导性,指的是在价格上升以后购买股票并在价格下降以后销售股票的投资策略)是导致10月19日暴跌和10月20日恐慌延续的元凶。布兰迪委员会还认为,股票、期权和期货市场在恐慌期间失去了联系,几乎进入了自由下落的状态。为避免此类事件再次发生,委员会建议由一个管理机构(比如美联储)对这些市场进行监管,为这些市场制定一致的借贷规则,并在危机期间同时中止所有三个市场,以便为买家和卖家的匹配提供时间。这个异常值是一个痛苦而昂贵的教训——但它至少是一个教训。

在其他情形中,我们可以将异常值丢弃,因为它可能具有误导性。例如,一份国家级杂志曾经报道说,一群科罗拉多教师没能通过历史测试,其平均分只有67分。实际上,只有四位教师参加了这项测试,其中一个人得了20分。其他三个人的平均分是83分。一个非常低的分数将平均分拉低到了67分,误导了杂志,使其将平均分解释成了典型分数。在这里,异常值不具有代表性,而且会产生误导作用。

另一方面,丢弃异常值的做法有时会起到误导效果。一个戏剧性的例子发生在20世纪80年代,当时科学家发现,分析南极上空卫星臭氧读数的软件自动忽略了大量非常低的读数,因为同20世纪70年代得到的读数相比,这些数据属于异常值。计算机程序认为,这些与70年代正常值存在巨大差异的读数一定是错误的。

当科学家对这些数据(包括之前被忽略的异常值)进行重新分析时,他们发现,一个臭氧层空洞已经发展了几年,1985年的南极臭氧比1979年减少了40%。美国国家海洋和大气管理局高层大气实验室的苏珊·所罗门(Susan Solomon)说:"臭氧的这种变化程度绝对是前所未有的。

我们从未见过南极目前正在经历的事情。"异常值有时是笔误、测量误差或意外，如果无法得到校正或忽略，它们会扭曲数据。在其他时候，异常值是最重要的观测值，比如臭氧读数。

排除异常值有时会产生误导作用，不排除异常数据则几乎一定会产生误导作用。

▷ 火箭科学

在"挑战者"号航天飞机 1986 年发射日期的前一天晚上，工程师们对推迟发射的问题进行了讨论。在将近十年时间里，工程师们一直在担心橡胶密封圈的问题，这种密封圈用于接头密封，以容纳燃烧推进剂产生的高压气体。美国宇航局 1978 年的一份备忘录警告称，"为了防止热空气泄漏，导致灾难性失效，必须改变设计。"

一些密封圈曾在之前的飞行中失效，工程师担心这是因为密封圈在低温下会失去弹性。这一次，起飞时的温度预计将低于冰点，因此一些工程师反对发射。

图 13.1 显示了发生密封圈失效的 7 次飞行中的密封圈失效次数。他们并没有低于 53 华氏度[①]的数据。不过，在他们拥有的数据中，根据图 13.1，温度与密封圈失效次数之间没有明显的关系（除非我们能在理论上解释为何高温和低温会导致更多失效）。温度与密封圈性能之间缺乏明确关系的事实与人们不想打乱发射计划的强烈愿望压倒了一些工程师的担忧。

---

① 摄氏度 (℃)=［华氏度 (℉)-32］÷1.8——译者注

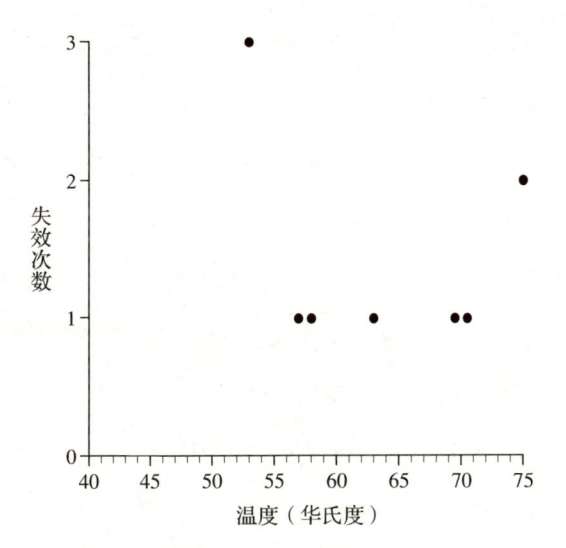

图 13.1 7 次飞行，没有关系

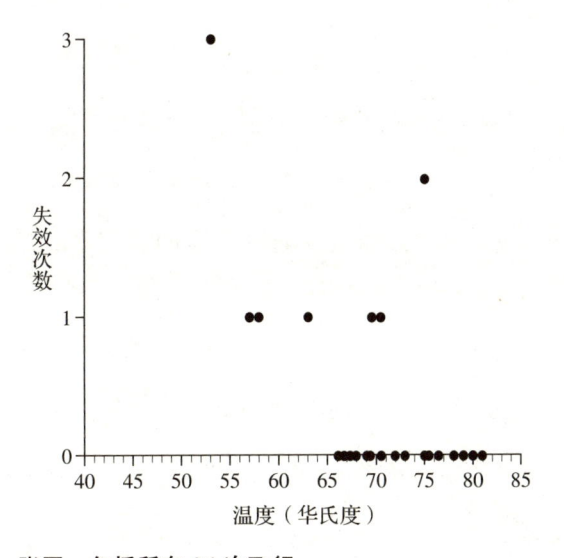

图 13.2 另一张图，包括所有 24 次飞行

图 13.1 的失败之处在于，它排除了没有发生密封圈失效的 17 次飞行。包含这些飞行的图 13.2 显示了完全不同的图景。在温度高于 65 华氏

度的 20 次飞行中，只有 3 次飞行发生了密封圈失效。在温度低于 65 华氏度的 4 次飞行中，每次都发生了失效。更加不妙的是，之前失效次数最多的飞行具有最低的温度（53 华氏度），而此次飞行的温度预计将低于冰点。

不幸的是，工程师的担心是有道理的。发射当天，一个密封圈出了问题。73 秒钟后，"挑战者"号解体，7 名机组成员全部遇难。调查此次灾难的总统委员会中包括理查德·费曼，这位才华横溢的加州理工学院教授喜欢在露天酒吧里准备讲座。当他在洛斯阿拉莫斯的曼哈顿计划中开发原子弹时，他曾打开上锁的橱柜，并且通过篱笆上的洞偷偷溜出大院，以证明这个戒备森严的场所是不安全的。他的一本自传叫《别闹了，费曼先生》。

此时，费曼非常严肃。在全国电视转播的听证会上，这位曾经获得诺贝尔奖的理论物理学家将密封圈浸泡在一杯冰水中，从而简单地证明了密封圈在低温下会失去弹性。奇怪的是，火箭科学家们并没有想到这一点。这有点像弗朗西斯·培根（Francis Bacon）在 17 世纪讲过的一个寓言：

我主 1432 年，一群教友对于马嘴里的牙齿数量展开了激烈的辩论。愤怒的争吵整整持续了 13 天。人们翻出了所有古代书籍和编年史，并且表现出了这个地区之前从未见过的广博厚重的学识。到了第 14 天，一名举止优雅的年轻修士请他博学的前辈们允许他说上一句话。他早已对争论双方的智慧感到恼火和愤怒。随后，令人吃惊的是，他恳求他们以一种前所未闻的低俗方式取得和解：朝马儿张开的嘴里瞧上一眼，找到这个问题的答案。

在"挑战者"号的例子中，对于重要数据的忽略是一个无心而致命的错误。在其他情形中，人们故意忽略一些数据，因为这些数据不支持他们事先形成的观念。为了相信某件事情是正确的，他们丢弃了与这种信念相冲突的数据。

▷ **巴斯克维尔猎犬**

在日语、普通话和广东话中，"四"和"死"的发音非常相似。许多日本人和中国人认为四是一个不吉利数字，这并不令人吃惊。真正令人吃惊的是，有人认为，由于这种强烈的厌恶，日裔美国人和华裔美国人很容易在每个月第四天遭到心脏病的袭击。这种说法显然很荒谬。不过，一项得出这种愚蠢观点的研究报告发表在了一份世界顶级医学期刊上。

这份报告题为《巴斯克维尔猎犬效应》。在亚瑟·柯南·道尔爵士（Sir Arther Conan Doyle）的故事中，查尔斯·巴斯克维尔（Charles Baskerville）受到了一只恶犬的追逐，并且死于心脏病：

那只狗受到主人的激励，跃过边门，朝不幸的从男爵追去，从男爵则尖叫着沿着紫杉小径奔跑。在那条阴暗的通道上，那只牙齿和眼睛闪着火焰的巨大黑色生物跳跃着朝它的猎物追去，这幅景象一定非常可怕。由于心脏病和恐惧，从男爵在小路尽头倒了下来，没了气息。

我们每天都会看到"四"这个数字——在钟表、地址、电话号码、页码、价格、汽车里程表里。亚裔美国人真的如此迷信，如此惧怕每个月都会出现的第四天，感觉这一天就像在黑暗的小路上追赶自己的恶犬吗？

这项巴斯克维尔研究（它的缩写BS[①]是不是很合适？）考察了死于冠心病的日裔和华裔美国人的数据。一种自然的检验方法是比较每个月第三天、第四天和第五天的冠心病死亡人数。在他们的数据中，在这三天的冠心病死亡病例中，33.9%的死亡发生在每个月第四天，这与33.3%的期望并不存在巨大差异或统计上的差异。如果三号、四号和五号发生冠心病的可能性相等，那么这种程度的差异预计将在超过一半的情形中发生。

那么，巴斯克维尔研究是如何得到相反结论的呢？作者并没有提到33.9%这个数字。相反，他们提到了某些心脏病类型的死亡人数，同时并没有提到其他心脏病类型的死亡人数。在《国际疾病分类》中，冠心病被分成了许多类别。在一些类别中，四号的死亡人数超过三分之一。在其他类别中，四号的死亡人数不足三分之一。巴斯克维尔研究仅仅提到了前一种情况的结果。他们丢弃了不支持这种理论的数据。

巴斯克维尔研究的首席作者与其他人共同进行了另外三项研究，其中两项研究使用了所有的心脏病类型，另一项研究使用了完全不同的心

---

① BS 意为胡说。——译者注

脏病类型。在不同研究中使用不同数据类型的唯一理由是，只有这样才能构造出支持结论的数据。

当我们怀疑某个研究人员在查看数据后进行了取舍时，我们可以尝试用新数据复制研究结果，以检验这种怀疑。巴斯克维尔研究使用了1989～1998年的数据。在使用1969～1988年以及1999～2001年的数据对巴斯克维尔研究中提到的心脏病类别进行重新检验时，得到的结果既不明显，也不具有统计显著性。在1969～1988年的数据中，五号的死亡人数多于四号；在1999～2001年的数据中，三号的死亡人数多于四号。另一个奇怪的现象是，作者可以使用1969～1988年的数据（他们在其他研究中使用了这些数据），但他们没有在巴斯克维尔研究中使用这些数据。我们可以猜到其中的原因。

支持这种贬低性理论的唯一证据是通过忽略不支持这种理论的疾病和年份得到的。如果没有这种有利的删减，就不会有"每月四日对亚裔美国人具有致命影响"的证据。这项研究真正证明的事情是，不管一种理论多么愚蠢，只要丢弃不支持这种愚蠢理论的数据，我们就可以找到支持它的数据。

▷ 五行噩运

中国农历的每一年与五行之一（金木水火土）相联系。传统中医认为，五行中的每一种元素与一种存储能量的脏器以及一种制造能量、移除废物的腑器有关（表13.1）。

表 13.1 五行与人类器官

元素	脏器（阴）	腑器（阳）
火	心	小肠
土	脾	胃
金	肺	大肠
水	肾	膀胱
木	肝	胆囊

巴斯克维尔研究的首席作者与其他人共同进行了另一项具有争议性的研究。这一次，他们认为，中国人的出生年份可能会给他们带来"噩运"，即他们可能患上与这些年份相关的器官疾病。例如，1937 年是火年，火对应的脏器是心，因此 1937 年出生的中国人可能更容易死于心脏病。

也许，感觉自己终将死于心脏病的人不会努力预防这种疾病。或者，这些人的长期焦虑导致了他们所预想的结果。或者，二者之间也许没有任何关系。

作者报告说，华裔美国人的死亡数据支持他们的理论。不过，他们只提到了与表 13.1 中的 10 种器官相关的一小部分疾病。例如，他们提到了肾炎和另一种肾病的结果，但是没有提到其他肾病的结果；他们提到了支气管炎、肺气肿和哮喘的结果，但是没有提到其他呼吸系统疾病的结果。他们丢弃了不支持这种理论的数据。

作者将心脏病分成了不同寻常的子集，然后再次丢弃了碍事的数据。他们提出的理论是出生在火年的中国人更容易患上心脏病，不是出生在火年的中国人更容易患上某些类型的心脏病，不太容易患上其他类型的心脏病。更加可疑的是，首席作者没有使用巴斯克维尔研究中的子集。他们显然对数据进行了考察，并在每项研究中选择了不同的子集，这种做法使统计检验变得毫无意义。

假设我宣布，我能在抛硬币时连续抛出正面，因为在我小时候，在其他孩子都在玩篮球和棒球的时候，我一直在练习抛硬币。（实际上，有一位离奇的魔术师兼数学家，名叫佩尔西·迪亚科尼斯，他能连续抛出正面。我没有这项技术。）不过，我可以制造证据证明我的抛硬币技能。假设我刚刚抛了20次硬币，得到了9次正面和11次背面。这没有任何奇特之处。不过，如果我能想出一种脆弱的借口，丢弃10个背面，那么，瞧，我在10次抛硬币实验中抛出了9个正面。这是令人信服的证据吗？当然不是。

当人们发表真正的实证研究（不是我的抛硬币实验）时，我们通常不知道他们是否丢弃了某些数据。一位研究人员可能会说，"我们使用了这些年份、这些人和这些疾病的数据"。看上去，这些类别像是提前选出来的。研究人员不会说，"在考察数据之后，我们丢弃了这些年份、这些人和这些疾病的数据，因为它们不支持我们的结论。"研究人员为什么要这样做呢？首先，他们希望得到能够发表的结果，而且觉得要想成功发表，他们需要得到统计显著性。其次，他们真诚地相信自己的理论是正确的，因此认为忽略相反的证据是没有关系的。

在噩运研究中，每一年对应于五行（金木水火土）之一。要想检验疾病与出生年份相关的理论，最自然的方法是考察死于某种疾病的中国人出生在噩运年份的比例是否超过1/5。例如，既然火对应的脏器是心，那么死于心脏病的中国人出生在火年的比例是否超过1/5？

既然作者没有提到这种检验，那就让我来介绍一下吧。在他们提到的 15 种疾病中，20.08% 的人出生在噩运年份。这既不是疾病与出生年份之间存在关联的明显证据，也不是具有统计显著性的证据。对于表 13.1 中更加广泛的疾病类别，19% 的人出生在噩运年份。这几乎具有了统计显著性，但方向是反的。

另一种合理的检验是考察在死于特定疾病的中国人中，出生在噩运年份的群体的寿命是否低于出生在其他年份的群体。在研究提到的 15 种疾病中，只有两种疾病具有统计显著性。对于更加广泛的疾病类别，统计显著性消失了。例如，作者指出，出生在噩运年份并且死于支气管炎、肺气肿和哮喘的人寿命相对较短；不过，如果我们考察所有呼吸系统疾病，我们就会发现，出生在噩运年份的人拥有相对较长的寿命。

在没有被数据挖掘所污染的独立数据中，我们能够发现什么呢？1960～1968 年以及 1991～2002 年的数据无法复制作者对 1969 到 1990 年的数据进行搜刮以后得到的结果。对于他们声称受到出生年份影响的疾病，几乎刚好有 20% 的死者出生在噩运年份，而且出生在噩运年份和其他年份的亚裔美国人不具有明显或具有统计显著性的平均死亡年龄差异。

和巴斯克维尔研究一样，出生年份噩运研究真正能够证明的结论是，对于任何理论，只要考察大量数据，并且丢弃不支持这种理论的数据，那么你一定能够收集到支持这种理论的证据。

▷ **花押决定论**

"我们的喜悦之杯正在满溢！我们有了一个女儿，她有着仁慈的大自然所能给予人类的最为匀称的比例和最为可爱的仪表,她的名字叫做伊玛(Ima)!"人们之所以为这个天使般的婴儿选择这个名字,是因为她的叔叔写了一首宏大的南北战争叙事诗,诗里的女主角叫做伊玛。这份出生声明是由伊玛热情的父亲詹姆斯·史蒂芬"大个子吉姆"·霍格(James Stephen "Big Jim" Hogg)起草的。我们并不知道这位父亲是否意识到他的女儿获得了一个不幸的名字:伊玛·霍格[①]。

伊玛后来说,"我的祖父斯廷森住在距离米尼奥拉24公里的地方,当时消息传播得很慢。当他听说孙女的名字时,他用最快的速度跑到镇上进行抗议,但是已经晚了。洗礼已经结束了,我只能使用伊玛这个名字。"

大个子吉姆后来意识到了女儿名字的幽默之处。德克萨斯长期流传着这样一个故事:大个子吉姆将这种幽默用在了政治上,他在重新竞选州长的演讲中对人群说,他有两个女儿,分别是伊玛和乌拉。《堪萨斯城星报》为这个故事添加了更多细节,说他还有第三个女儿,名叫胡莎。实际上,伊玛没有姐妹,只有三个名字普通的兄弟:迈克尔、托马斯和威廉。

虽然拥有滑稽的名字,但伊玛·霍格活得很好。大个子吉姆买下了德克萨斯州西哥伦比亚附近的土地,他在遗嘱中说,这片土地在他去世15年以后才能卖给别人。在吉姆去世12年以后,这片土地发现了石油,伊玛和她的兄弟从一般富裕变成了极度富裕。伊玛热爱德克萨斯,并且开展了广泛的慈善活动,因此获得了"德克萨斯第一小姐"的称号。

---

① 与"我是猪"谐音。——译者注

除了婴儿的名字，家长是否还应该考虑他们的首字母缩写呢？我的首字母缩写是 GNS（加里·南斯·史密斯）；我弟弟的首字母缩写是 RAS（罗伯特·艾伦·史密斯）。如果我的父母将我命名为加里·艾伦·史密斯呢？GAS 这个首字母缩写带来的羞愧感会毁掉我的人生吗？我会通过某种方式战胜这种耻辱吗？

加州大学圣迭戈分校（UCSD）心理学和社会学系的一群研究人员认为三个字母的姓名缩写是非常重要的，因为同拥有消极姓名缩写（比如 PIG 或 DIE）的人相比，拥有积极姓名缩写（比如 ACE 或 VIP）的人寿命比较长。这种寿命受首字母缩写影响的观点被称为"花押决定论"。奇怪的是，加州大学圣迭戈分校的研究人员还发现，消极的姓名缩写比积极的姓名缩写更加常见，而且比过去更加普遍。难道家长具有虐待倾向，而且这种倾向正在变得越来越严重吗？

如果消极的首字母缩写对健康具有如此巨大的危害，那么它似乎不太可能变得如此流行。慈祥的父母当然不会选择那些能够缩短孩子预期寿命的名字。这项研究一定存在某些问题。

加州大学圣迭戈分校的研究人员使用了 12 种积极的首字母缩写（ACE，GOD，HUG，JOY，LIF，LIV，LOV，LUV，VIP，WEL，WIN 和 WOW）以及 19 种消极的首字母缩写（APE，ASS，BAD，BUG，BUM，DED，DID，DTH，DUD，HOG，ILL，MAD，PIG，RAT，ROT，SAD，SIC，SIK 和 UGH）。他们请大学生将这些首字母缩写以及 9 种中性缩写标记为积极、消极和中性缩写，以证实这种分类方法。

我们不知道研究人员看到数据时是否已经选择了这些首字母缩写。虽然学生能够分辨缩写的好坏，但这并不能告诉我们这份清单是如何制定的。要想复制这项研究，我们可以从包含 100 个积极或消极首字母缩写的独立清单入手，其中包括圣迭戈分校研究人员使用的 31 个缩写。然后，我们可以将这份清单提供给一组学生和教员，请他们选出最好和最坏的缩写。

表 13.2 排在最前面的积极和消极缩写，按顺序排列

积极	消极	
ACE	**ASS**	GAS
ICE	KKK	FAT
JOY	FAG	**BAD**
VIP	**DIE**	POX
CEO	GAY	HOR
WOW	ZIT	**BUM**
GEM	FUK	SIN
FLY	**PIG**	
FOX	DUM	
HIP	**RAT**	
WIT	SOB	
WIN	TIT	

表 13.2 显示了最好的 12 个积极缩写和最不好的 19 个消极缩写。在圣迭戈分校研究人员的 12 个积极缩写中，只有 5 个出现在了前 12 个最好的缩写中（用粗体显示）；在研究人员的 19 个消极缩写中，只有 6 个出现在了前 19 个最不好的缩写中。我们很难解释其中的一些遗漏，尤其是消极的缩写。也许，这些缩写是在他们查看数据之后选择的？

245

为什么他们不为积极和消极缩写选择相同的数量，而是选择了12个积极缩写和19个消极缩写？为什么他们使用了BUG而不是FAG、DUD而不是DUM、HOG而不是FAT？他们显然丢弃了不支持这种理论的首字母缩写。

圣迭戈分校研究人员使用了1969~1995年的死亡数据，根据死亡时间将死者分成了不同小组，并将拥有积极或消极首字母缩写的群体的平均死亡年龄与拥有中性首字母缩写（这些缩写可能也是在查看数据之后选择的）并且死在同一年的群体进行了比较。他们报告说，平均而言，拥有积极首字母缩写的男性多活了4.5年，拥有消极首字母缩写的男性少活了2.8年，拥有积极首字母缩写的女性多活了3.4年，拥有消极首字母缩写的女性没有区别。4.5年的预期寿命差异超过了美国和委内瑞拉之间的差异，几乎相当于美国和阿尔及利亚之间的差异。美国同委内瑞拉和阿尔及利亚之间的差异存在合理的解释。首字母缩写对预期寿命可能具有的如此巨大的影响则没有同样科学的解释。

根据死亡年份对人们进行分组的做法存在一个问题，那就是不同时期各种首字母缩写的普遍程度是不同的。例如，假设拥有积极和消极首字母缩写的人具有相同的死亡率，但是现在的消极首字母缩写比过去更加普遍（这是事实）。在这种情况下，最近具有消极首字母缩写的死者就会比具有其他首字母缩写的死者更加年轻。

举一个极端的例子。假设首字母缩写ACE在50年前不再被人使用，首字母缩写GAS则在同一时间开始被人使用。这显然是不现实的，但它是对"消极首字母缩写正在变得更加普遍"这一现象做出的便于理解的夸张。在我们这个模式化例子中，所有首字母缩写为ACE并且死于去年的人在去世时至少有 50 岁，所有首字母缩写为 GAS 并且死于去年的人在去世时不到 50 岁。这种差异与首字母缩写对预期寿命的影响没有任何关系。它仅仅与不同首字母缩写普遍程度的变化有关。

如何规避这个问题呢？我们可以按照人们的出生年份对他们进行分组。60 年前出生的、首字母缩写为 ACE 的人应当与 60 年前出生的、首字母缩写为 GAS 的人进行比较。40 年前出生的、首字母缩写为 GAS 的人应当与 40 年前出生的、具有其他首字母缩写的人进行比较。这样一来，我们所观测到的任何死亡年龄差异将来自预期寿命差异，而不是不同首字母缩写流行程度的变化。

实际上，当我们对同一年出生的人进行比较时，首字母缩写与死亡率之间没有任何关系。平均而言，同具有积极首字母缩写的男性和女性相比，具有消极首字母缩写的群体的寿命要稍微长一些（这与圣迭戈分校研究人员得到的结果相反），但是这些差异很小，不具有统计显著性。

我还试图用时间范围更长的数据（1905～2003 年）对圣迭戈分校的研究进行复制。这些数据同样无法支持他们的结果。不管使用这些研究人员的首字母缩写清单还是通过调查得到的缩写清单，平均而言，具有消极首字母缩写的男性寿命要稍微长一些，女性的结果则恰好相反，但是这些差异的观测值既不明显，也不具有统计显著性。

× 如何轻松识破一本正经地胡说八道

在研究中遗漏数据的做法是一个巨大的危险信号。包含或者排除数据的决定有时具有天壤之别。这种决定应当基于数据的相关性和质量,而不是数据是否支持或影响研究人员期望或理想的结论。

  对于得到错误记录的数据进行校正是可以的。有时,忽略异常值也是可以的。不过,对于研究人员来说,最好的规则是,当存在疑问时,不要排除数据。对于读者来说,最好的规则是对丢弃数据的研究保持警惕。问问你自己,被忽略的数据是否存在非常明显的错误。如果不存在,说明研究可能有问题。一些数据之所以被丢弃,可能仅仅是因为它们与理想的结果相矛盾。

14

SADARA

点球成金

14 点球成金

对统计学家来说，美国职业棒球大联盟（MLB）是一个极具吸引力的事物，因为它拥有超过 100 年的详细资料。更加美妙的是，一个名叫肖恩·拉赫曼（Sean Lahman）的棒球迷收集了美职棒历史上所有选手和队伍的大量统计数据，并且允许所有人下载这些数据。让我们开始搜刮数据吧！

许多统计学家（包括具有传奇色彩的比尔·詹姆斯）提出了赛伯统计量（也就是基于数据的、对选手和球队表现的客观测量），彻底改变了我们对棒球的理解。赛伯统计学家提出和支持的许多统计量现在已经成了人们司空见惯的事物。

例如，一名选手的击球技能传统上是用安打率衡量的，即安打数量除以击球次数，不包括保送、触身球以及牺牲长打。赛伯统计学家认为安打率无法很好地衡量击球手对球队得分的帮助作用，后者才是真正重要的事情。安打率没有考虑自由上垒和触身球的情况，而且没有对一垒、二垒、三垒和全垒打进行区分。

赛伯统计学家提出的另一个指标是上垒加长打率（OPS），其中上垒平均分包括安打、保送和触身球，长打平均分则是对垒打数的统计（一垒为 1 分，二垒为 2 分，三垒为 3 分，全垒打为 4 分）。上垒加长打率不是一种完美的指标，但它很容易被人理解，而且相对于传统安打率是一种巨大的进步。目前，这种指标经常出现在新闻报道和棒球卡片中，甚至被用在少年棒球联合会的选手身上。

迈克尔·刘易斯（Michael Lewis）的畅销书《点球成金》宣传和肯定了赛伯统计量，这本书描述了奥克兰运动家队用赛伯统计量发现被低估的（即便宜的）选手，以便与薪金总额高得多的球队竞争的故事。如果另一支球队认为安打率远高于胡安的鲍勃更加优秀，而奥克兰队认为上垒加长打率更高的胡安比鲍勃更加优秀，奥克兰队就会尝试用鲍勃交换胡安。具有讽刺意义的是，目前，许多美职棒球队都在使用赛伯统计量，因此奥克兰队的优势受到了削弱甚至逆转。

对学术界人士来说，棒球统计数据的宝库为他们提供了一个完全不同的机遇——他们有机会在数据中发现具有统计显著性、因而可以写进论文之中的模式，尤其是当他们对数据进行微调时。在这些被人发现的模式中，许多模式几乎没有任何意义，但它们还是得到了发表，而这仅仅是因为它们具有统计显著性。

▸ 棒球迷信

用一根圆圆的木棒击打一个以每小时 144 公里的速度飞行、可能具有左旋、右旋、上旋或下旋的圆形棒球也许是一切运动项目中最为困难的挑战。如果球被击中，它可能直接飞向外野手，造成出局，或者安全落地，形成安打。平均而言，棒球选手每四次击球只能击出一次安打。

如果你能将这个比例提高到 1/3，你就能进入名人堂。从投手的角度看，微小的差异足以区分所有明星投手、熟练投手和失败者。

也许，这就是棒球选手的迷信如此出名的原因，他们总是在寻找有可能使机会的天平倒向自己一边的某种事物——不管这种事物多么可笑。奇怪的是，研究人员常常会做同样的事情，寻找看上去具有某种模式的事物——不管这种事物多么可笑。

三垒手韦德·博格斯（Wade Boggs）在职业生涯中的表现非常出色，他主要在波士顿红袜队打球。他的职业生涯安打率为 0.328（1/3）。他曾经连续 12 次参加全明星赛，并在 2005 年入选棒球名人堂。如果这个世界上有一个迷信名人堂，那么他一定也会入选。博格斯每天在完全相同的时间起床，并在下午 2：00 吃鸡肉。他以 14 天为一个周期，轮换使用 13 种食谱（包括两次柠檬鸡）。当他晚上需要到芬威公园参加比赛时，这位鸡肉男会在 3：30 准时进入更衣室，穿上队服，并在 4：00 去球员席热身。他会进行精确的热身程序，包括接 150 个地滚球。在防守热身结束时，他会站上三垒、二垒、一垒以及垒线（当他入场比赛时，他会跳过垒线），用两步走到教练席，用四步走到球员席。赛季结束时，博格斯的步伐在草地上留下了永久性的脚印。博格斯总是在 5：17 进行击球练习，并在 7：17 进行冲刺练习（一位反对他的经理曾经让体育场的时钟从 7：16 直接跳到 7：18，以便矫正他的行为）。

比赛期间，当博格斯走上三垒时，他会用左脚清理面前的泥土，拍三下手套，正一正帽子。每当他击球时，他都会在击球区画上意为"生命"的希伯来语单词。（他不是犹太人。）

虽然博格斯非常迷信，但同特克·温德尔（Turk Wendell）相比，他几乎是正常的。从 1993 年到 2004 年，温德尔在美职棒做了 11 年投手。他身穿 99 号队服，因为这是电影《大联盟》中查理·辛（Charlie Sheen）扮演投手里基·沃恩（"野兽"）时使用的球衣号码。当温德尔 2000 年与纽约大都会队签约时，他所要求的合同金额为 9999999.99 美元。他戴着一条项链，那是用他所猎杀的野生动物的牙齿制作的。在走上投手丘之前，温德尔会把四颗黑色甘草糖放进嘴里，以便在投球时咀嚼。他不是踩过垒线（一些选手会这样做）或者跨过垒线（另一些选手会这样做），而是跳过垒线。当他站上投手丘时，他会朝中外野手挥手并等待对方向他挥手。当他需要新的棒球时，他会要求裁判员把球滚过来，因为他不想捕球；如果裁判员把球扔给他，温德尔要么让球打在他的胸前，要么将球放走。每局比赛结束后，他会在球员席刷牙，这种不同寻常的举动甚至印在了厄珀代克公司的棒球新人卡上。

棒球迷信也适用于球队，其中最著名的是"班比诺诅咒"。波士顿红袜队 1918 年赢得了第五次世界职业棒球大赛冠军，成为了当时最成功的棒球队。在 1920 年赛季开始之前，红袜队老板将球队最佳球员贝比·鲁斯（"班比诺"）卖给了当时还没有获得过世界职业棒球大赛冠军的纽约扬基队，得到了 12.5 万美元现金和 30 万美元贷款，用于资助由老板女友担任主角的百老汇音乐剧。

在扬基队的第一个赛季，鲁斯击出了 59 个全垒打，超过了其他任何球队的全队全垒打数量。此后，扬基队获得的世界职业棒球大赛冠军数量超过了其他任何球队，红袜队则一年比一年令人失望，迟迟无法获得冠军。他们四次进入世界职业棒球大赛，均铩羽而归——而且总是以戏剧性的方式在决定胜利的第七场比赛中失利。最后，在 2004 年，经过 86

年的失望，红袜队终于赢得了世界职业棒球大赛冠军。

芝加哥小熊队还没有打破他们的诅咒。芝加哥小熊队在1907年和1908年赢得了世界职业棒球大赛冠军，此后再也没有获得这项荣誉，形成了长达100多年的冠军荒。据传说，这个诅咒与一只山羊有关。这只山羊从一辆卡车上掉下来，走进了芝加哥一个酒吧。为了吸引顾客，酒吧主人比利·塞亚尼斯收留了这只山羊，留了一副山羊胡子，开始自称比利·山羊，并将酒吧的名字改成了比利山羊酒吧。

在1945年世界职业棒球大赛小熊队对底特律老虎队的第四场比赛中，比利买了两张包厢票。当时，小熊队以总比分2∶1领先。比利带着山羊来到了球场，他披着一条毯子，上面写着"我们得到了底特律的山羊"。

小熊队老板菲尔·里格利（Phil Wrigley）对员工说："那只山羊很臭。"于是，塞亚尼斯被要求带着山羊离开球场。塞亚尼斯在走的时候喊道："小熊队再也赢不了了！"小熊队输掉了第四场比赛以及接下来的两场比赛，从而输掉了世界职业大赛。塞亚尼斯给里格利发了一封简短的电报："现在谁臭？"

为了扭转这个诅咒，小熊队球迷将活山羊和死山羊带进里格利球场，并将山羊捐献给发展中国家的人民。不过，这些方法并没有产生任何效果。[1]

棒球迷信通常具有娱乐性质，不会带来任何危害。不过，韦恩州立大学两位多产的研究人员欧内斯特·艾贝尔（Ernest Abel）和迈克尔·克鲁格（Michael Kruger）指出，一些迷信可能是致命的。

---

[1] 小熊队刚刚在2016年打破了这个诅咒。——译者注

▷ 如果你给我一个 D，我就会死（die）

一些研究发现，人们（包括当事人在内）认为教名不受欢迎的人比不上教名受欢迎的人。如果健康与自尊有关，那么教名不受欢迎的人可能具有更低的预期寿命。不过，对于这个问题的一项详细研究发现，名字的受欢迎程度与预期寿命之间没有关系。

认为预期寿命可能受名字第一个字母影响的想法更加没有道理。一项对于工商管理硕士学生的小型研究发现，教名或姓氏以 C 或 D 开头的学生倾向于拥有较低的学分积。不过，在满分为 4 分的评分体系中，以 C 或 D 开头的学生的平均分只比其他学生低 0.02。我们并不知道这个结果背后是否隐藏着大量没有被提及的检验。

不过，在这项脆弱结论的启发下，艾贝尔和克鲁格发现，在职业棒球大联盟中，同教名首字母为 E 到 Z 的选手相比，教名始于字母 D 的选手平均少活 1.7 年。原因何在？"众所周知，职业运动员非常迷信。"这的确是事实，但是这种模式化印象指的是选手的迷信行为，比如每场比赛穿同一双（没有洗过的）袜子，或者在入场时触摸一垒。穿着没有洗过的袜子和对名字的第一个字母感到不安是不一样的。真的有人相信一个人会因为名叫唐纳德（Donald）而不是罗纳德而早死吗？

关注字母 D 的做法并没有令人信服的理由。艾贝尔和克鲁格认为 "D 不属于 ABC，而且几乎等同于失败。"几乎失败至少不像真正的失败（failure）那样糟糕，而后者通常是用 F 表示的。而且，字母表中有 23 个字母不属于 ABC，其中可能有许多字母看上去不太理想。

百事可乐做过一项单盲品尝试验，他们在标有 M 的杯子里装入百事可乐，在标有 Q 的杯子里装入可口可乐，然后让人们品尝。超过一半的人更喜欢百事可乐。随后，可口可乐也进行了一项试验，在标有 M 和标有 Q 的杯子里装入可口可乐，然后让人们品尝。他们发现，大多数人更喜欢标有 M 的杯子里的可口可乐。因此，他们的广告标题是："可口可乐战胜可口可乐的日子"。显然，Q 是一个缺乏吸引力的字母。

在 26 个字母中，我们总能找到一些统计模式，尤其是当我们对数据进行编排并分析其中的一些子集时。随后（在发现事实以后），我们总能想到这些巧合关系的某种解释。如果 F 的结果不好，这是因为 F 代表失败。如果 X 的结果不好，这是因为 X 是一个不经常出现的字母。如果 Z 的结果不好，这是因为 Z 是字母表中的最后一个字母。要想进行有效的统计检验，应当在检验之前而不是之后确定这些"坏"字母。

学分积研究使用了 A、B、C、D 和 E～Z 五个类别，并且考虑了每个人的教名和姓氏首字母，排除了首字母存在冲突的人。戴维·琼斯（David Jones）和琼斯·戴维被分到 D 组，艾伦·戴维（Allen David）和戴维·艾伦则被排除在了分析之外。只有教名和姓氏的首字母都是 E～Z 的人才会被分到 E～Z 组，比如伊桑·弗莱明（Ethan Fleming）。

艾贝尔和克鲁格认为工商管理硕士的研究是导致他们开展这项研究的契机，但他们在自己的研究中只考虑了教名的结果。艾伦·戴维被分到 A 组，戴维·艾伦被分到 D 组，詹姆斯·戴维（James David）被分到 E～Z 组。而且，艾贝尔和克鲁格的结果只涉及 1875 年到 1930 年出生的人。他们没有提供将分析限定在字母 D、教名以及这种时间段上的原因，除了……这种限定可以得出他们想要的结果。

这些假设并不是随意选择的。艾贝尔和克鲁格得出的"名字始于字母 D 的棒球选手寿命较短"的结论取决于下列人为限制：使用教名而不是教名和姓氏，只考虑 1875 年到 1930 年出生的选手。否则，名字始于字母 D 的美职棒选手的平均死亡年龄差异将不具有统计显著性。

▷ 糟糕的出生月份

由迪士尼 1958 年拍摄的一部曾经赢得奥斯卡奖的纪录片展示了数千只旅鼠成群结队来到悬崖边跳海自尽的场景。解说员庄重地评论道："每只小小的啮齿动物被一种迫切的力量攫住，被一种缺乏理性的歇斯底里驱使，步调一致地向前进发，走向一种奇怪的宿命。"这种戏剧性的场景使"旅鼠式的行为"成了美国语言的一部分，用于描述相互模仿、不关心后果的人。

旅鼠是一种啮齿动物。对于迪士尼这个将老鼠作为核心元素的公司来说，这部纪录片竟然是完全荒谬的，这是一种巨大的讽刺。旅鼠喜欢独处，不喜欢与水接触，而且可以在迫不得已的时候游泳。那么，迪士尼是如何拍摄旅鼠自杀之旅的呢？他们将几十只旅鼠放在被雪覆盖的转盘上，从不同角度拍摄它们在转盘上奔跑并被抛向空中的场面。经过编辑，影片形成了数千只失去理性的旅鼠争相赴死的效果。这种人为编排的场景竟然被称为纪录片！虚拟世界比现实更加奇怪。

旅鼠不会自杀，更不会大规模自杀。所有生物都有生存的本能。不过，人类的确会自杀。怎样的绝望环境会战胜他们生存下去的自然力量呢？

自杀的人显然认为他们的生命极其压抑而且毫无希望，因此做出了停止生存这个不可逆转的决定。自杀往往在春天和初夏更加常见——这也许是因为当天气转暖、百花盛开、爱情绽放之时，一些人被自己的抑郁和其他人的幸福之间的反差所击溃。这是合乎情理的。不过，艾贝尔和克鲁格（认为名字以 D 开头的人会早死的那两个研究人员）提出了一个荒谬的观点：自杀倾向取决于一个人的出生月份——而不是他们选择死亡的月份。如果这是真的，它将是一个不同寻常的发现；可惜，它是假的。这项研究的数据和统计检验都是错误的。

表 14.1 棒球选手各个出生月份的自杀人数

	观测到的数字	调整后的数字	期望值
1月	6	9	10.5
2月	7	13	10.5
3月	5	8	10.5
4月	5	10	10.5
5月	5	9	10.5
6月	6	11	10.5
7月	2	3	10.5
8月	19	29	10.5
9月	5	8	10.5
10月	7	11	10.5
11月	3	5	10.5
12月	6	10	10.5
总计	76	126	126

艾贝尔和克鲁格考察了职业棒球大联盟自杀球员的出生月份。表

14.1 中的"观测到的数字"一列显示了他们的数据。7 月出现了明显的下探，8 月出现了明显的尖峰，随后的 9 月出现了下降。因此，艾贝尔和克鲁格认为，出生在 8 月的人拥有较强的自杀倾向。

一些出生月份将不可避免地比其他月份拥有更多的自杀人数。在谴责 8 月份之前，我们需要考虑研究人员观测到的这种模式是否合理，是否具有统计说服力。对于第一个问题，没有可靠的理由能够解释为什么出生在 8 月的人比出生在 7 月或 9 月的人拥有更高的自杀倾向。

要想进行统计分析，我们可以根据每月的出生人数对每月观测到的自杀人数与期望值进行比较。例如，如果所有选手中的 10% 的人出生在一月，那么我们预计 10% 的自杀者出生在 1 月。

艾贝尔和克鲁格采取了完全不同并且完全错误的做法。他们用每个出生月观测到的自杀人数除以出生在这个月的选手总人数，然后乘以 1000，并且四舍五入到最近的整数，得到所谓的"调整后的数字"。这种令人困惑的计算结果（表 14.1"调整后的数字"一列）将自杀总人数提高了 66%，从 76 人提高到了 126 人。接着，他们用 126 除以 12，得到了每个月的期望值 10.5。完成这些操作以后，他们指出，出生月份与自杀之间存在具有统计显著性的关系。

且慢！我们不能编造出 66% 的自杀人数。要想得到更多数据，唯一有效的方法就是收集更多数据，比如将其他职业运动员包含进来。另一个问题是，他们的数据是错误的！在他们撰写这篇论文时，拥有已知出生月份的自杀选手为 86 人——不是他们所说的 76 人。而且，有 5 个自杀者出生在 7 月（比艾贝尔和克鲁格的数据多 3 个），有 16 个自杀者出生在 8 月（比他们的数据少 3 个）。他们将 3 个出生在 7 月的人统计成了出生在 8 月的人。

在校正这些错误以后,每月自杀人数差异的观测值不具有统计显著性。事实上,根据预期,我们可以在超过一半的情形中得到像观测值那么大的出生月份差异。

和以前一样,最后的结论是,在自杀出生月中,7 月下探、8 月激增、9 月下跌的说法没有任何理论基础;数据得到了错误记录;统计程序也是错误的。当正确数据得到正确分析时,出生月份与自杀之间没有任何关系。

▷ 名人堂的死亡之吻

在另一篇论文中,艾贝尔和克鲁格认为,"棒球名誉可能会带来沉重的代价",因为入选名人堂的职业棒球大联盟球员的平均死亡年龄比其他球员低 5 岁。这种令人吃惊的论断与"积极的自尊可以增进身体健康"这一普遍观念相矛盾。实际上,艾贝尔和克鲁格曾经提出,教名首字母为 D 的棒球选手由于缺乏自尊而具有较短的寿命。如果像首字母为 D 这样微不足道的事情都能导致死亡时间提前,那么像成为行业佼佼者这样实实在在的事情当然应该延长预期寿命。

他们的研究一定有问题。事实的确如此。

艾贝尔和克鲁格的数据来自拉赫曼的数据库。对于入选名人堂时仍然健在的每个人,艾贝尔和克鲁格找出了在入选当日健在并且与入选名人堂选手出生在同一年的球员。他们记录了每个选手的死亡年份。如果数据中没有列出死亡年份,他们认为选手目前仍然健在。接着,对于样本中仍然健在的一些成员,他们使用了某种专门设计的统计程序。到目前为止,情况还算不错。

问题是,对许多人来说,拉赫曼的数据之所以没有列出死亡年份,不是因为选手仍然健在,而是因为死亡年份是未知的。每个入选名人堂的选手要么健在,要么拥有已知的死亡日期。相比之下,许多不出名的选手并没有明确的死亡日期,尤其是棒球运动早期的选手。艾贝尔和克鲁格将死亡日期未知的过世选手视作仍然健在的处理方法,人为提高了他们所得到的没有入选名人堂的选手寿命。

例如,1937年入选名人堂的赛·扬(Cy Young)生于1867年,死于1955年,终年88岁。为了进行对比,艾贝尔和克鲁格使用了出生于1867年并在1937年赛·扬入选名人堂时明显健在的22名选手。在22名选手中,19人拥有已知的死亡日期,他们的平均死亡年龄是83岁,比赛·扬小5岁。3名选手没有死亡日期,因此艾贝尔和克鲁格认为这3名选手在他们进行这项研究的2005年仍然健在——尽管这将使他们的年龄达到138岁!如果这3名选手死于2005年,那么22名选手的平均死亡年龄将提高到90岁。由于作者假定这3名选手在2005年依然健在,因此他们将获得更长的寿命。

所以,拥有已知死亡日期的选手平均比赛·扬早死5年,但如果错误地添加由于没有已知死亡时间而被认为在138岁时仍然非常硬朗的3名选手,那么赛·扬的同龄人似乎具有比他多2年的平均寿命。

艾贝尔和克鲁格犯下的另一个错误是,他们不是计算每位选手的死亡年龄,而是计算他们在入选名人堂以后活了多少年。这是有问题的,最明显的原因在于寿命预期取决于一个人的年龄。艾贝尔和克鲁格的程序没有对 87 岁入选名人堂的埃尔默·弗利克（Elmer Flick）和 47 岁入选名人堂的小卡尔·瑞普肯（Cal Ripken Jr.）进行区分。艾贝尔和克鲁格计算的选手入选名人堂以后在世的平均时间是一个没有用的统计量。相比之下，死亡年龄是一个更好的数字。

人们使用拥有已知死亡日期的选手的死亡年龄重新进行了分析。截至 2010 年，棒球名人堂有 292 人，其中 164 人在入选名人堂时仍然健在。在这 164 个名人堂成员中，62 人在 2010 年仍然健在，102 人已经故去。对于每个死去的名人堂成员，人们找到了出生在同一年并在这个成员入选名人堂时仍然健在的所有死去的选手。

同艾贝尔和克鲁格得到的结论相反，入选名人堂的选手比同龄人平均多活大约 1 年。不过，这种差异还够不上统计显著性的门槛。入选名人堂的选手与同龄人的预期寿命差异不具有统计说服力。

× 如何轻松识破一本正经地胡说八道

在对可发表理论的热切寻找过程中（不管这种理论多么不合理），人们很容易对数据进行微调，以便为理论提供更多支持。而且，如果统计检验给出人们所期待的答案，那么人们自然不愿意进行仔细的检查。如果研究人员在数据中搜寻某种模式，然后对不符合这种模式的数据进行篡改和删减，以便得到具有统计显著性的结果，那么你应当对这种研究保持警惕。如果统计结论看上去是不可信的，应对数据和检验进行检查。即使是专业人员也会犯错误。

15

特异功能真的存在吗？

15 特异功能真的存在吗？

1972年6月，5个人闯进了华盛顿特区水门酒店民主党全国委员会总部。他们显然是想窃取民主党竞选计划的复印件，并在电话机和办公室的其他地方安装窃听设备。

水门酒店的一名保安注意到，一些门闩被黏上了胶带，以防止房门上锁。他叫了警察，他们抓到并逮捕了五名窃贼。所有人都相信，除了共和党人，没有人会闯进民主党委员会总部。如果你不是共和党人，那么那里的东西恐怕对你没有任何价值。此次盗窃行为是谁授权的？与此有关的共和党指挥系统中的最高领导人是谁？理查德·尼克松总统(President Richard Nixon)知道此事吗？

尼克松的新闻秘书轻蔑地将此次事件称为"三流盗窃未遂"。尼克松向全国人民表示："我可以断言……白宫和这届政府目前雇用的所有人员都没有参与这个极为古怪的事件。"尼克松由于肮脏而有些古怪的竞选策略而被长期称为"狡猾的迪克"，许多人怀疑这是他的又一个鬼把戏。

水门盗窃案演变成了水门丑闻。越来越多的证据表明，白宫参与了这项计划。更糟糕的是，尼克松也与这件事有关，他欺骗了全国人民。

美国人往往会原谅那些承认错误的政客和名人，同时惩罚那些说谎的人。事实证明，有一名窃贼是共和党安全助手，尼克松重新竞选总统的几万美元捐款存放在这些窃贼的银行账户里。这并不是三流盗窃。

美国参议院特别委员会召开了在全国范围内进行电视直播的水门听证会，时间一天天过去，罪证变得越来越多。最具戏剧性的事情完全出乎了人们的意料。尼克松曾在总统办公室、内阁会议室以及他的私人办公室里安装麦克风，以秘密记录人们的谈话内容。这些记录将彻底揭示尼克松是否参与最初的计划以及随后对窃盗案的掩饰。最高法院强迫尼克松移交这些磁带。虽然其中有18分钟30秒的内容被可疑地擦除，但还是有足够多的证据证明尼克松曾参与阻止联邦调查局的调查以及向窃贼支付封口费的计划。

众议院司法委员会投票建议以阻碍司法、滥用权力和藐视国会的名义弹劾总统。尼克松失去了所在政党的支持，他的出局显然已经不可避免了。所有人都认识到了这一点，除了一个之前默默无闻的国会议员，这位议员看不到自己不想看到的事情。

来自印第安纳州的代表厄尔·兰格雷布（Earl Landgrebe）的名声在很大程度上来自他在整个水门听证会过程中对理查德·尼克松总统的坚定支持。他曾告诉记者："不要用事实迷惑我；我不听。"他还说过："我将支持我的总统，即使我和他将被带出这座大楼并被射杀。"第二天，尼克松辞职。兰格雷布成了《纽约时报》杂志1974年"十大愚蠢"国会议员之一。

兰格雷布当然不是唯一具有封闭心态的政客。封闭心态也不是政客的专利。据说，即使是本应具有冷静头脑的科学家也像艺术家一样深爱着自己的模型。我们都有自己的理论。为什么股市下跌。为什么一家公司取得成功。为什么某人得到提拔。而且，我们都想强调与我们的理论相符的数据，忽略与之相矛盾的数据，或者将那些与我们的理论相冲突的数据错误地解读成与之相符的数据。不过，当那些本应具有客观态度的科学家像其他普通人一样无法看到局外人所能看到的事情时，人们会产生更加强烈的失望和幻灭感。

▷ 超感知觉

超感知觉（ESP）是在不使用视觉、听觉、味觉、嗅觉和触觉这五种物理感官的情况下获取信息的能力。超感知觉包括心灵感应（阅读另一个人的思想）和千里眼（识别看不见的物体）。这些通灵能力通常是即时的，但也可能涉及预先感知——获得还没有发生的某件事情的信息。

我们可以使用心灵主义者在魔术表演中使用的把戏来展示这些通灵能力：

- 心灵感应：志愿者从一副洗好的纸牌中选择一张牌，看清这张牌，然后将其放回原处。心灵主义者说，他能阅读志愿者的思想。然后，他指出志愿者选择的那张牌，以证明这一点。
- 千里眼：观众席成员写下与自己有关的便条（也许是死去的亲人的名字），然后将其放进帽子里。心灵主义者说，他能看到眼睛看不到的东西。接着，他把纸条一个一个从帽子里取出来，紧紧攥在手中，然后识别出纸条上的内容。

- 预先感知。心灵主义者说，他能预测出志愿者在四种花色中选择哪一种花色。在志愿者选择一种花色（用眼睛看正面朝上的牌或者将背面朝上的牌翻过来）以后，心灵主义者打开之前封好的、放在明处的信封，拿出里面的纸条，上面所写的花色与志愿者的选择相符。

这些都是魔术师所使用的标准戏法。魔术师并没有特殊能力，但是却能提供令人信服的娱乐表演。

这些通灵能力真的存在吗？或者，它们只是巧妙的戏法？除了魔术师，没有人能够以100%的准确度证明这些能力。不过，一些严肃的研究人员相信，普通人能够一致地做出超越随机猜测的表现。

最著名的超感知觉研究员是J.B.莱因。莱因本来是芝加哥大学植物学博士研究生。在听了亚瑟·柯南·道尔爵士发表的一场关于唯灵论的演讲以后，他突然改变了自己的事业方向。道尔的名声来自他笔下的夏洛克·福尔摩斯的故事。福尔摩斯是小说中的侦探，以其对犯罪现场的细致研究和非凡的逻辑推理能力著称。

道尔与他所创造的福尔摩斯这一角色完全相反。他痴迷于超自然现象（根据定义，这种现象没有合理的解释）。他的信念极为强烈，这使他对可能威胁自身信仰的所有证据视而不见。

英格兰柯廷利镇的两个小女孩1917年到1920年拍摄了五张仙女照片。图15.1显示了其中的第一张照片。这也许是最令人尴尬的一个例子。

图 15.1 仙女是真实的（圣诞老人也是）

这些仙女看上去是二维的，她们的亮度很奇怪，她们的翅膀是静止的，整张照片看上去缺乏可信度。不过，道尔仍然对仙女照片的真实性深信不疑，他还为此写了一本书，叫做《仙女的到来》。多年以后，在道尔去世很久以后，其中一个女孩承认了显而易见的事实。仙女的形象是从杂志上剪下来并用帽针固定在她们身边的。

道尔还坚定地相信，活人可以和死人交流。现代招魂术始于福克斯三姐妹，她们是生活在纽约农村的青少年。在降灵会中，她们在黑暗的屋子里和单纯的客户坐在一张桌子周围，死者会用叩击声与活人交流。当其中一个姐妹最终承认这是圈套时（神秘的叩击声是她活动脚趾关节形成的！），道尔拒绝相信她："她在这方面的任何说辞都不会在任何程度上改变我的观点。"

魔术师哈里·霍迪尼（Harry Houdini）试图使道尔认识到他受到了

骗子的利用。不过，道尔并不相信他。当霍迪尼向道尔展示冒牌巫师所惯用的把戏时，道尔认为霍迪尼在掩饰自己的超能力。道尔甚至认为霍迪尼在著名的逃脱魔术中失去了身体形态。我们每个人都会抗拒威胁自身信仰的证据，但道尔的天真和自我欺骗达到了令人震惊的程度。

我们可能认为道尔对仙女照片的盲目相信和他对福克斯姐妹所承认的事实的坚决否认会毁掉他的名声，尤其是他在科学家中间的名声。事实并非如此。在听到道尔关于唯灵论的芝加哥演讲以后，J. B. 莱因非常兴奋。他后来回忆道："'与死者交流的'这种可能性是我多年来有过的最愉快的想法。"

在获得植物学博士学位后不久，莱因进了哈佛大学，跟随威廉·麦克杜格尔教授（Professor William McDougall）学习心理学。麦克杜格尔刚刚成为支持通灵现象研究的两家机构的主席。在波士顿期间，莱因和他的妻子参加了灵媒米娜·（"玛杰里"）·克兰登举办的一场降灵会。米娜当时非常有名，但是现在已经变得声名狼藉。莱因一家人产生了怀疑（为什么降灵会总是在黑暗中进行呢？）。事后，他们发表了一篇详细的揭露性文章，解释了他们为什么认为"整个事件是一场低劣而无耻的骗局"。

亚瑟·柯南·道尔被激怒了。他给《波士顿先驱报》写了一封信，谴责莱因一家人"巨大的无礼"，并且花钱在波士顿报纸上刊登广告，上面只写着"J. B. 莱因是个十足的蠢货"。在其他时候，道尔完全不愿意考虑可能危及自身信仰的证据。此次事件的另一个有趣之处是，它显示了莱因在职业生涯早期对通灵现象持有的开放心态。莱因真诚地希望调查这些现象的真实性。不过，他的判断很快受到了"相信的愿望"的蒙蔽。

在哈佛待了一年以后，莱因在1927年跟随麦克杜格尔来到了杜克大学。在这里，麦克杜格尔成了心理学系主任，并且支持莱因成立通灵学实验室。莱因在这个实验室对超感知觉进行了几十年的研究。

他最著名的实验涉及我们在第二章提到的齐纳纸牌。一副齐纳纸牌包含25张牌，分为5种图案：圆圈，十字，波浪线，方块和星星。每种图案5张牌。在典型的实验中，一个人（发送者）洗牌，然后依次将25张牌翻过来，盯着每张牌看一会儿，然后记录这张牌的符号。另一个人（接收者）努力识别每张牌。有时，接收者在测试过程中被告知每次猜测是否正确；其他时候，发送者直到整副牌的猜测结束后才会揭晓正确答案。不管是哪一种方式，答案都会得到记录，测试结束后还会有统计分析。

莱因1934年的《超感官知觉》一书描述了他在杜克大学的实验中得到的充满希望的结果。《纽约时报》科学编辑夸张地赞美道："他的工作所具有的价值是毫无疑问的……由于他的原创性、他那严谨的客观性以及他对科学方法的严格遵守，他为自己赢得了名声。"全国各地的报纸和杂志涌现出了许多关于超感知觉的文章。莱因出名了。许多普通市民购买10美分一副的齐纳纸牌，然后在家中进行超感知觉实验。超感知觉的热潮很快蔓延开来。

欧文·朗缪尔（Irving Langmuir）是一位杰出的化学家和物理学家，他在1932年获得了诺贝尔化学奖。朗缪尔非常尊重科学，对没有经过严格检验的令人难以置信的说法抱有深深的怀疑态度。在莱因的《超感官知觉》一书出版的时候，朗缪尔拜访了莱因的杜克实验室，他想亲自看一看到底发生了什么。几年以后，1953 年，朗缪尔发表了一篇题为"病态科学"的演讲。"病态科学"一词是他发明的，用于描述"名不副实的科学"。在演讲中，朗缪尔回忆了他访问莱因实验室的情景。朗缪尔吃惊地发现，莱因正在丢弃一部分数据，将几万个装有齐纳纸牌的信封放进文件柜里，因为他感觉一些参与者故意给出了错误的答案！如果你对某件事的信念达到了一定程度，你总能找到借口。

中立的研究人员应当分析所有数据，包括正确的预测和错误的预测，包括正面结果和负面结果。例如，如果接收者在使用 25 张齐纳纸牌的测试中只能进行随机猜测，我们认为接收者平均可以做出 5 次正确猜测。（实际情况稍微复杂一些，因为接收者知道一副纸牌只有 5 张圆圈、5 张十字……不过，5 次正确猜测的预期基本是正确的。）

假设一个人做出 7 次正确预测，另一个人做出 3 次正确预测。公正的观测者会说，他没有看到不同寻常的现象，因为两个人的平均结果是 5 次正确预测。不过，寻找超感知觉证据的人可能会说，第一个人做出了超过 5 次的正确预测，因此证明了超感知觉；第二个人通过做出不正确的预测成功羞辱了莱因，因此他也证明了超感知觉。

这就是莱因的观点。他强烈相信超感知觉，因此他觉得将正面和负面结果分开并将每一种结果看作超感知觉证据的做法是完全合理的。正面结果说明人们拥有超感知觉。负面结果说明人们拥有超感知觉，而且他们正在利用自己的超感知觉羞辱他。

朗缪尔走了，他相信莱因是自我欺骗的诚实受害者。莱因的实验没有证明超感知觉；相反，它证明了一些出于好心的研究人员无法意识到他们所制造的恶作剧。

朗缪尔还说，当他告诉莱因他认为莱因的超感知觉研究是病态科学时，莱因回答道："我希望你发表这种观点。我很愿意让你发表这种观点。那将激发许多人的兴趣……我将拥有更多研究生。我们应当拥有更多研究生。这件事情非常重要，因此我们应当让更多的人意识到它的重要性。这个系应当成为学校里的一个大系。"莱因无意中暗示了自己的身份。他不再是试图确定超感知觉真实性的公正的研究人员，而是追求名誉和资助的派系拥护者。

超感知觉实验还是选择性报告的一个经典案例。即使超感知觉不存在，平均每 20 个受试者之中也会有 1 个人做出足够多的正确猜测，得到具有统计显著性的结果。在数千人的反复测试中，总会出现一些令人难以置信的结果——只有这些值得注意的结果会得到报告。如果我们知道一共进行了一千次测试，那么其中一次测试得到具有千分之一可能性的结果也就不足为奇了。

在 1953 年的演讲中，朗缪尔提到一个个人案例，这个案例涉及他的侄子戴维·朗缪尔（David Langmuir）：

戴维和一群年轻人想要检验莱因的工作，因此他们找了一些纸牌，花了许多个夜晚共同猜测纸牌的图案，他们的猜中次数远远高于 5。他们感到非常激动，不断进行实验，而且准备向莱因写信报告这件事。不过，他们稍微拖延了一段时间。他们的猜中次数开始一点一点地持续下降。经过许多天以后，他们的总体平均结果下降到了 5 次，因此他们并没有给莱因写信。如果莱因收到了这条信息，也就是这群很有信誉的人在许多次实验中得到了 8、9 或 10 的总体结果，那么他一定会把这件事写进他的书里。有多少对此感兴趣的人会为你反馈这样的信息呢？你如何对书中发表的这类信息进行衡量呢？

这种选择性报告也叫"出版效应"，因为具有统计显著性的结果会被写进期刊和图书，而不显著的结果则不会得到报告。

对抗数据挖掘和选择性报告的第一种良方是常识。许多人相信超感知觉，但是其他人并不相信。也许，最安全的说法是，如果超感知觉的确存在，那么它似乎并没有太大的现实意义。例如，没有证据表明人们能够利用超感知觉使拉斯韦加斯、大西洋城或者蒙特卡洛的赌场破产。

第二种良方是新数据。得到较高分数的受试者应当进行重新测试。莱茵报告说，当他对得到高分的人进行重新测试时，他们的分数几乎一定会下降。由于这种现象经常发生，因此莱因给它起了一个名字，叫做"下降效应"。他的解释是："他们显然感到了疲惫和厌倦。"另一种解释是，最初的高分仅仅是对幸运猜测的选择性报告而已。

巨大的测试人数并不是对实验结果的统计显著性进行评估的唯一困难。莱因还考察了受试者在一项测试中表现出色的一个片断，这也是一种数据挖掘。5%受试者做出的优异表现以及一个人在一项测试的5%结果中做出的优异表现并不使人感到吃惊。

莱因还考察了"前向位移"和"后向位移"，也就是一个人的选择与当前的纸牌不匹配，但是与后一张纸牌、前一张纸牌、后面第二张纸牌或者前面第二张纸牌相匹配。这种多重潜在匹配提高了找到巧合模式的可能性。莱因还认为一个人在一项测试的某些部分得到高分、在另一些

15 特异功能真的存在吗？

部分得到低分（"反向超感知觉"）的现象是不同寻常的。莱因解释说，一位受试者可能在测试开始时位于均值一侧，并在测试结束时偏向均值另一侧同样远的距离；或者，他可能在测试中间处于较低水平，在两边处于较高水平。两种偏差趋势可能会相互抵销，使整个测试的平均水平接近"概率"。

他对一次测试结果的描述是：

当其中一位发送者看牌时，前向位移和后向位移同时存在，当另一个人充当发送者时，只存在前向位移；目标的位移移动一张还是两张纸牌取决于测试的速度。

即使猜测是随机的，面对如此众多的受试者和如此众多的可能性，你也很容易找到模式。

莱因的研究给我们带来的最主要的教训是，我们应当对基于搜刮数据的研究保持警惕。通过各个角度研究数据的人一定会发现某种现象。这种现象只能证明他们通过各个角度对数据进行了研究。

莱因的超感知觉研究令人兴奋，但他无可厚非的热情却使数据挖掘和选择性报告的问题变得非常严重，这毁掉了研究的可信性。如果他能多一些对统计检验的正确使用，少一些滥用，超感知觉研究就会变得更具说服力，或者不会产生那么大的争议。1996 年，自称是怀疑主义者的魔术师詹姆斯·兰迪（James Randi）悬赏 100 万美元；只要能够"在适当观测条件下证明任何超常、超自然或神秘的能力或事件的证据"，任何人都可以获得这笔奖金。目前，这笔奖金仍然无人认领。

▷ 霍迪尼的挑战

在职业生涯早期，哈里·霍迪尼伪装成了一个灵媒，自称能够传达来自灵界的消息。有的时候，霍迪尼让人把他绑在"幽灵小屋"中的一把椅子上，他的脚边放着铃铛和铃鼓。在他装作入定以后，一个帘子会垂下来。接着，他的器具会发出巨大的声响，然后从观众的头顶飞过。当帘子打开时，人们发现霍迪尼仍然被牢牢地绑在椅子上。这当中的把戏是，如果使用合适的捆绑方式，你很容易根据需要把双手从绳套里滑出来或者滑进去，这样你就可以摇动铃铛和铃鼓并把它们扔到小屋外面了。（我之所以知道这一点，是因为一个灵媒曾经把我从观众席叫上台，让我和她待在一个幽灵小屋里。当我们进入小屋的时候，她让我配合她的行动。我配合了。）这个把戏的简单程度和大胆程度令人感到好笑。不过，如果合适地呈现在愿意相信灵魂的观众面前，这个把戏是非常令人震撼的。

有的时候，霍迪尼会进入入定状态，然后转达死者的消息。这当中的把戏是，霍迪尼事先和当地居民谈话，阅读以前的新闻，在当地的墓地抄写姓名和日期，以便整理出这些消息。据说，在一场极为真实的表演中，当霍迪尼拼出某个被割喉的死者的名字时，人们吓得四散奔逃。

后来，霍迪尼心爱的母亲去世了，他拼命想要和她取得联系。他找了许多巫师，但他每次都很失望。他轻而易举地戳穿了这些巫师用来欺骗小白的伎俩。而且，没有一个巫师能够猜出他的母亲去世之前说出的最后一个词语（"原谅"）。他开始迷上了揭发灵媒的工作，指出他们是"捕食丧亲之人的秃鹫"。经过乔装打扮，霍迪尼带着一位记者兼警察参加降灵会。当他弄清对方的把戏时，他就会去掉伪装，大声宣布："我是霍迪尼，你是骗子！"

他还将招魂术用到了舞台表演之中，以揭发最著名的灵媒使用的伎俩。他悬赏1万美元，请人们演示无法被他复制的超自然现象。没有人认领这笔奖金。

作为最后的挑战，霍迪尼和妻子贝丝（Bess）约定了一个秘密消息，两个人之中最先去世的人需要发送这个消息。消息的第一部分是"罗莎贝尔"。这是他妻子的昵称，而且被刻在她的结婚戒指内面上。消息的第二部分基于他们共同表演时使用的密码。这种密码用十个词语表示数字：

1. 祈祷
2. 回答
3. 说
4. 现在
5. 告诉
6. 请
7. 讲
8. 快
9. 看
10. 快点（也可以表示0）

例如，贝丝可能会走进观众席，从一个志愿者手中接过一枚硬币，然后问哈里："请告诉我日期的最后两位数字。"听到"请"和"告诉"两个词语，哈里知道正确答案是 65。在其他特技表演中，每个数字对应一个字母；例如，"回答"表示字母表中的第二个字母（B），"现在"表示第四个字母（D）。对于字母表后面的字母，他们可以将词语组合在一起，并用停顿表示字母的结束。因此，一个包含"回答"(2) 和"祈祷"(1) 的短语表示字母表中的第 21 个字母 U。

哈里（或者贝丝）需要在死后发送的加密消息是"回答"(B)"告诉"(E)"祈祷回答"(L)"看"(I)"告诉"(E)"回答回答"(V)"告诉"(E) 解码后的完整消息是"罗莎贝尔，请相信（believe）。"

在霍迪尼 1926 年去世以后，贝丝悬赏 1 万美元，以奖励能够接收霍迪尼发来的 10 个词语（"罗莎贝尔"加上 9 个密码词语）的人。她举行了数百场降灵会，包括一年一度的万圣节降灵会，但是都没有取得成功。1929 年，贝丝宣布，一位名叫亚瑟·福特（Authur Ford）的巫师破解了霍迪尼的密码。不过，两个人后来承认，这是他们捏造的谎言。贝丝说，这是精心制造的骗局（也许是因为她和福特的恋情，或者因为她希望得到宣传）；福特说，在他的欺骗下，贝丝泄漏了这个秘密。不管真相如何，福特并没有获得奖金。

1936 年，另一场失败的万圣节降灵会在好莱坞具有传奇色彩的纽约人酒店顶楼举行，并且在全世界范围内得到了无线电广播。随后，贝丝吹灭了一直燃烧在霍迪尼照片旁边的蜡烛。她后来表示，"对于任何人来说，十年的等待已经足够长了。"

▷ 一个家庭对超自然现象的着迷

1872年,弗朗西斯·高尔顿爵士(Sir Francis Galton)报告说:"一位著名的权威人物最近发布了一项挑战,请人们用真实的实验来检验祈祷的效力。"为了回应这项挑战,高尔顿提出,他可以比较由于骨折和截肢而住院的两个群体的恢复情况:"一组包含明显非常虔诚、能够受到其他人好心帮助的个体,另一组包含明显很冷淡、被人忽略的个体。"

高尔顿并没有开展这项研究,但他报告了著名英国教士和英国王室的寿命,这些人每个星期日都会接收到来自全英格兰各个教堂的公众祈祷:"祝愿他/她健康长寿。"经过计算,高尔顿发现,教士的预期寿命(66.4年)略低于律师(66.5年)和医生(67.0年)。王室成员是英国接受祈祷最多的人,他们的预期寿命只有64.0年,明显低于其他贵族(67.3年)。如果祈祷能够产生影响的话,那么它似乎弊大于利。

高尔顿总结道:"在文明世界,大量诚实的信念已经让步于确凿事实的无情要求;在我看来,从我所考虑的意义上说,对于祈祷效力的所有信念显然也必须做出让步。"如果翻译成正常的英语,这句话的意思是,祈祷不会延长寿命。

不过,高尔顿的比较并不是真正具有科学性的比较。他提议观测能够得到他人祈祷和被人忽略的住院病人,但是这两个群体之间可能存在系统性差异。也许,"很冷淡、被人忽略的人"往往更加贫穷,年纪更大,或者不太注意卫生。而且,高尔顿提出的比较并不是双盲的(即患者和医生都不知道谁在接受祈祷)。如果医生知道谁在接受祈祷,这可能会影响他们对病人恢复情况的客观评估。

高尔顿对教士和英国王室与律师、医生和贵族的比较有一个问题，那就是人们并不是随机分配到这些群体之中的。他们进入这些群体的原因包括血统和选择。也许，王室基因存在某种（好的或坏的）独特之处。也许，选择成为律师或医生的人与教士之间存在系统性差异（也许他们更加积极或富有）。也许，医生更加关心自己的健康，更加了解合适的治疗方法。高尔顿提出的研究和他所进行的研究都存在严重缺陷。

× 如何轻松识破一本正经地胡说八道

不同寻常的说法需要不同寻常的证据。笃信者则不需要这么高的要求。

如果亚瑟·柯南·道尔能够拒绝相信骗子承认自己假装与死者交流的说法，那么任何人都有可能这样做。如果 J.B. 莱因能够认为志愿者没能正确猜出卡片的现象是志愿者正确猜出卡片的证据，那么任何人都有可能这样做。对于犯错的可能性持有包容的心态是一件很难做到的事情。不过，我们应该努力做到这一点。

16

SADA RADARA

彩票是一种智商税

数据仅仅是数据而已。即使我们看到清晰而明确的模式，要想相信这种模式不仅仅是巧合，我们仍然需要一种合乎逻辑的理由。有时，我们很容易找到某种解释，而且完全有理由相信这种模式将会持续下去。由于感恩节的原因，几十年来，美国的火鸡消费量往往会在 11 月出现激增，这种现象很可能还会持续多年。由于寒冷的天气，美国北方的建筑活动在冬季会变少，这种现象很可能还会持续下去。

其他时候，我们所拥有的仅仅是没有理由的数据——这是很危险的。有人曾对卢旺达手机通话进行善意的监控，发现人们在村庄外部活动变少的几个星期以后往往会爆发霍乱。也许，当最初的症状出现时，人们刚好待在家里？谁知道呢？我们没有合乎逻辑的解释，但是谁在乎这一点呢？重要的是，这个项目无意中找到了一种预测霍乱爆发的出人意料的方法。不是吗？

不见得。实际上，人们之所以停止离开村庄，是因为突然爆发的洪水冲毁了道路，而这些洪水也提高了霍乱的风险。即使不像"老大哥"那样监督公民的一举一动，卢旺达政府也很容易观测骤发洪水，而且手机数据无法预测出并非由冲毁道路的洪水导致的霍乱爆发。

类似地，如果我们仅仅根据过去的趋势推测未来，而不去考虑这种趋势是否有意义，那么我们的结论可能会与众所周知的真相相去甚远。如果我们对股票价格和彩票中奖数字进行仔细检查，寻找跑赢大盘和中彩票的荒谬办法，我们几乎一定会得到更加糟糕的结果。

缺乏理论的数据可能会引发股市投机泡沫，或者在没有泡沫时创造出存在泡沫的幻象。如何分辨真实泡沫和虚假警报之间的区别呢？你知道答案的：我们需要一种理论。数据本身是不够的。

▷ 目之所及

亚伯拉罕·林肯在第二篇国情咨文中计算了从 1790 年到 1860 年每个十年人口普查之间的美国人口增长率。平均的十年增长率是 34.60%。林肯注意到，这 7 个十年的增长率与 34.60% 的偏差不超过 2%，"这说明我们的增长法则极为固定，因而极为可靠。"根据每十年 34.60% 这一数字，林肯预计，70 年以后，即 1930 年，美国人口将达到 251680914 人。注意，除了轻率的外推，他的预测还具有毫无理由的精确性。如果我们无法统计今天的准确人口，我们怎么能预测 70 年以后的准确人口呢？

实际上，美国 1930 年的人口是 1.23 亿，不到林肯预测值的一半。1938 年的一个总统委员会犯了相反的错误，认为未来的人口永远不会超过 1.40 亿。仅仅 12 年后，1950 年，美国人口已经达到了 1.52 亿。

如果我们对于某种历史趋势没有合乎逻辑的解释，但是仍然认为它会持续，这说明我们正在进行轻率的外推，这种外推完全有可能产生令人尴尬的错误。有时，轻率的外推仅仅是为了逗人一笑。一项研究考察了过去 350 年的英国演讲家，发现平均句子长度从弗朗西斯·培根的每句 72.2 词下降到了温斯顿·丘吉尔（Winston Churchill）的每句 24.2 词。按照这个速度，每句单词数量将在一百年后达到零点，然后变成负值。

▷ 我们都将为 IBM 工作

1924 年，计算制表记录公司抛弃了笨拙的名字，换上了一个更有进取心的名字——国际商业机器（IBM）。此后，公司成了持续的一流增长股。到 1978 年，公司业绩已经在超过 50 年的时间里实现了每年约 16% 的增长（扣除通胀因素）。一些财务分析师根据过去的表现而不是未来的前景认为购买 IBM 的股票永远不会是错误的决定。当时有一种流行的说法："没有哪个采购经理因为购买 IBM 的计算机而被解雇，没有哪个组合基金经理因为购买 IBM 的股票而被解雇。"

图 16.1 显示了 1978 年一份对于 IBM 未来十年每股收益的预测，它所依据的是过去十年的数据。一条平滑的曲线与这些数据拟合得很好，而且暗示 IBM 公司 1988 年的每股收益将达到 18.50 美元，是 1978 年收益的三倍。根据这些外推，许多股票分析师建议购买 IBM 的股票，认为它的价格将在未来十年增长两倍。

和所有历史图表一样，图 16.1 仅仅具有描述性质。在我们根据过去的趋势做出充满信心的预测之前，我们应当超越这些数字，思考过往趋势的内在原因未来能否持续。

如果分析师考虑到这一点，他们可能会意识到，一些令人信服的理

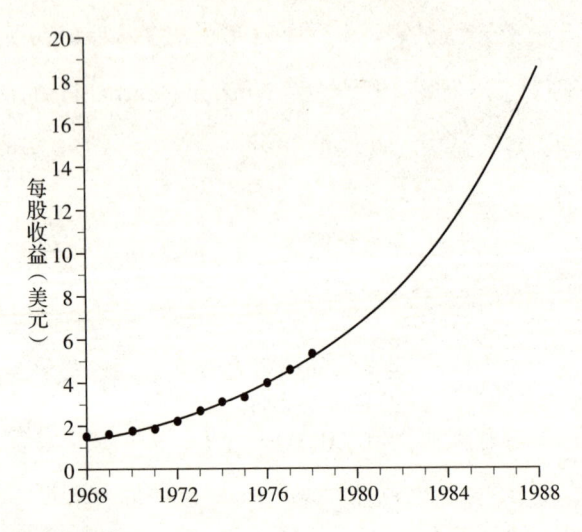

图 16.1 毫无疑问的事情?

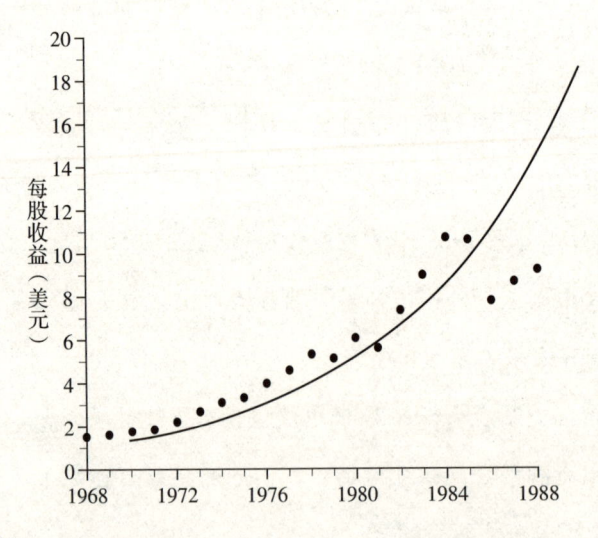

图 16.2 哎哟!

由可以说明 IBM 的高速增长无法永远持续下去。IBM 最初很小，并且随着计算机对整个经济体的渗透而迅速增长。到 1978 年，IBM 已经成了一家很大的公司，持续增长的空间已经不多了。同小公司相比，大公司每年增长 16% 的难度要大得多。

如果 IBM 继续以每年 16% 的速度增长，整个美国的经济继续以 3% 的长期速度增长，到 2003 年，美国的一半产出将是 IBM 的产品，到 2008 年，美国的全部产出将由 IBM 提供！在这种异想天开的推理中，我们需要放弃某个条件——IBM 的增长率需要下降到 3%，或者经济增长率需要上升到 16%。整个经济体维持 16% 的增长速度是非常令人难以置信的，因为经济增长受到劳动力和生产力的限制，而且我们很难看出这两个因素的增长能够支撑起 16% 的经济增长率。

图 16.2 说明，IBM 公司 16% 的增长率并没有持续。事实证明，对于 1968～1978 年收益趋势的简单外推是一种轻率的外推，具有盲目的乐观性。IBM 公司 1988 年的每股收益不是 18.50 美元，而是这个数字的一半。随后的年份与之基本持平。IBM 不可能永远以 16% 的速度增长。那些在 20 世纪 70 年代购买 IBM 的股票、相信 IBM 引人注目的增长速度永远不会停止的投资者在失望中明白了一个道理：你很少能够通过后视镜看到未来。

▷ **股票是一种不错的投资**

制作于 2008 年 12 月的图 16.3 说明，股票是一种极好的投资。从 2004 年 10 月到 2007 年 10 月，股票价格增长了 38%。而且，这种增长平滑而稳定——根本不像关于股市波动的新闻故事讲述的那样可怕。

既然2008年的数据已经出来了，为什么图16.3终止于2007年10月呢？因为后面的数据（见图16.4）讲述了作者不想讲述的故事——从2007年10月到2008年12月，股票价格下跌了46%。图16.4说明股票是一种糟糕的投资。

对于图像起止时间的仔细选择可以创造出更加完整的图像中不存在的趋势幻象。哪些数据更加真实，是2004年10月到2007年10月的数据，还是2007年10月到2008年12月的数据？两个时间段都很短暂，无法对变化无常的股票价格做出真实的总结。正如一位诚实的预测者所说："股票价格将会上涨。股票价格将会下跌。也可以把这个顺序颠倒过来。"

要想获得均衡的观点，需要使用长期视角。过去一百年，股票价格平均每年增长大约4%。

会有人天真到根据短短几年的数据对股票价格进行外推吗？投资者一直在做这样的事情，他们有时依据的时间更短。他们希望最近的反弹是大量幸福利润的前奏，或者担心最近的回挫是崩溃的开始。2007年10月，我所认识的一位财务规划师的许多客户开始借钱，希望能在股市上获得两位数的回报。15个月后，他们卖掉了一切，因为他们不想在股市上损失另一个50%。

每当有人出示具有奇特起止时间点的数据时，我们都应当产生怀疑。如果2009年制作的图表使用了2004年10月到2007年1月的数据，我们应当产生疑问：为什么他们不使用2004年10月之前或者2007年1月之后的数据？为什么他们的数据起始于10月，终止于1月？如果起止点

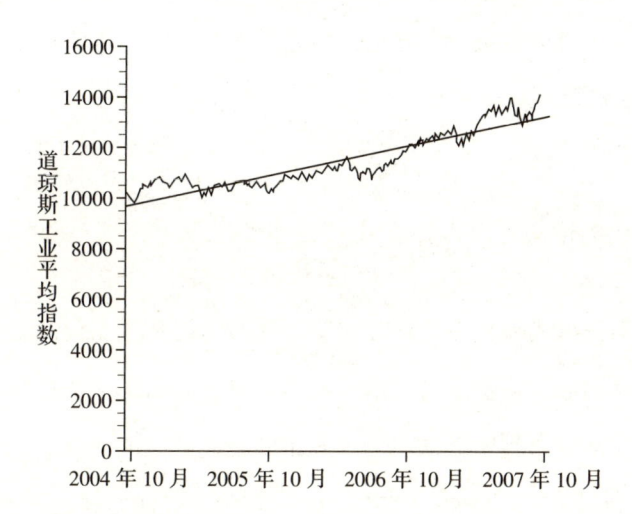

图 16.3 股票是一种不错的投资

图 16.4 股票是一种糟糕的投资

看上去是对数据进行仔细研究之后做出的特殊选择，那么这些选择很可能是为了歪曲历史记录。它们也许拥有合乎逻辑的完美解释，但我们应该坚持要求听到这种解释。

▷ 跑赢大盘（或者说为什么我喜爱包装工队）

我们寻找模式和秩序的内在愿望与我们通过购买正确的股票或正确的彩票发财的如意算盘很好地结合在了一起。问题是——持续存在的问题是——即使股市基本是随机的，彩票完全是随机的，我们也总是能够在随机数字中找到一些模式。只要我们寻找模式，我们就能找到它。

在 1983 年 1 月的超级碗星期日，《洛杉矶时报》的商业版和体育版都刊登了关于"超级碗预测股市"的文章。这种理论认为，如果国家橄榄球联合会（NFC）或者目前位于美国橄榄球联合会（AFC）中的前国家橄榄球联盟（NFL）球队赢得超级碗，股市将会上涨；否则，股市将会下跌。对股市来说，绿湾包装工队的胜利是好消息，纽约喷气机队的胜利则是坏消息。

在前 16 场超级碗中，这种理论成功了 15 次。《洛杉矶时报》引用了一位股票经纪人的话："市场观察员将盯住电视屏幕……你很难忽视一个准确率超过 94% 的标普指标。"华盛顿红人队（NFC 球队）取得了胜利，股市出现了上涨。第二年，"超级碗指标"再次出现在了新闻中，这一次的宣传势头比以往更加强烈。截至 1997 年，这种超级碗理论在 31 次比赛中实现了惊人的 28 次成功。随后，它在接下来的 14 年里失败了 8 次。

股市与橄榄球比赛的结果没有任何关系。超级碗指标的准确率仅仅是一种可笑的巧合，因为股市经常上涨，而 NFC 也经常取得超级碗的胜利。为了使这种相关性更加明显，人们耍了一个花招，将 AFC 的匹兹堡钢人队算作 NFC 球队。他们给出的表面上的理由是，匹兹堡队曾经是一支 NFL 球队；实际上，这是因为匹兹堡队曾经多次在股市上涨时获得超级碗冠军。将匹兹堡队算作 NFC 球队的做法是对数据的歪曲，其目的仅仅是为了支持这种荒谬的理论。

1989 年，在"超级碗指标"这一成功案例的激励下，《洛杉矶时报》撰稿人对数据进行了更加严重的歪曲，发现了一些类似的巧合。他的"哟，阿德里安理论"认为，当洛基或兰博的电影发布时，股市将会上涨。

同年，《纽约时报》转换了预测方向。除了用超级碗预测股市，为什么不能用股市预测超级碗呢？为什么不呢？这并不比最初的超级碗指标更加可笑。《纽约时报》报道说，如果道琼斯工业平均指数从 11 月末到超级碗比赛时出现增长，那么城市名称按字母顺序排在第二位的橄榄球队通常能够赢得超级碗。（提示：你觉得他们为什么将起始日期选在 11 月末，而不是 1 月 1 日、比赛一个月前、比赛一年前或者其他任何合乎逻辑的日期？）

再后来，贝斯普克投资集团发现了《体育画报》泳装指标：如果《体育画报》年度泳装特刊上的封面模特是美国人，股市就会出现良好的增长势头，如果模特是外国人，股市就不会表现得太好。

自从超级碗指标被人发现以来，它的表现很平凡——这并不奇怪，因为它仅仅是巧合而已。真正令人吃惊的是，一些人并没有理解这个笑话。提出超级碗指标的人想通过一种幽默的方式说明相关性并不意味着因果关系。他没有想到的是，人们竟然接受了这种理论！

▷ 傻瓜四股

1996年，加德纳兄弟写了一本非常流行的书，书名很有诱惑力，叫做《彩衣傻瓜投资指南：傻瓜带你战胜华尔街聪明人》。嘿，如果傻瓜可以跑赢大盘，那么我们所有人都能做到这一点。

加德纳兄弟将他们的建议称为"傻瓜四股"策略。他们说，从1973年到1993年，"傻瓜四股"策略的年均回报率是25%，而且这种策略"未来将为它的粉丝带来25%的年回报率，就像过去那样。"

下面是投资致富的秘方：

1. 在年初计算道琼斯工业平均指数30只股票中每只股票的股息率。例如，2014年1月2日，可口可乐股票的每股价格为40.66美元，年度股息为每股1.22美元。因此，可口可乐的股息率为1.22美元/40.66美元=0.0300，即3.00%。

2. 在30只道指股票中，确定股息率最高的10只股票。

3. 在这10只股票中，选择每股价格最低的5只股票。

4. 在这5只股票中，划掉价格最低的股票。

5. 向价格第二低的股票投入40%的财富。

6. 向其他三只股票各投入20%的财富。

16 彩票是一种智商税

正如戴夫·巴里（Dave Barry）所说，这不是我杜撰出来的。

有人感到奇怪吗？为什么这种策略复杂到了近乎令人困惑的程度？也许，这是一种数据挖掘？

步骤1和步骤2看上去是合理的。股息率较高的股票很有吸引力。"道指狗股"是一个历史悠久的投资策略，倾向于购买股息率最高的道指股票。这种合理的策略取得了一定的成功，它的基本思想是，逆向投资者应当逆势而行，购买价格较低、股息率较高的冷门股票。超级投资者沃伦·巴菲特（Warren Buffett）曾经说过一句令人难忘的话："当其他人贪婪时，你应当感到恐惧；当其他人感到恐惧时，你应当贪婪。"

不过，除了这种借来的思想内核，"傻瓜四股"完全是一种数据挖掘。步骤3没有合乎逻辑的基础，因为每只股票的价格取决于公司公开发售的股票数量。如果公司将股票数量加倍，每股的价值将缩小一半。没有任何理由能够解释为什么股票发售数量较多（每股价格较低）的道指股票比股票发售数量较少（每股价格较高）的道指股票更加优秀。稍后，我们将在这一章看到，沃伦·巴菲特的伯克希尔·哈撒韦公司（不在道指之中）公开发售的股票数量非常少，因此价格达到了惊人的每股近20万美元。不过，它仍然是一项不错的投资。

步骤4呢？在选择价格最低的5只股票（似乎低价是一个有利因素）以后，为什么要划掉价格最低的股票呢？这到底是为什么呢？

步骤5和步骤6呢？为什么价格第二低的股票投资金额是其他三只股票的两倍呢？我们都知道答案。因为它在历史上是有效的。仅此而已。

在加德纳兄弟提出"傻瓜四股"策略后不久，两位持有怀疑态度的金融教授用加德纳兄弟挖掘过的数据之前的1949～1972年的数据对这种

295

策略进行了检验。结果证明，这种策略是无效的。两位教授还用加德纳兄弟挖掘过的那段时间的数据对"傻瓜四股"策略进行了重新检验。这一次，他们做了一个巧妙的调整。他们没有选择 1 月第一个交易日的投资组合，而是在 7 月第一个交易日实施了这种策略。如果这种策略真的有价值的话，它不应该对起始月份具有敏感性。当然，两位教授发现了这种敏感性。

1997 年，就在提出"傻瓜四股"策略一年以后，加德纳兄弟对这个系统进行了改进，将其更名为 UV4。他们的解释证实了他们的数据挖掘："为什么要调整？历史证明，UV4 的表现优于之前的'傻瓜四股'。"通过数据挖掘得到的策略无法在编造理论所使用的年份之外取得同样优秀的表现，这一点儿也不令人吃惊。当"彩衣傻瓜"在 2000 年停止推荐"傻瓜四股"和 UV4 时，加德纳兄弟承认了这一点。

"傻瓜四股"策略和它的名字一样愚蠢。

▷ 反向头肩

超级碗指标是预测股票市场上涨或下跌的简单规则。有一个行业专门通过测量投资者的情绪预测股票价格，这个行业叫做技术分析。基本分析用利润、利率以及其他经济因素衡量股票的价值。技术分析则认为经济因素是众所周知的事情，已经被考虑到了市场价格之中。观察基本因素是没有意义的。更加有用的做法是测量投资者的情绪，也就是凯恩斯所说的"动物精神"。

技术分析的核心是确定股价模式，以预测未来的价格。这些模式被贴上了标签，比如通道、支撑线、阻力线、双顶、双底、头肩、杯子和把手，这使分析看上去更具合理性。不过，一项又一项的研究发现，虽然技术分析拥有这些吸引人的标签，但它几乎没有任何价值——除了雇用技术分析师以及为股票经纪人带来佣金。

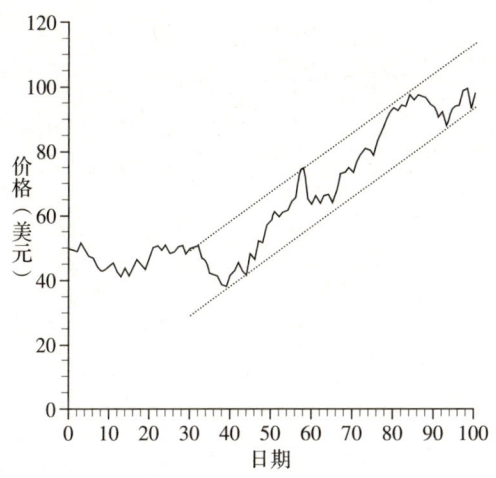

图 16.5 上升通道

一位经济学家曾向一位技术分析师（让我们叫他爱德吧）寄了一些股票价格图表，包括图 16.5，并请爱德帮他确定其中是否存在一些看上去适合投资的股票。经济学家没有指出公司的名称，因为最纯粹的技术分析师希望专注于价格模式，不想被自己对于一家公司所持有的信息或感觉左右。一些技师回避一切新闻，在没有窗户的房间里工作，因为他们不想被消息的好坏或天气的阴晴所影响。

分析师在图 16.5 上画了两条平行线，看到了明显的模式。大约从第 30 天开始，这只股票的交易进入了一条狭窄的倾斜上升通道。在第 100 天，价格接近通道的下边界，显然即将开始飙升。

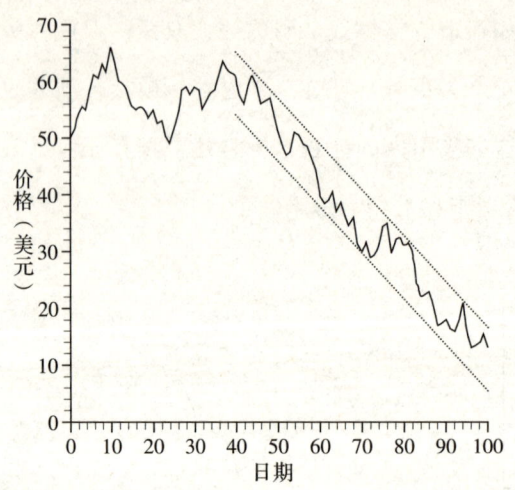

图 16.6 死亡螺旋

图 16.6 也具有明显的模式。这次的通道向下倾斜，股票显然进入了死亡螺旋。只有傻瓜才会购买具有这种历史价格的股票。

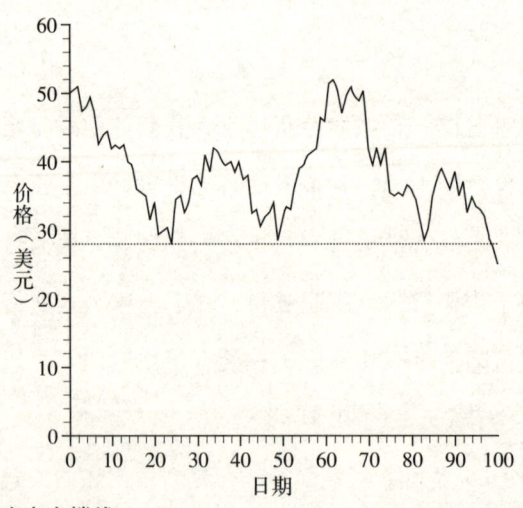

图 16.7 击穿头肩支撑线

图 16.7 的股票拥有一条支撑线，这条线是在第 24 天形成的，随后

得到了两次证实。每当价格下降到 28 美元时，它都会得到支撑，开始向上反弹。更重要的是，这张图显示了头肩模式：价格先是从 28 美元的支撑线上升，然后回到 28 美元，然后出现了幅度更大的上升，然后回到 28 美元，然后温和上升。技术分析师相信，通过头肩模式确立和证实的支撑线极为牢固。当价格在第 99 天击穿 28 美元支撑线时，这显然意味着出现了严重的问题。只有大量坏消息才能导致股价突破如此牢固的支撑线。一旦 28 美元的障碍被攻破，价格就只能向下走了。

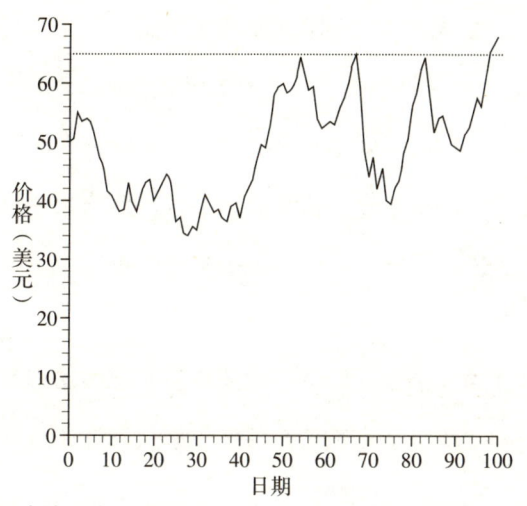

图 16.8 突破阻力线

图 16.8 显示了相反的模式。这张图确立和证实了 65 美元的阻力线。每当价格接近 65 美元时，它就会反弹。这种情况出现得越多，价格超越 65 美元的心理阻碍就越大。更重要的是，在技术分析师看来，这张图显示了反向头肩，因为第二次始于 65 美元的反弹比第一次和第三次反弹要强烈得多。当价格在第 98 天超越阻力线、消除价格进一步上升的心理障

碍时，这显然是一个买入信号。

分析师看到这些模式时非常激动，因此忽略了一个奇怪的巧合：所有四张图的价格起始点都是每股 50 美元。这并不是巧合。

这些图像并不是真实的股票。向爱德寄出这些图像的恶作剧教授（我承认，那就是我）根据学生抛掷的硬币编造了这些虚构的数据。在每张图上，"价格"始于 50 美元，每天的价格变化取决于 25 次抛硬币的结果。如果硬币正面朝上，价格将上升 50 美分；如果硬币背面朝上，价格将下降 50 美分。例如，如果抛出 14 个正面和 11 个背面，当天的股价将上涨 1.50 美元。在生成几十张图以后，我把其中的十张图寄给分析师，相信他能够找到具有吸引力的模式。当然，他做到了。

当我把真相告诉他时，爱德非常失望，因为他分析的不是真实的股票，没有机会通过买入和卖出赚取利润。不过，他从这个恶作剧中得到的教训与我的预想完全不同：爱德认为技术分析可以用于预测抛硬币的结果！

这个例子真正的教训是，即使是专业投资者也很难理解"数据挖掘将不可避免地使人发现完全出于巧合的统计模式"这个道理。缺乏理论的数据虽然诱人，但却具有误导性。

▷ 如何（不）中彩票

在纽约州乐透游戏中，玩家从 1 到 59 这 59 个数字中选择 6 个数字，如果它们与电视直播中选出的 6 个数字相同（不计顺序），玩家就能赢得大奖。获胜的可能性是四千五百万分之一，但一张彩票只要 50 美分。在

25 年时间里，大奖的奖金相当于彩票总销售额的 30%。另外 15% 的彩票收入被分配给小一些的奖项。在美国所有的六合彩游戏中，纽约乐透的支出是最低的，获奖概率也是最低的。例如，附近的康涅狄格州是 44 选 6，新泽西州是 49 选 6。不过，在美国六合彩游戏中，纽约乐透是最受欢迎的游戏。

各州的彩票实际上是一种智商税，但乐透游戏的流行说明许多人渴望获得彻底改变人生的机会——不管这种机会多么遥远。2012 年，覆盖美国大部分地区的"百万大博彩"提供了创纪录的 6.56 亿美元头奖。数千人排队几个小时或者开车 160 公里，以加入购票大军，他们一共购买了 15 亿美元的彩票。这场彩票热潮的唯一陷阱是，获得创纪录头奖的可能性极其微弱，只有一亿七千六百万分之一。

梦想与现实之间的巨大差距为一些具有创业精神的人提供了销售骗人伎俩的机会，他们声称这些方法可以提高中彩票的可能性。一家公司以 19.95 美元的价格销售"百万富翁生成器"，他们的广告语是："研究表明，大多数乐透中奖者并没有使用特殊的策略来选择数字。相反，他们运用了随机选择的力量。"这个价值 19.95 美元的产品是一个由电池驱动的球体，里面装满了带有数字的小球，它可以"将小球的顺序完全打乱"，并且可以选出"一组完全随机的数字"。我说过，彩票是一种智商税，没错吧？

另一些人提出了一种完全不同的方法。他们声称，通过收集和分析中奖数字，我们可以像投注赛马一样投注彩票。你很难想象出更加浪费时间的事情。也许，计算电话号码的平均值比它更加无聊？

盖尔·霍华德（Gail Howard）的网站声称，她是"30 年来美国最可靠的彩票权威"。根据该网站的说法，她还上过数百次广播和电视节目，包括《今日秀》和《早安美国》；在一年多的时间里，她的30分钟专题广告片《彩票克星》每天都在有线电视上播出。(奇怪的是，我认为这种吹嘘是一种负面宣传，而不是正面宣传。这种观点同样适用于她的警告："你最好趁着这些具有争议性的信息仍然被允许出售的时候抓紧时间。")

霍华德的许多书籍以下面的陈述作为开头，这段陈述唯一值得注意的地方就是它完全否定了书中讲述的其他内容："你不需要担心州级彩票游戏受到控制或操纵……中奖号码是通过完全随机的过程选出来的。"霍华德并没有因此而气馁，她提供了一些建议，用于"极大地提高你的中奖机会"。

下面是霍华德和其他专家提供的赢得六合彩乐透游戏的前六条秘诀：

1. 选择热门数字。纽约彩票网站显示了过去几年的中奖数字。将它们输入到电子表格里，找出最经常出现的数字。

2. 不要忽视迟迟不出现的数字。最近没有出现的数字很可能会突然出现。

3. 不要在连续数字上下注，比如11、12、13、14、15、16。连续数字几乎没有中过奖。

4. 不要用计算机做出迅速的选择。计算机知道什么呢？

5. 男士赢得了三分之二的头奖。如果你是女士，请让你的丈夫、男友、兄弟或父亲为你购买彩票。

6. 中奖者最常见的名字是玛丽（Mary）和约瑟夫（Joseph），包括玛丽亚（Maria）和乔（Joe）等变体。如果你拥有与此不同的名字，请让你的朋友玛丽或约瑟夫为你购买彩票。

下面是一个持有怀疑态度的人对这些忠告的回应：

1. 每个数字被选中的可能性是相等的，除非游戏受到操纵（没有人正式做出这种论断）。选择中奖数字的设备既不会记得过去抽到的数字，也不会关心未来抽到的数字。

2. 这种说法不具有指导意义。你刚才让我在热门数字上下注，现在又让我在冷门数字上下注。

3. 没错，连续数字不太可能中奖。同理，任何六个数字都不太可能中奖。六个数字的每一种组合具有同样微弱的中奖机会。

4. 没错，计算机无法预测中奖数字。同理，你也无法预测中奖数字。这就是它被称为"随机"数字的原因。

5. 也许男士购买了三分之二的彩票。或者，也许女性中奖者让她们的丈夫、男友、兄弟或父亲替她们领奖。

6. 也许，仅仅是也许，彩民中最常见的名字是玛丽和约瑟夫，包括玛丽亚和乔等变体。

正如仔细的研究可以在抛硬币和掷骰子的结果中发现毫无价值的模式，耐心的观察也可以在彩票数字中分辨出毫无价值的模式。对于彩票秘籍最有说服力的怀疑理由是，如果有人拥有一种切实有效的秘籍，他就会通过购买彩票致富，而不是兜售图书和电池驱动型设备。

没有证据表明盖尔·霍华德中过彩票。实际上，霍华德是本·巴克斯顿（Ben Buxton）创造出来的，后者以盖尔·霍华德、美国占星术协会、鲁迪哥哥（Brother Rudy）、都德夫人（Madame Daudet）、罗斯柴尔德受托人和卢尔德水十字架等几十个法人的名义经营着各种骗人的邮购生意，兜售彩票建议、占星预测术和好运片。

美国纽瓦克市检察官请求联邦地方法院禁止巴克斯顿"继续通过自称能够为天真的消费者带来财富、好运和成功的虚假骗人的天宫图、彩票秘籍、宗教物件和其他产品欺骗数十万消费者"。美国邮政部门也参与进来，和检察官共同争取到了一条法院命令，永久性地终止巴克斯顿的各种生意，使邮政部门有权截取寄给巴克斯顿的数万张支票，并且要求巴克斯顿向之前的消费者支付 30 万美元的赔偿。

▷ **不会破裂的泡沫**

能够让我们与钱财告别的不仅仅是骗子。我们有时还会亲自参与到自我伤害的集体骗局之中。没有互联网的生活——无法用指尖访问电子邮件、亚马逊和维基百科的日子——是难以想象的。在停电或度假时，离开互联网的痛苦可能会令人难以忍受。手机进一步加重了我们的网瘾。我们真的需要每周 7 天、每天 24 小时在线并随时接听手机吗？我们必须立即回复每一封电子邮件以及每一条信息和推文吗？我们真的需要知道我们所有的朋友午餐吃的是什么吗？

早在 20 世纪 90 年代，当计算机和手机刚刚开始进入我们的生活时，互联网的发展催生出了数百家基于互联网的公司，通常被称为".com"公司。一些网络公司拥有良好的理念，发展成了强大而成功的公司。不过，许多公司并没有做到这一点。很多时候，人们只想开一家名字里带有".com"的公司，将其卖给别人，然后带着大量钞票离开。产生不错的想法、创办一家公司、使其成为成功的企业、将其传给儿子和孙子的经济思想实在是太陈旧了。

一家网络公司证明自己的方式不是赚取利润，而是花钱，最好是花别人的钱。（我没有开玩笑！）一种理由是，公司应该迅速壮大，成为行业领头羊。（有一种流行的说法，叫做"不壮大就会消失。"）这种观点认为，当人们相信你的网站是购买某样东西、销售某样东西或者学习某样东西的地方时，你就实现了垄断，可以消除竞争，收获利润。

这并不完全是一种愚蠢的想法。有时，它甚至是有效的。（想一想亚马逊和eBay。）问题是，就算垄断某件事情是可能的，别忘了，美国有数千家网络公司，但是不可能出现数千个垄断者。在试图迅速壮大的数千家公司中，只有极少数公司能够实现垄断。

大多数网络公司没有利润。因此，心怀梦想的投资者为所谓的"新经济"想出了新的衡量方法，以支持不断上涨的股票价格。他们说，我们不应该沉迷于像利润这样古老的事物；相反，我们应该考察一家公司的销售额、支出和网站访问量。作为回应，各家公司通过具有创意性的方式向投资者提供他们想要的东西。投资者想要更高的销售额？我把某样东西卖给你们公司，你再把它卖给我。我们没有赚到任何利润，但我们的销售额都在提升。投资者想要更多的支出？再去订购一千把艾龙椅子。投资者想要更高的网站访问量？向访问你们网站的人发放小礼品。购买超级碗广告，宣传你们的网站。记住，投资者想要的是网站访问量，而不是利润。24家网络公司在2000年1月的超级碗比赛期间投放了广告，每 30 秒广告的成本是 220 万美元，这还不包括制作广告的费用。公司不需要利润。它们需要的是流量。

从 1995 年到 2000 年，股票价格增长了两倍，年增长率为 25%。网络公司的股票涨幅更大。以科技股著称的纳斯达克指数在 5 年时间里增长了四倍，年增长率为 40%。如果一个人幸运地在 1995 年 1 月购买了 1 万美元的美国在线股票，或者在 1996 年 4 月雅虎上市时购买了 1 万美元雅虎股票，那么到 2000 年 1 月，他将拥有将近 100 万美元。股市投资者和网络公司创办者都在变富，他们相信这个过程永远也不会结束。当然，事情终有结束的那一天。

2000 年 3 月 11 日，我参加了一场座谈会，会议的议题是蓬勃发展的股票市场以及受到广泛宣传的"36K"预测：道琼斯工业平均指数将增长两倍多，从不到 12000 点增长到 36000 点。第一位发言者谈论了摩尔定律（集成电路中的晶体管密度每两年翻番）。我听得很认真。我必须承认，科学技术的发展速度令人吃惊。不过，发言者对于"股票价格过高、过低还是刚刚好"的问题只字未提。

下一位发言者谈论了网络公司的专家们多么聪明。当你购买网络公司的股票时，你把钱交给了非常聪明的人，他们很快就会找到某种非常赚钱的资金处理方式。我仍然听得很认真。我必须承认，许多网络公司是由讨人喜爱的聪明人创办的。你猜怎么着，我的一个儿子和其他四个刚毕业的大学生创办了一家公司。他们五个人在新罕布什尔租了一幢带有五间卧室的房子（税率不高，但却靠近"苛税诸塞州"），睡在楼上，每天通过楼梯前往办公场所。他们在楼下做什么工作呢？他们并没有商业计划。他们的关键词是"敏捷"。他们聪明、灵活、具有创造性。当一个赚钱的机会出现时,这五个小伙子就会敏捷地意识到这一点,并用十只手抓住这个机会。我承认,他们是很棒的孩子;而且,这个世界上显然还有几百个很棒的孩子正在寻找通过互联网盈利的途径。不过,发言者对于"股票价格过高、过低还是刚刚好"的问题仍然只字未提。

下一位发言者谈论了美国负责货币政策的政府机构联邦储备委员会(美联储)主席艾伦·格林斯潘(Alan Greenspan)多么优秀。美联储负责决定何时增加货币供应以刺激经济,何时限制货币供应以减少通胀压力。一位犬儒主义者(我)曾经写道,每当美联储觉得失业最符合我们的利益时,它就会提高利率,导致经济衰退。拥有一位知道自己正在做什么的联储主席是非常重要的。我听得很认真。我必须承认,艾伦·格林斯潘是一位令人印象深刻的联储主席。不过,发言者对于"股票价格过高、过低还是刚刚好"的问题仍然只字未提。

我是最后一名发言者,也是这场欢乐的聚会上唯一提出消极观点的人。我从各种角度对股票价格进行了考察,认为"道指有可能在某个时候达到36000点"的想法是靠不住的,而且当前的股票价格高得离谱。我的结束语是,"这是一个泡沫,它很快就会发生严重的破裂。"

可怕的预言变成了现实。这场会议的日期是2000年3月11日星期六。纳斯达克指数在接下来的星期一开始下跌,在三天时间里从2000年3月10日的峰值下跌了75%。美国在线下跌了85%,雅虎下跌了95%。最有趣的问题不是我的评论在时间上的巧合,而是为什么我相信这是一个泡沫。

在网络公司的泡沫中,大多数人没有使用令人信服的理论去衡量股票价格过高、过低还是刚刚好。相反,当他们看到股票价格上涨时,他们编造出了一些理由，以解释正在发生的事情。他们谈论摩尔定律、聪明的孩子以及艾伦·格林斯潘。这是缺乏理论的数据。

下面是一个言之有理的理论。我们可以将股票想象成每年提供红利（比如2美元）的赚钱机器。这台优秀机器的经济价值是你为了每年获得2美元红利而愿意支付的价格。

投资者购买赚钱机器是为了每年获得红利。相比之下，投机者购买股票是为了通过卖给其他人赚取利润。对投机者而言，股票的价值是其他人愿意支付的价格，他们要做的是猜测其他人明天愿意为你今天购买的东西支付怎样的价格。这种猜谜游戏就是所谓的"博傻理论"：以虚高的价格购买某样东西，希望能够以更高的价格将其卖给更大的傻瓜。

在投机泡沫中，赚钱机器的价格远远超出了其经济价值，因为人们购买这台机器不是为了每年的2美元，而是为了以更高的价格将机器卖给其他人。他们之所以认为未来的价格会上升，仅仅是因为过去的价格出现了上升。（还用我说吗？这仍然是缺乏理论的数据。）当投机者不再认为这台机器的价格会不断上升时，泡沫就会破裂。他们开始销售机器，价格开始不断下跌，因为如果投机者认为他们无法以更高的价格将机器卖出去，他们就不会支付虚高的价格。当他们失去信心时，这场盛宴也就结束了。

如果股票的经济价值是100美元，市场价格是500美元，这就是一个泡沫，因为股票价格远远超出了其经济价值。你觉得某样东西的价格永远不可能如此偏离经济价值？在17世纪，荷兰郁金香球茎的售价是几万美元（以今天的美元计算）。最近，毫无价值的填充娃娃可以卖到几百美元。

豆豆娃是由泰·沃纳（Ty Warner）制造的填充动物玩具，带有心形吊牌，里面装有塑料小球（"豆豆"）。在 1995 年左右，就在网络公司泡沫开始膨胀的同一时间，豆豆娃开始被视为"收藏品"，因为买家认为他们可以将这些笨熊卖给无穷无尽的傻瓜，以便从不断上涨的价格中获利。一些陷入幻想中的个体开始囤积豆豆娃，认为它们可以提供退休金或者孩子的大学学费。

豆豆娃到底有多大的经济价值呢？它无法提供红利。它无法提供任何报酬！你甚至无法用它来玩。要想保持豆豆娃的收藏价值，你必须将它存储在密封的容器里，放置在凉爽、阴暗、无烟的环境中。不过，满怀希望的人和贪婪的人愿意为这种最初在玩具店里只卖几美元的豆豆娃支付几百美元。他们看到了豆豆娃的价格在过去的大幅增长，认为未来也将如此。他们没有理由相信这一点，但他们希望自己相信。这仍然是缺乏理论的数据。

1999 年，纪念威尔士王妃戴安娜（Diana）的王妃豆豆娃开始发售。到 2000 年，这款豆豆娃已经卖到了 500 美元。接着，泡沫破裂了。2008 年，我在亚马逊买了一个王妃小熊，其运输费用已经超过了小熊本身的价格。

▷ 南海泡沫

网络公司泡沫和豆豆娃泡沫并非新鲜事物。1720 年，英国政府为南海公司提供了西班牙美洲殖民地的独家贸易权。公司的董事从未去过美洲，他们也没有任何具体的贸易计划，但在公司具有创造性的记账方式的刺激下，人们纷纷为这个海外项目投资。南海公司的股价从1月28日的120英镑开始飙升，5月19日达到了400英镑，6月4日达到了800英镑，6月22日达到了1000英镑。一些人成了暴发户，数千人希望挤进这个行列之中。据说，你可以在走进卡洛韦咖啡馆时购买股票，并在离开时将其卖掉，以赚取利润。人们看到了模式——以某个价格买入，以更高的价格卖出——但他们并没有想过这种模式是否合理。

其他一些头脑胜过良知的企业家开始以更加宏大的计划发售股票，引来了大量不想掉队的疯狂投资者。几乎任何计划都会受到追捧。一家公司承诺制造永动轮。另一家公司的成立目的是"开展一项具有巨大优势的事业，但是没有人知道这个事业是什么"。（就像某些网络公司一样！）这家神秘公司的股价被定为100英镑，并且承诺每年回报100英镑。公司的发起人在5个小时之内卖掉了所有股票，然后立即离开英国，再也没有回来。还有一家公司的股票是为了"尼特温德"，即不销售任何东西。当南海泡沫破裂时，财富和梦想一齐消失了。

和其他所有投机泡沫一样，许多人相信博傻理论。一些人怀疑价格不合理，但是市场上的大多数人都相信价格还会继续上升，至少能够持续到他们将其卖给下一个排队的傻瓜以后。1720年春天，艾萨克·牛顿爵士（Sir Isaac Newton）说："我能计算天体的运动，但我无法计算人类的疯狂"。他卖掉了南海股票，赚了7000英镑。当年晚些时候，就在泡沫破裂之前，他再次购买了股票，并且损失了2万英镑。一位银行家在南海股票第三次发售时投资500英镑，他解释说："当世界上的其他人陷入疯狂时，我们必须以某种程度模仿他们。"英国议会成员詹姆斯·米尔纳（James Milner）在南海泡沫中破产，他悲叹道："我说，的确，我们一定很快就会遇到灭顶之灾，但是……它比我的预测早来了两个月。"

▷ 伯克希尔泡沫

一些投资者认为，他们可以查看某种事物的价格相对于消费者物价指数（CPI）的增长速度，以确定是否存在泡沫。根据这种没有任何理论支撑的数据，他们说，如果资产价格上升得很快，说明一定存在泡沫。事实未必如此。缺乏理论的数据总是不可靠的。

大多数优质股票每股的价格在 20 美元到 200 美元之间。2005 年，富国银行的股价是 30 美元左右，可口可乐是 40 美元，强生是 60 美元。令人吃惊的是，伯克希尔·哈撒韦的股价是 9 万美元。众所周知，伯克希尔是由传奇投资者沃伦·巴菲特经营的，但是一股股票的价格怎么能超过一辆保时捷 911 呢？

图 16.9 对 1995 年到 2005 年伯克希尔股价的增长百分率与消费者物价指数的增长百分率进行了比较。消费者物价指数增长了 27%，伯克希尔则增长了令人震惊的 269%。伯克希尔是一个即将破裂的泡沫吗？

此后，伯克希尔的股价继续增长，在 2007 达到 141600 美元峰值，2009 年和其他股票一同下跌，随后向上蹿升，2013 年达到了 17 万美元以上。根据图 16.10，2005 年以后，伯克希尔与消费者物价指数之间的实际差距出现了增长。

一股股票的价值怎么能超过一辆保时捷呢？股票价格的增速怎么能超过消费品价格（食品、服装和住房的价格）呢？

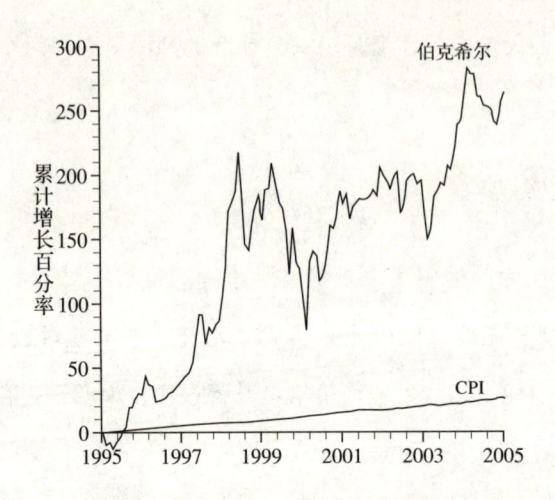

图 16.9 消费品物价指数和伯克希尔·哈撒韦股价的增长百分率

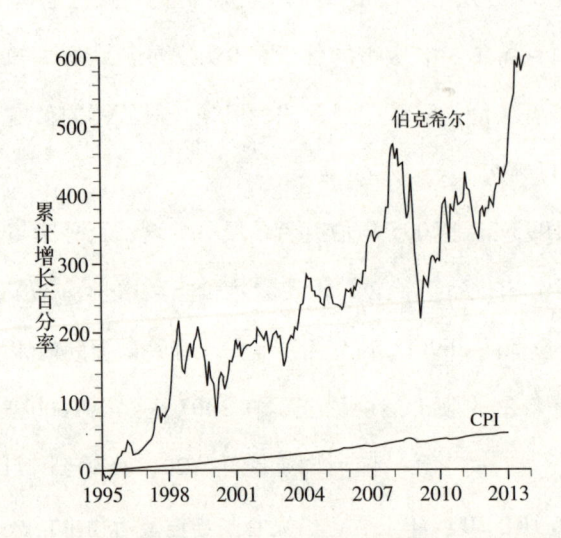

图 16.10 消费者物价指数和伯克希尔·哈撒韦在更大的时间尺度上的增长百分率

公司是由股东所有的,因此股票的价值取决于公司的价值。进一步说,一张股票的价值取决于公司的整体价值以及股票的发售数量。如果一家公司的总体价值是1亿美元,并且发售了1百万股股票,那么每股的价值是 100 美元；如果公司发售了 1 亿股股票，那么每股的价值只有 1 美元。

许多公司通过股份分割保持股票的"可购买性"。假设 Things.com 的价值是 1 亿美元，并且发售了 1 百万股股票，那么每股的价值是 100 美元。经过多年盈利，公司的价值增长到了 2 亿美元，每股的价值是 200 美元。Things.com 可以进行二比一股份分割，使股票数量翻番，达到两百万股，同时每股价值折半，变成 100 美元。股份分割是一种没有做出任何改变的举动，每个股东的股票数量增长了一倍，但是每股的价值减少了一半。

伯克希尔的股票之所以如此昂贵，是因为它从不分割，同时伯克希尔在巴菲特的指导下出现了巨大的升值。巴菲特总是认为股份分割没有意义，他有一个著名的生日贺卡签名："祝愿你活到伯克希尔分割股份的那一天。"伯克希尔发售的股票不到两百万股。IBM 拥有超过 10 亿股股票，埃克森美孚拥有 60 亿股股票。这就是一股伯克希尔股票的价值超过一辆保时捷的原因。

关于第二个问题——股票价格的增速怎么会超过消费品价格——答案也很简单。一家公司的价值与一块肥皂的价格存在根本区别——即使这是一家销售肥皂的公司。公司的价值取决于利润，而利润不仅取决于肥皂的价格，也取决于肥皂的销量。

伯克希尔·哈撒韦拥有几十家公司，包括本杰明摩尔、北伯灵顿、冰雪皇后、鲜果布衣、盖可以及喜诗糖果。伯克希尔还在其他许多公司拥有很大的持股比例，包括美国运通、可口可乐、卡夫、宝洁、华盛顿邮报以及富国银行。伯克希尔的价值投资带来了大量收入，这些收入又被它投入到更多的公司之中。在将近 50 年的时间里,伯克希尔的总价值一直保持着每年超过 20% 的增速。

伯克希尔能够拥有超过 10 万美元的股价和超过消费者物价指数的增速,而且不构成泡沫,是因为这家不同寻常的公司拥有不同寻常的利润。

▷ 真实股价

扣除通胀因素后的数据被称为真实数据。如果我们的收入提高 10%,消费品价格也提高 10%,那么我们的真实收入没有发生变化,因为我们能够买到的东西和之前相同。

1987 年,两位商学院教授用标普 500 股价指数和消费者物价指数(CPI)计算了 1857 年到 1985 年的真实股价。他们发现,1985 年的真实股价高于 1857 年;股票价格的增长超过了消费品价格。

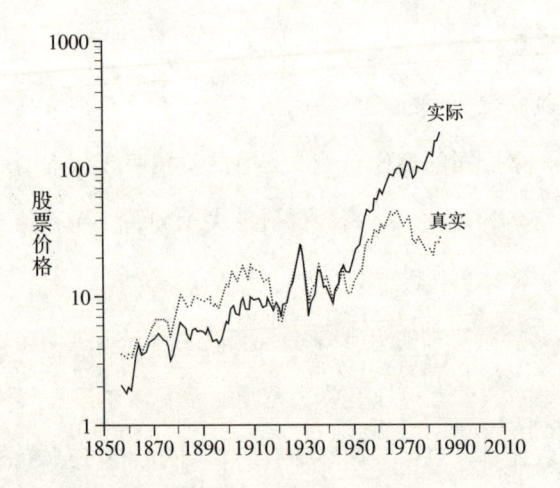

图 16.11 另一个泡沫

这不是什么新奇的观点。两位教授希望找到某种原创内容，某种可以发表的内容。因此，他们将实际股价与真实股价进行了比较，如图 16.11 所示，尽管这种做法看上去似乎没有任何意义。

两位教授将 1864 年的消费者物价指数置为 1，因此这一年的真实股价与实际股价相等。1864 年以后，实际股价跌到了真实股价之下。接着，两条线在 1918 年重合。从 1918 年到 1946 年，实际价格与真实价格共同运动。接着，二者再次分开，这意味着股价应当下跌，以便使两条曲线再次重合。第二次世界大战以后股价的飙升显然是一个无法持续的泡沫。

就像两位教授希望的那样，这种比较的原创性使它得到了发表。问题是，实际股价与真实股价的比较属于缺乏理论的数据，它没有任何意义。在比较两种事物之前，我们应当思考二者之间是否可能存在联系。实际股价与真实股价的比较有些类似于"伯克希尔的股票存在泡沫，因为其价格增速超过了消费者物价指数"这一错误观点。不过，基于图 16.11 的预测与上述观点存在很大的差异，而且更加异想天开。实际股价与真实股价之间的差异与股票价格没有任何关系！

别忘了，真实股价是实际股价扣除通胀因素后的产物。二者在 1864 年相等，因为 1864 年的消费者物价指数被设置成了 1。1865 年到 1918 年的真实股价高于实际股价，因为消费品的价格出现了下降。真实股价和实际股价在 1918 年和 1946 年之间相等，因为这段时间的消费品价格与 1864 年（近似）相同。1946 年以后，真实股价低于实际股价，因为消费品价格高于 1864 年的价格。这就是图 16.11 显示的全部内容。同 1864 年相比，消费品价格在 1865 年到 1918 年出现了下降，在 1946 年以后出现了上升。

"真实股价将与实际股价再次重合"的预测不是关于股市的预测。它是在预测消费者物价指数将回到 1864 年的水平。

图 16.12 说明,这种隐性预测是完全错误的。股市经历了令人欣喜的上涨和可怕的下跌,但实际股价和真实股价之间的差距仍然在逐年扩大,因为消费品的价格每年都在提高。这种差距永远不会消失,因为消费品的价格永远不会再次回到 1864 年的水平。

这个例子的核心问题是,两位教授在比较实际股价和扣除通胀因素后的股价时并没有考虑到这种比较的意义。这种比较只能告诉我们消费品的价格是否高于 1864 年的水平——而我们已经知道了这个问题的答案。

木匠们常说一句话:"两次测量,一次切割。"关于数据,这句话应该改成"两次思考,一次计算"。

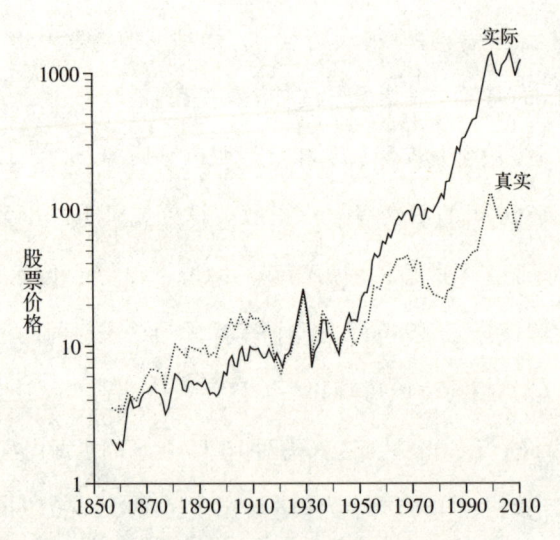

图 16.12 差距持续扩大,因为消费者物价指数一直在增长

✕ 如何轻松识破一本正经地胡说八道

缺乏理论的数据可能导致错误推断。例如，通过将短短几年的数据外推到未来，人们可以编造出许多令人欣慰或恐慌的预测。在感到欣慰或恐慌之前，考虑这种外推是否合理。仅仅通过观察过去预测未来的做法是否具有令人信服的理由？这是不是一种一相情愿的想法？或者根本没有任何思想？

数据中的模式也是同样的道理。别忘了，即使是随机抛掷硬币，也会产生奇特甚至令人震惊的模式，但它们是毫无意义的。当某人向你展示某种模式时，不管这个人的履历多么令人震撼，你都应该考虑这种模式仅仅出于巧合的可能性。问一问"为什么"，而不是"什么"。不管遇到怎样的模式，你都应该思考：为什么会出现这种模式？

如果两种事物之间没有合理的联系，那么对二者的统计性比较也是没有说服力的。为什么股票价格的增长应该与消费品价格同步？为什么扣除通胀因素后的股价应该等于未经调整的股价？二者之间可能仅仅存在一种虚假的相关性。问问你自己，开展这项研究的人在计算之前是否进行了思考。他们在考察数据之前是否拥有具体而清晰的理论？这种理论是否受到了未经污染的数据的检验？或者，数据是否受到了挖掘和搜刮？

17

超级投资者

17 超级投资者

20世纪80年代，一家拥有"休姆联合公司"这一复杂名称的投资咨询公司推出了《超级投资者文件》。根据遍布全国的广告宣传，普通投资者可以利用这些复杂的策略收获不同寻常的利润。公司每月向订阅者邮寄小册子，每份小册子大约50页，以时髦的方式打印在厚纸上。一本小册子的价格是25美元，外加2.50美元运输和处理费用。

现在回想起来，一个显而易见的事实是，如果这些策略真的像公司宣传的那样赚钱，那么这家公司就会利用这些策略赚取更多的利润，而不是去销售什么小册子。不过，贪婪的投资者天真地认为，他们可以用25美元外加2.50美元运输和处理费用买到成为百万富翁的秘诀。

一种"超级投资者"策略基于金银比"GSR"，即一盎司[①]黄金与一盎司白银的价格比率。1985年，黄金的平均价格是317.26美元，白银的平均价格是5.88美元，所以金银比为317.26美元/5.88美元=54，这意味着一盎司黄金与54盎司白银的价格相等。

1986年，休姆公司写道：

[①] 1盎司约为31.1克——译者注

过去七八年,金银比的波动很大,1980年降至19比1,1982年升至52比1,1985年升至55比1。不过,你也可以清晰地看到,它总是——总是——回到34比1和38比1之间。

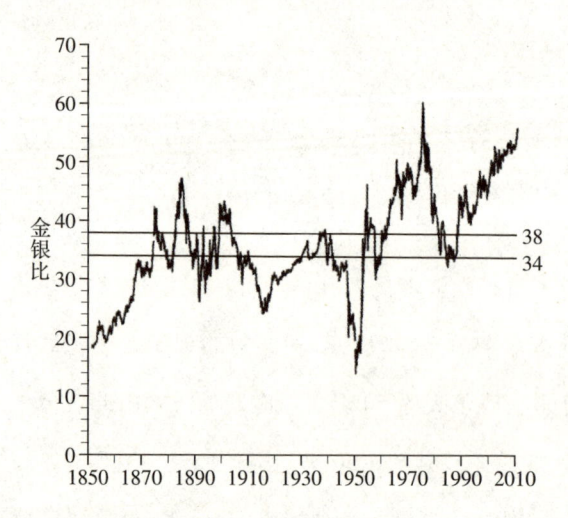

图17.1 金银比,1970～1985年

图17.1表明,1970年到1985年的金银比的确在34到38这个区间周围波动。

这个"超级投资者"策略建议投资者在金银比高于45或低于25时投入资金,因为金银比总会回到34到38之间。例如,当金银比在1984年超过45时,金价相对于银价处于很高的位置。精明的投资者应该卖出黄金(因为它的价格很高),买入白银(因为它的价格很低)。

普通投资者没有可以用于销售的大量黄金,他们也不想在地下室囤积白银,但他们可以买入和卖出期货合约,即关于未来黄金和白银价格的赌注。卖出黄金期货是在押宝黄金价格下跌;买入白银期货是在押宝白银价格上涨。同时卖出黄金期货和买入白银期货是在押宝金银比下跌。

1984年7月3日，金银比为45.04，金价为369.75美元，银价为8.21美元。假设你买入一份白银期货合约，卖出一份黄金期货合约，期待金银比回到34和38之间。

进一步说，假设你的预测是正确的。黄金涨到了380美元（涨幅2.8%），白银涨到了10美元（涨幅22%），导致金银比降至38。一份黄金期货合约对应于100盎司黄金；一份白银期货合约对应于5000盎司白银。所以，你的利润是7925美元：

白银收益	5000×（10.00美元-8.21美元）	=	8950美元
黄金损失	100×（369.75美元-380.00美元）	=	-1025美元
净利润			7925美元

期货市场实行每日结算制，当天亏损的投资者需要把资金转移给获得收益的投资者。经纪人要求客户每天开盘时账户里拥有超出当天潜在结算金额的资金（叫做"保证金"）。如果你没有钱，经纪人就会对你的期货合约进行平仓处理。

假设你的保证金是2500美元。在这种情况下，2500美元投资将获得7925美元利润，投资回报率达到了令人垂涎的317%。

没错，金银比的温和下降为你带来了317%的投资回报。这是因为你使用了巨大的杠杆。你投入了2500美元，但你用来收获利润的期货合约价值约为40000美元。杠杆不是无中生有的财富。杠杆是众所周知的双刃剑，既可以放大收益，也可以放大损失。事实上，1984年的金银比

| 简单统计学

并没有迅速回落到 38 以下。相反，损失来得异常迅速。1984 年 7 月 6 日，在开始这项交易三天以后，金价为 366 美元，银价为 7.60 美元，金银比高达 48.16。你的仓位损失了 2675 美元，超出了你的全部初始投资。你要么追加保证金，要么平仓。这就是杠杆的威力。你可以在三天时间里失去全部投资。

如果你投入更多保证金，希望金银比回落，你的损失将会月复一月、年复一年地增长。图 17.2 表明，金银比此后持续增长，在 1986 年达到峰值 75，然后在 1987 年回落到 50。接着，金银比再次增长，1991 年达到了 100。1998 年，金银比短暂降至 45 以下，随后再次增长。直到 2011 年，即建立金银仓位 37 年以后，金银比才会回到 38 以下。从 1970 年到 1985 年，金银比的平均值是 36；从 1986 年到 2012 年，金银比的平均值是 66。

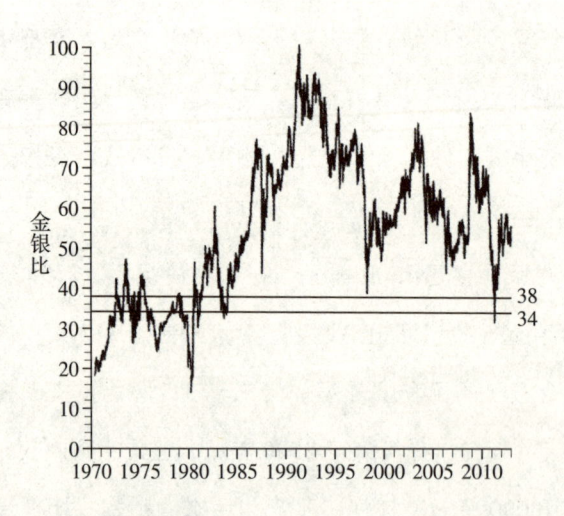

图 17.2 金银比，1970～2012 年

投资者很少能够将仓位维持 37 年，在每次期货合约更新时支付佣金，并在每个亏损日追加保证金。当金银比 1986 年达到 75 时，你的 2500 美元投资损失了 17000 美元。当金银比 1991 年达到 100 时，你的损失是 22500 美元。如果你最初将更多资金（比如 25000 美元）投入到这项灾难性的交易中，你的损失就会变成原来的 10 倍。

▷ 宽客

计量金融分析师（"宽客"）用数学和数据来分析股票和其他投资品。他们不关心对总裁人格或产品潜力的主观评价。不要试图和他们谈论史蒂夫·乔布斯（Steve Jobs）、沃伦·巴菲特、智能手机或可口可乐。他们的口号是："我只看数字！"

这种方法的先驱有哈里·马科维茨（Harry Markowitz）、罗伯特·默顿（Robert Merton）、费舍尔·布莱克（Fischer Black）、迈伦·斯科尔斯（Myron Scholes）等。马科维茨、默顿和斯科尔斯凭借自己的开创性理论获得了诺贝尔奖（布莱克已经去世），但他们的模型被人误用，这使许多投资者付出了巨大的代价。

20 世纪 50 年代，马科维茨提出了量化风险的均值方差分析。这种方法得到了机构投资者和财务咨询师的广泛使用。均值方差分析的一个主要弱点是对历史数据的依赖。投资者很容易假定过去相对安全的股票未来也是相对安全的。这是一个危险的假设！

20 世纪 70 年代，默顿、布莱克和斯科尔斯确定了看涨期权的理论"正确"价值（看涨期权的所有者有权在指定日期以指定价格购买股票）。

这个模型目前被称为"布莱克－斯科尔斯"模型。它的一个主要弱点是，模型中的许多基本假设是错误的，比如股票价格的变化类似于抛硬币，投资者对股票和期权的交易没有成本，不会造成巨大而突然的价格变动。

这些人的开创性工作很好地说明了计量金融分析的两个主要陷阱：天真地相信历史模式是对未来的可靠指引，并且依赖于在数学上很方便却不切实际而且非常危险的理论假设。

最近出现的统计套利是计量金融的一种极端表现形式。和计量金融一样，它在数学和统计上很精致，但也很危险，因为它所依据的经验假设和理论假设并不可靠。

▷ 收敛交易

金银比是统计套利的一个早期案例。统计套利指的是所谓的"宽客"寻找某种统计模式，并且假设对这种模式的偏离是暂时的失常，可以加以利用。如果黄金与白银的价格比率历史上位于 34 到 38 之间，他们就会认为，如果金银比离开这个范围，那么它很快就会回归正常水平。这就是所谓的"收敛交易"。

投资者赌的不是价格上涨或下跌，而是价格收敛到某种历史关系。虽然价格对历史关系的偏差可能很小，但杠杆押注可以将很小的收敛转变成很大的利润。

早期的收敛交易基于简单的模式，比如金价与银价的比率。现代计算机可以对巨大的数据库进行搜索，寻找更加细微、更加复杂的模式。不过，根本的问题并没有改变。缺乏理论的数据是靠不住的。如果人们发现的模式没有深层次原因，那么我们没有理由认为对这种模式的偏离能够得到自我校正。

没有任何合乎逻辑的理由能够解释一盎司黄金的价格与34到38盎司白银的价格相等的原因。黄金和白银并不是一打和半打鸡蛋；如果后者的价格出现偏差，消费者就会购买更便宜的鸡蛋。黄金和白银也不是玉米和大豆；如果玉米价格相对于大豆价格出现上涨，农民就会种植更多玉米。

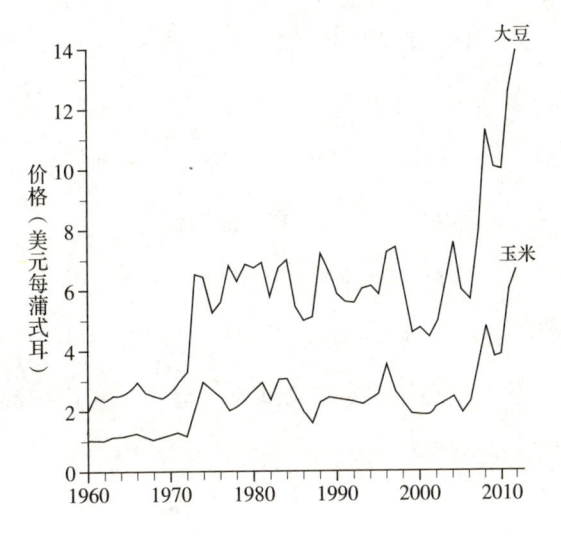

图 17.3 大豆和玉米的价格

图 17.3 表明，1960 年以来，玉米和大豆价格的上升和下降基本是同步的。从 1960 年到 2012 年，每蒲式耳①大豆和玉米的平均价格比率是 2.5，因为生产一蒲式耳大豆的时间是生产一蒲式耳玉米的大约 2.5 倍。

---

① 1 蒲式耳约为 36.4 升——译者注

由于供给和需求的波动，这个比率在不同年份会出现起伏。不过，这种相对于 2.5 的短期波动可以迅速得到校正，因为每当某种作物更加赚钱时，农民就会扩大这种作物的种植面积。

黄金和白银与大豆和玉米没有任何相似之处。我们没有理由认为金银比一定会回到 34 和 38 之间。

▷ 我只看数据

宽客们常常不会考虑他们发现的模式是否合理。他们会说："我只看数据。"实际上，许多宽客拥有物理学或数学博士学位，但是只有最基本的经济和金融知识。不过，他们并没有因此而气馁。相反，他们的无知使他们有勇气在最没有希望的地方寻找模式。

有一个笑话。两位金融教授在人行道上看到了一张一百元的钞票。当一位教授伸手去捡钞票时，另一个人说："别理它；如果它是真的，那么它早就被人捡走了。"金融教授喜欢说，金融市场不会让百元钞票躺在人行道上；也就是说，如果有一种轻松的赚钱方式，那么它早就被人发现了。

这种观点并不是完全正确的。有时，股票和债券存在价格错位。在投机浪潮和金融危机期间，金融市场的人行道上散落着装满百元大钞的手提箱。不过，当你认为自己发现了价格错位时，你应该考虑这种错位有没有一个合理的解释。如果黄金价格相对于白银价格出现上涨，市场是否正在将百元大钞愚蠢地扔在路边？是否存在一个合理的解释？

找到金价和银价的历史相关性并不比找到婚姻和啤酒消费量的历

史相关性更加令人信服，它只能说明我们为了寻找相关性花费了很长时间。

▷ 在推土机面前捡硬币

20世纪80年代，约翰·梅里韦瑟（John Meriwether）在所罗门兄弟公司确立了自己的名声和财富。他利用债券市场的不完善，寻找利率的小幅异常，并且押宝这些异常将会消失。他买入利率过高的债券，卖出利率过低的债券，然后等待利率收敛。

离开所罗门公司以后，梅里韦瑟在1994年创立了长期资本管理公司。公司的管理团队包括多位曾在所罗门套利小组工作过的麻省理工博士、两位即将在1997年获得诺贝尔经济学奖的金融教授（期权专家迈伦·斯科尔斯和罗伯特·C.默顿）以及另一位麻省理工博士戴维·马林斯（David Mullins）。马林斯曾经担任联邦储备委员会副主席，他本来有机会接替艾伦·格林斯潘成为美联储主席。

凭借这个星光闪耀的团队，公司毫不费力地吸引到了许多投资者，尽管其最低投资额是100万美元，而且公司只向投资者透露了一个策略：他们收取的管理费用包括资产的2%以及25%的利润。一位著名的资金经理告诉我，他没有投资于这家公司，因为他唯一确信的事情就是这家公司很贪婪。其他投资者则没有那么谨慎。长期资本管理公司筹集了超过10亿美元资金。

公司的早期策略之一与到期日略有差异的美国国债有关，比如刚刚发行的30年国债和几个月以前发行的30年国债。二者的利率应当是基本一致的，但新发行的债券往往具有更加活跃的交易，因此短期进出市场的交易者更喜欢这种债券。债券市场为之前发行的债券制定稍微高一些的利率，因为这种债券寻找买家比较困难。

公司的收敛赌注是，当新的 30 年债券发行时，之前的债券之间的差异就会基本消失，它们的利率就会收敛。因此，公司买入早期债券，卖出最新债券，等待它们的利率收敛。斯科尔斯没有使用在人行道上拾起百元钞票的比喻；相反，他将公司描述成巨大的真空吸尘器，认为它正在吸走被其他人忽视的硬币。

凭借 25 比 1 的杠杆，长期资本管理公司的真空吸尘器 1994 年赚了 28%，1995 年赚了 59%，1996 年赚了 57%，1997 年至少赚了 22%（扣除管理费之前）。这种巨大杠杆的问题是，即使预想中的收敛暂时转为发散，公司也会受到致命打击。

下面这个假想的简单例子可以说明他们的策略和风险。假设你买入了一份"10 年后以 20 美元购买一瓶葡萄酒"的期货合约。你还卖出了一份"10 年后以 21 美元销售一瓶葡萄酒"的期货合约。如果两瓶葡萄酒是相同的，说明市场效率不高，因为你可以在交割日用 20 美元买到葡萄酒，同时用 21 美元将其卖出去，从而稳赚 1 美元利润。

如果葡萄酒是不同的，这种利润就无法保证了。如果你买入的是赤霞珠葡萄酒，卖出的是雷司令葡萄酒，那么你在交割日不一定能够用一种葡萄酒换到另一种葡萄酒。也许，你发现这两种葡萄酒通常具有相同的价格，希望它们在交割日也能具有相同的价格。你的计划是在交割日用 20 美元购买赤霞珠，以当天的市场价将其卖掉，用得到的钱购买雷司令，然后以 21 美元将其卖掉。表 17.1 说明，如果不出意外，你将赚到 1

美元利润。不管赤霞珠和雷司令在交割日的价格是 10 美元还是 30 美元，只要它们价格相同就可以了。

表 17.1 盈利的葡萄酒收敛

	两种葡萄酒的价格均为 10 美元	两种葡萄酒的价格均为 30 美元
买入赤霞珠	–20 美元	–20 美元
卖出赤霞珠	10 美元	30 美元
买入雷司令	–10 美元	–30 美元
卖出雷司令	21 美元	21 美元
净利润	1 美元	1 美元

只要两种葡萄酒的价格在交割日收敛，你就可以获得利润。不过，正如英国一句古老的谚语所说，"即使你把杯子举到嘴唇跟前，你也有可能遇到许多不测。"赤霞珠和雷司令过去的价格接近，但这并不能保证它们未来价格接近。

而且，即使二者的价格真的在交割日收敛，你也只能在那时获得利润。毕竟，如果两种葡萄酒今天的价格不同，我们没有理由认为这种价格差异不会在明天变得更大。在巨大的杠杆作用下，这两种风险促成了长期资本管理公司的覆灭。

长期资本管理公司对历史上具有相关性的债券、股票和抵押贷款进行了复杂的交易。其他交易涉及期权和其他一些证券，它们的价格取决于人们感受到的风险。当其他投资者认为风险变大时，资产价格往往会发生变化，此时公司就会下注，因为公司觉得人们感受到的风险很快就会回到历史上的正常水平。

在每一种情形中，公司的策略都是买入相对便宜的资产，卖出相对昂贵的资产，利用其中的落差赚取利润。公司名称中的"长期"一词显然表明，长期来看，价格将会收敛，利润将会浮现出来。不过，正如伟大的英国经济学家约翰·梅纳德·凯恩斯在大萧条中观察到的那样：

这种长期趋势是对当前事务的误导。长期来看，我们都会死去。如果经济学家在混乱时期只能告诉我们"风暴过后海洋还会恢复平静"，这说明他们为自己布置了一项过于简单、毫无意义的任务。

凯恩斯嘲笑的是这样一种观念：长期来看，经济将会平静下来，每个想要找工作的人都能找到工作。凯恩斯相信，经济衰退的风暴比没有人能够活着看到的长期假设更加重要。

现在来看，长期资本管理公司当时是在推土机面前盲目地捡硬币——收集微小的利润，忽视了灾难性风暴的可能性。公司的一个错误是相信历史数据是对未来的可靠指引。公司的一位经理指出："我们所做的事情是依赖经验。我们所有的科学都是建立在经验的基础上。如果你不愿意根据经验得出任何结论，那么你最好把双手放到背后，什么也不做。"

无所事事总比做一些愚蠢的事情要好。不去交易黄金和白银好于相信金银比总会回到34和38之间。在长期资本管理公司的例子中，无所事事好于做出"未来将会与过去类似"的假设。

公司的一部分交易具有合理的基础，比如刚刚发行的和最近发行的国债利率应当基本相同。其他一些交易所依据的历史模式并不比金银比更加可靠。例如，公司在英国、法国和德国的利率关系上投入了很大的赌注。全球利润常常朝着同一个方向变化，但我们没有理由认为它们应该同步变化。

全球利率之所以具有相关性，是因为投资者可以对他们购买的债券进行选择。如果一个国家的国债利率低于相似国家发行的国债，那么没有人会购买前一个国家的国债。所以，两个国家不得不制定相同的利率。这很有道理，如果两个国家相同的话。不过，现实中的国家是不同的，它们的债券也是不同的。投资者可能担心某个国家国债违约的可能性比较大。投资者可能担心某个国家的货币贬值，使其国债的实际回报率变低。投资者可能担心某个国家改变税收法律，或者某个国家的债券市场缺乏流动性，使他们很难找到买家。

图17.4显示了1960年到1995年的35年时间里法国和德国政府发行的10年期债券的利率。两种利率存在紧密的相关性，除了它们不紧密相关的时候。如果你看到法国和德国的利率在1975年分离，然后预测二者很快就会再次重合，那么你需要等待15年的时间。这非常类似于预测赤霞珠和雷司令葡萄酒的价格将会收敛，然后等待这种预测变成现实的做法。这不是没有风险的赌注。

长期资本管理公司还相信美国抵押贷款利率和国债利率之间存在紧密的关系，但是二者也不是同步变化的。二者的违约风险差别很大，而且抵押贷款拥有更大的复杂性，因为房主可以在搬家时或者以更低的利率获得资金时提前付清抵押贷款，这些混杂因素随时间变化，而且具有众所周知的预测难度。一位经理后来惋惜道："我们有一些专业学者，他们进入公司时没有任何交易经验，但他们立即开始设计模型。根据他们制定的假设,他们的交易看上去也许不错,但是这些假设常常无法通过最简单的常识性检验。"

第二个错误是认为不同赌注(比如对意大利债券、德国股票和美国押抵贷款的赌注)在很大程度上是不相关的,因为它们在历史上是不相关的。实际上,公司忽视了这些赌注的两个共同点。

长期资本管理公司 1998 年年初的净值接近 50 亿美元。当年 8 月,发生了一场预料之外的风暴。俄罗斯债务出现违约,各个金融市场的风险预测值都出现了上升。长期资本管理公司在许多不同的市场上押下了赌注,但是其中的许多赌注都在押宝风险溢价下降。俄罗斯违约后,历史上毫不相关的投资突然具有了高度相关性。各个领域的风险溢价都在上升,推土机碾过了硬币收集者。

图 17.4 法国和德国 10 年期政府债券的利率

此外,在长期资本管理公司的鼓舞下,许多山寨公司要么猜出了长期资本管理公司的动作，押下了相同的赌注，要么使用类似的统计模型，得到了相同的赌注。当这些赌注出问题时，许多山寨公司开始平仓，卖出长期资本管理公司买入的资产，买入长期资本管理公司卖出的资产。价格没有收敛，反而越来越发散。长期资本管理公司陷入了很大的麻烦。

长期资本管理公司声称，它所需要的仅仅是时间而已。只要等待足够长的时间，金融市场就会恢复正常。不过，他们已经没有时间了。他们巨大的杠杆带来了巨大的损失。公司8月21日亏损了5.50亿美元，整个8月亏损了21亿美元，占公司净值的将近一半。公司试图筹集更多资金，以度过这场风暴，但是受到惊吓的投资者已经不想再向公司贷款了。他们想把自己的钱收回来。

凯恩斯不仅是一位经济学大师，也是一位具有传奇色彩的投资者。他的一句广为传诵的评论是："市场维持非理性的时间可能会超出你拥有偿付能力的时间。"也许，市场对俄罗斯的违约反应过度。也许，长期资本管理公司的亏损最终会转变成盈利。不过，公司的偿付能力已经支撑不到那一天了。

9月23日，沃伦·巴菲特给长期资本管理公司发送了一份一页纸的传真，提出以2.50亿美元收购公司的建议，这相当于公司年初净值的大约5%。这份提议不接受讨价还价，而且将在中午12：30过期，这与传真的发送时间只隔了一个小时左右。截止时间很快过去了，公司没有抓住机会，葬礼的准备开始了。

纽约联邦储备银行担心长期资本管理公司违约的多米诺骨牌效应将会引发全球金融危机。美联储和长期资本管理公司的债权人接管了公司，并且投入了足够多的资金，以争取时间对公司的资产进行有序清算。债权人收回了自己的资金，公司创始合伙人损失了19亿美元，其他投资者获得了一个昂贵的教训：杠杆具有巨大的威力，统计关系是靠不住的。

长期资本管理公司破产以后，梅里韦瑟和公司的其他许多合作伙伴根据几乎相同的策略创办了新的基金。大多数基金公司在2007～2009年的金融危机期间破产，其原因往往与长期资本管理公司失败的原因相同。没关系。梅里韦瑟迅速创办了另一家基金公司。

骗我一次是你的耻辱，骗我两次是我的耻辱。骗我三次……你懂的。

▷ 闪电崩盘

优秀科技杂志《连线》2011年的一篇文章对计算机股票交易系统充满了敬畏和赞美之情。这种系统被称为"算法交易员"，因为计算机可以根据计算机代码（"算法"）代替人类决定买入和卖出。指导计算机的算法是由人类编写的，但是在那以后，计算机将自行决定交易。

一些系统跟踪股票价格，其他系统对新闻报道进行剖析。它们都在寻找过去曾经作为盈利信号出现的模式。当这种模式重新出现时，它们就会迅速行动，在几秒钟的时间里买入成千上万的股票，然后通常在几秒钟以后将其卖出。它们不断进行这种操作，日复一日，成千上万的股票几秒钟之内几个美分（甚至几分之一美分）的利润可以累积成可观的财富。《连线》赞美道，这些自动化系统"比人类更加高效，更加迅速，更加聪明"。

这些程序对数据的处理的确比人类更加迅速，但它们并不比编写代码指导计算机的人类更加聪明。如果人类让计算机寻找潜在盈利模式——不管它们发现的模式是否合理——并在这些模式重新出现时买入或卖出，计算机就会执行这种命令——不管它是否合理。实际上，一些编写计算机程序的人吹嘘说，他们其实并不理解为什么计算机做出这样或那样的交易决定。毕竟，计算机比他们更加聪明，不是吗？他们应该做的不是自夸，而是祈祷。

这与长期资本管理公司使用的数据挖掘方法类似，但它的问题更加严重，因为人类的所有判断都被取消了。而且，模仿问题被放大了100倍。如果人类为数百台计算机提供非常相似的指导，那么数百台计算机可能会试图同时买入或卖出相同的事物，使金融市场出现极大的动荡。幸好，《连线》杂志认识到了无人监管的计算机同步行动的危险："在最糟糕的情况下，这将是一种难以理解的反馈回路……可能会将它们所依赖的系统压垮。"

2010年5月6日，美国股票市场遭遇了所谓的"闪电崩盘"。当天的投资者对希腊债务危机感到紧张，一位焦急的共同基金经理试图销售41亿美元的期货合约，以对冲其投资组合的风险。他的想法是，如果市场下跌，基金中的股票组合资产的损失可以被期货合约的利润抵销。不知为什么，这种看上去比较谨慎的交易触发了计算机的操作。计算机买入了该基金销售的许多期货合约，并在几秒钟之后将其卖出，因为它们不喜欢长期持仓。期货价格开始下跌，计算机决定更加密集地买入和卖出。这些计算机陷入了一种交易狂热之中，它们相互买入和卖出期货合约，就像传递烫手的土豆一样。

没有人知道计算机被触发的准确原因。还记得吗？即使是编写计算机程序的人也不理解它们的交易。在 15 秒之内，计算机相互之间交易了 2.7 万份合约，占交易总量的一半。在 15 秒的狂热结束时，净买入合约只有 200 份。这场交易狂热传播到了常规股票市场，沽盘订单像洪水一样淹没了潜在购买者。道琼斯工业平均指数在五分钟之内下跌了将近 600 点。市场价格乱了套，但计算机仍然在进行交易。坚实的蓝筹公司宝洁的股价在不到四分钟的时间里下跌了 37%。一些计算机以每股超过 10 万美元的价格买入苹果、惠普和苏富比的股票。其他计算机以每股不到一美分的价格卖出埃森哲和其他大公司的股票。计算机并没有常识。它们盲目地买入和卖出，因为这就是它们的算法要求它们去做的事情。

这场狂热之所以结束，是因为期货市场的内置保护机制将所有交易中止了 5 秒钟。令人难以置信的是，5 秒钟的价格稳定足以说服计算机停止疯狂的交易。15 分钟后，计算机恢复了正常，道指暂时性的 600 点下跌仅仅给人们留下了一个荒诞的回忆。

此后还发生了其他一些闪电崩盘，未来很可能还会发生更多类似的事件。巧合的是，2013 年 8 月 30 日，宝洁在纽约股票交易所（NYSE）再次中招。这是一次迷你闪电崩盘，因为纽交所的其他股票并没有受到影响，宝洁在其他交易所的股票也没有受到影响。

由于无法解释的原因，宝洁在纽交所的股票在一秒钟之内发生了 200 次交易，一共涉及大约 25 万股股票，导致股价下跌 5%，从 77.50 美元降至 73.61 美元，然后在不到一分钟以后恢复正常。一个幸运的人恰好在正确的时间和正确的地点购买了 6.5 万股股票，迅速获得了 15.5 万美元利润。为什么会发生这样的事情？没有人知道。别忘了，人类并不比计算机更加聪明。

是的，没错。

× 如何轻松识破一本正经地胡说八道

不要把资金押在历史模式以及几乎没有合理解释的关系上。黄金价格也许是白银价格的 34 到 38 倍，但是它没有理由必须维持在这个范围内。美国押抵贷款市场也许多年来与俄罗斯债券市场没有相关性，但是一场恐慌可能对两个市场产生类似的影响。不要仅仅观察数字。应该考虑原因。

增长的极限

18 增长的极限

本书的许多例子涉及一种狡猾的做法，那就是在没有基本理论或明确目的的情况下搜刮数据，而不是发现可能带来名声和资助的有意义的统计关系。这属于缺乏理论的数据。

另一个极端是缺乏数据的理论——将半真半假的理论作为事实提出，但却从不用数据对其进行检验。如果一种理论没有得到可靠数据的检验，那么它仅仅是一种猜测。对于未来几十年甚至几百年的预测来说，这种现象尤其明显。

▷ 穷途末路

当阿尔伯特·爱因斯坦被问及他所了解的最重要的概念时，他立即给出了"复利"这个答案。不是统计力学。不是量子理论。不是相对论。是复利。

假设你投资1000美元，年利率是10%。第一年，你的1000美元投资赚到了100美元利息。此后每年，你都会得到1000美元的10%，外加你已经赚到的利息的利息，这就是使"复利"强大到近乎神奇的原因。

经过 50 年的利滚利，你的 1000 美元将会变成 117391 美元。经过多次复合计算，一个看上去比较温和的回报率可以将一笔小额投资转变成一笔财富。复利的奇迹不仅仅适用于投资。它适用于一切以复合速率增长的事物，包括人口和资源消耗量。

1972 年的报告《增长的极限》很好地展示了复利的奇迹。这篇报告是由听上去很神秘的"罗马俱乐部"赞助的。罗马俱乐部是神秘的兄弟会吗？它是否与共济会或《达·芬奇密码》有关？实际上，罗马俱乐部是一个很普通的组织。1968 年，一位意大利实业家在罗马成立了一个跨国组织，以支持对世界前景的长期跨学科分析。真是一项雄心勃勃的事业！实业家将这个具有宏大目标的小型组织称为罗马俱乐部。

《增长的极限》很受欢迎。它被翻译成 30 种语言，销量超过了 1200 万本。首席作者都尼勒·"达纳"·梅多斯（Donella "Dana" Meadows）拥有化学学士学位和生物物理学博士学位，曾经参与杰伊·W. 福雷斯特（Jay W. Forrester）组织的一个麻省理工团队，团队的任务是制作世界社会经济系统模型"世界 3"。

福雷斯特在职业生涯早期是一位电气工程师，后来从工程领域转到了管理领域，提出了用于理解复杂现象的所谓"系统动力学"。为了理解一个系统的动态演化（比如一个新产品的创造、生产和营销），我们应该理解系统各个部分的反馈、相互作用和延迟。由于这些模型非常复杂，因此需要通过计算机模拟来分析系统的演化。

福雷斯特受邀参加了罗马俱乐部的一次会议。会上，人们问他能否用系统动力学模拟不断增长的人口需求和有限的地球资源导致的"人类困境"。答案当然是肯定的。虽然福雷斯特没有接受过正式的经济学培训，但他在返回美国的飞机上设计出了"世界1"模型。他对模型进行了调整，得到了涉及43个变量的"世界2"，并在1971年的《世界动力学》一书中对这个模型的一些计算机仿真进行了描述。

福雷斯特的结论是，世界1971年的生活标准也许是这个星球能够承载的最高水平。他总结道："从今后100年的长期视角来看，发展中国家目前的工业化努力也许是不明智的。"为了维持1971年的生活标准，他建议将出生率降低30%，将粮食产量降低20%，将自然资源使用量降低75%。

同"世界2"相比，梅多斯团队开发的"世界3"模型添加了更多的变量和方程，但它具有相同的核心假设和悲观结论。它也具有相同的缺陷。最根本的问题是，福雷斯特和梅多斯不是经济学家，而且似乎对经济理论和数据一窍不通。没有一个方程以经济增长模型为基础；没有一个方程来自对历史数据的估计。

对未来几十年或几百年进行推测是一项极具挑战性的任务。在这个例子中，他们试图在不使用经过其他人检验的理论和不对他们自己的理论进行检验的情况下完成这项任务。他们的模型是"输入垃圾，输出福音"的一个极端案例，因为一些人之所以相信这些模型的预测，不是因为这些预测多么合理，而是因为这些预测来自计算机。

作者在《增长的极限》20周年更新版中做出的推荐很好地说明了这种模型与现实之间的脱节：

（这个场景）显示了一个以"足够"为定义的模拟世界……这个世界决定以每人每年平均工业产值350美元为目标——大约相当于

1990年韩国的产值或者巴西产值的两倍……如果这个假想的社会能够同时减少军事开支和腐败，那么人均工业产值为 350 美元的稳定经济体在物质享受上相当于 1990 年欧洲的平均水平。

耶鲁大学著名经济学家威廉·诺德豪斯（William Nordhaus）是这些模型的坚定批评者。在一篇题为《致命模型 2》的论文中，他对这种模型（他称之为"限制二"）做出了下列嘲讽：

> 这段推荐文字的事实性论断错误百出，你甚至怀疑"限制二"是否正在谈论另一个星球。1990 年全球人均国民生产总值的粗略估计值是 4200 美元，经济合作与发展组织成员国则是 20170 美元。按购买力平价计算，韩国 1990 年的人均国内生产总值是 7190 美元，不是 350 美元……"限制二"的建议将会把我们的物质追求限制在索马里或乍得的生活水平上……世界将没有能力投资于延缓全球变暖或研发节能科技的事业中。这种（限制增长的）处方将以牺牲地球居民为代价挽救这个星球。

福里斯特和梅多斯构造的模型涉及许多变量和方程的复杂相互作用，但他们做出的灾难性预测的核心非常简单：复合增长将以惊人的速度耗尽有限的资源。

"世界 2"模型假设世界上的资源是世界当前每年资源使用量的 400 倍。如果使用量维持恒定，这些资源可以维持 400 年。不过，如果使用量每年随着人口的增长而增长，那么资源的枯竭时间将会提前。复合增长既具有成就能力，也具有毁灭能力。如图 18.1 所示，按照 2% 的温和增长率计算，100 年后的年度使用量将达到当前水平的七倍，世界上的资源将在 110 年以后耗尽。

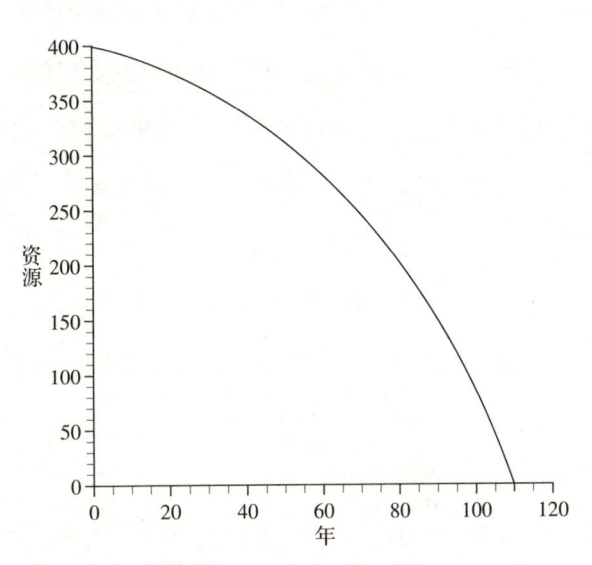

图 18.1 世界末日是不可避免的

复合增长模型对假定资源水平和使用量的增长速度并不敏感，因为不管资源的初始水平如何，不管使用量的年增长率如何，有限的资源最终都会耗尽。真正值得注意的是，在复合增长的作用下，世界资源的耗尽时间极为短暂。根据 1971 年发表的"世界 2"模型，世界的生活标准将在 1990 年达到峰值，然后不可逆转地下降。

解决方案呢？福雷斯特的模型认为出生率与整体生活标准存在正相关，尤其与粮食产量存在正相关。他相信粮食产量的增长将会导致出生率增长，因此他建议减少粮食产量！具体地说，他认为，各国政府应该将全球食品供应量减少 20%，以说服人们生养更少的孩子，否则他们就会挨饿。(你可能认为他在开玩笑,但他并没有开玩笑。)

世界末日式的人口预测至少在1798年就出现了,因为马尔萨斯在这一年出版了《人口论》。当时的许多知识分子认为,人类社会已经进入了可以无限发展的阶段。马尔萨斯的观点和这种无拘无束的乐观主义相反,他指出,在历史上,人口的增长速度往往高于食品供应的增长速度。实际上,农业生产力的提高只会导致更高的出生率,直到人口过多,食物不足为止。这种危机是通过饥荒、疾病和战争解决的——这掩盖了最根本的问题,即人口过剩。因此,周而复始的循环一直在继续。由于马尔萨斯冷酷的分析,经济学有时被贴上"悲观科学"的标签。

马尔萨斯认为,要想解决人口过多、食品不足的问题,他们可以不必提高死亡率,而是通过独身、节育、堕胎和卖淫降低出生率。是的,这位优秀的教士看到了堕胎和卖淫的好处。

到目前为止,马尔萨斯的观点是错误的。惊人的科技发展使世界人口增长了7倍。不过,福雷斯特和梅多斯实际上重复了马尔萨斯1798年的假设和结论。资源使用量以复合增长率增长,资源的供应量则不会增长。如果发现新的资源,更高的生活标准将会提高出生率,因此人口的增长很快就会超过资源的增长。

马尔萨斯、福雷斯特和梅多斯所持观点的一个明显问题是,富足并不会提高出生率。自从马尔萨斯那个时代以来,我们发明了有效的节育途径。而且,不管我们比较不同国家还是考察一个国家,生活标准的提高显然会降低人口增长速度。今天,一些发达国家的人口增长率近乎为零,甚至变成了负值。

此外,"资源使用量以复合增长率增长,世界上的资源供应量则是固定的"这一假设没有任何经验基础。能够以更高的效率使用资源的技术进步可能也会以复合增长率增长。马尔萨斯、福雷斯特和梅多斯完全没有注意到，价格会导致人们适应变化的环境。如果某样东西变得稀缺，它就会变得更加昂贵，人们就会减少对它的使用，并且发现不那么昂贵的替代事物。

福雷斯特和梅多斯将所有自然资源打包放在一起，将其称为"资源"。在现实中，有许多不同种类的自然资源，其中一些资源比另一些资源更加丰富（想一想氧气和黄金）。而且，人类具有无穷无尽的智慧，可以想办法用更加丰富的资源替代不那么丰富的资源。我们已经学会了用核燃料代替化石燃料，用电子邮件代替"蜗牛"邮件，用塑料代替木头、金属和玻璃。没有人知道未来100年将会发生哪些替代，但是我们可以肯定，未来一定会发生新的替代。

马尔萨斯、福雷斯特和梅多斯所持观点的根本问题是，他们的推理具有一丝合理性，但他们并没有考察历史数据，以检验这些数据是否支持他们的理论。他们相信这些理论，所以他们要求我们也相信这些理论。

我们可能被缺乏数据的理论欺骗，正如我们可能被缺乏理论的数据欺骗。

× 如何轻松识破一本正经地胡说八道

我们既需要理论，也需要数据。不要仅仅被其中的一种事物说服。

如果有人通过搜刮数据发现了某种模式，我们还需要一种合理的理论。另一方面，在经过令人信服的数据检验之前，理论仅仅是理论而已。

不管一项研究是谁做的，它都需要通过常识性检验，而且需要通过没有被数据挖掘所污染的无偏数据的检验。

何时相信，何时怀疑

19 何时相信，何时怀疑

如今，我们被数据包围。同时，我们又常常被数据欺骗。

有时，数据可以帮助我们评估相互竞争的观点，做出良好的选择。政府选择能够降低失业率，消除霍乱、小儿麻痹症和天花的政策。企业开发能够改善我们的生活、并能以合理成本制造的产品。投资者购买低成本共同基金，选择由价格具有吸引力的股票组成的分散式投资组合。病人被给予能够真正挽救生命的药物和治疗。消费者选择有效的、价格具有竞争力的产品。我们停止吸烟，开始锻炼身体。

其他时候，我们被数据欺骗，做出糟糕的选择，导致昂贵甚至灾难性的后果。政府在经济衰退期间实行租金管制，增加税收。企业追逐最新的管理风潮，依赖于具有严重偏差的调查。投资者追逐热门股票，将他们的资金托付给行骗高手。病人对检测结果产生误解，接受毫无价值甚至有害的药物和治疗。消费者追随最新的减肥热潮，并且因为房价一直在上涨而买房。我们认为成功者受到了诅咒，失败者即将时来运转。

有时，我们应该相信数据；有时，我们应该怀疑数据。

▷ 被模式诱惑

我们生来倾向于以某种方式理解周围的世界——发现模式，并且编造出解释这些模式的理论。我们低估了毫无理由的随机事件生成幸运或不幸模式的容易程度。

我们应该努力意识到，我们很容易受到模式的诱惑。我们不应该受到引诱，应该保持怀疑的态度。相关、趋势和其他模式本身无法证明任何事情。如果没有合理的解释，任何模式都仅仅是一种模式而已。每一种合理的理论都应该接受新数据的检验。

▷ 具有误导性的数据

在实验中，研究人员常常改变一个因素，同时将其他混杂因素维持恒定，然后查看结果。例如，我们可以为植物提供不同的肥料剂量，同时将水、阳光和其他因素维持恒定。不过，在行为科学中，涉及人类的实验是受限的。我们无法让人们辞去工作，与配偶离婚，或者生孩子，以便观察他们的反应。相反，我们只能使用观测性数据——观察失去工作、离异或者有孩子的人。我们很容易根据观测到的现象得出结论。我们都在做这样的事情，但它是有风险的。

当我们比较做出不同选择的人，同时不去考虑他们为什么做出这些选择时，就会出现自选择偏差。一些学生之所以选择毕业率较低的大学，可能是因为他们不太可能从其他大学毕业。选择上大学的学生可能比选择不上大学的学生更聪明，更有动力。

如果消除选择因素，我们的结论可能更有说服力；比如学生被随机分配到不同的大学或者被随机推向社会。幸运的是，科学家不能为了收集数据发表研究论文而毁掉人们的生活。遗憾的是，我们需要对那些可能存在自选择偏差的数据保持警惕。

为我们观察到的现象寻找理论的另一个常见问题是幸存者偏差，因为我们无法看到不复存在的事物。对于老年人的研究不会包含中年夭折的人。对于结束轰炸任务的飞机的考察不会包含被击落的飞机。对于入住某些酒店、搭乘某些航班或者访问某些国家的人群的调查不会包含有过一次经历以后再也不来的人。

对于伟大公司共同特点的整理不会包含拥有这些特点但不那么成功甚至已经破产的公司。如果我们在观察数据之前列举出我们认为重要的因素，并且找出拥有这些特点和没有这些特点的公司，然后再去查看实际结果，我们的结论将会更有说服力。

不要忽视记录数据或编写计算机代码时出现差错的可能性。为了支持"在大萧条中减少政府开支，增加税收"的观点，莱因哈特和罗戈夫无意中忽略了与他们的观点相冲突的数据，并且以一种不同寻常的、无法令人信服的方式计算平均值。莱维特和多诺霍认为美国的合法堕胎降低了犯罪率，但他们的研究包含许多错误，包括一个程序错误。

▷ 变形的图像

作为视觉信息，图像可以帮助我们解读数据，做出推断。有用的图像可以准确而一致地显示数据，帮助我们看到倾向、模式、趋势和关系。

一张图片的价值抵得上一千个数字。

不过,图像也会歪曲数据。当心那些通过忽略数轴零点夸大差异的图像。还记得吗?当数轴没有显示零点的时候,一位总裁曾经认为收入的温和下降是一场危机。

当图像拥有两个纵轴而且其中的一个或两个纵轴忽略零点时,应当格外小心。聪明的艺术家可以对数轴上显示的数据范围进行调整,使收入的增速看上去高于消费品价格,或者消费品价格的增速看上去高于收入。

当心那些省略数据、使用不一致的数轴间隔、颠倒数轴、塞满图表垃圾的图像。

▷ 缺乏思考的计算

人们有一种自然而然的倾向,那就是仅仅关注数值计算的准确性,不去深入思考这些计算是否正确。

在著名的蒙提·霍尔问题中,好和坏两种结果的存在性并不意味着它们的可能性是相等的。更加令人吃惊的是,专家们不断抛弃常识,认为没有出现的孩子的性别取决于这个孩子是否比同胞大,是否拥有不同寻常的名字,或者是否出生在星期二。在你核对某人的计算之前,应首先核对他的推理。

一个很常见的逻辑错误是混淆两种条件性陈述。患病的人得到阳性检测结果的概率并不等于得到阳性检测结果的人患有疾病的概率。

人口随时间增长,许多人类活动也是如此,包括看电视的人数、吃橘子的人数以及死亡人数。这些数据是不相关的,但它们存在统计相关性，因为它们都会随着人口的增长而增长。看电视并不会导致我们吃桔子，吃桔子也不会导致死亡。在统计学中，相关性并不是因果关系的代名词。不管两种事物的关系多么紧密，在做出判断之前，我们都需要一种合理的解释。

在实证研究中，比较常常是非常重要的。不过，我们需要当心肤浅的比较：对于大数和小数百分比变化的比较，对于除了随时间增长以外没有任何共同点的事物的比较，以及对于不相关数据的比较。

▷ 寻找混杂因素

当你听到某种令人困惑的（甚至合理的）论断时，应当考虑是否存在混杂因素的作用。瑞典的女性死亡率高于哥斯达黎加——因为瑞典的老年女性比较多。伯克利研究生计划录取的女性申请者比较少——因为女性申请了难度比较大的计划。一种手术比另一种手术更加成功——因为它被用于更加轻松的案例。患有胰腺癌的病人比其他病人饮用更多的咖啡——因为其他许多病人存在溃疡，戒掉了咖啡。

混杂因素常常存在于观测性研究中，此时我们无法控制人们的选择；但它也存在于实验环境中，因为研究人员有时会忘记对某个混杂因素进行控制。

▷ 手气好

在抛掷十次硬币时，连续出现四个正面的结果看上去很奇特，似乎无法用偶然性来解释。实际上，连续四个及以上相同结果出现的概率是47%。不过，我们很容易认为硬币或者抛硬币的人一定存在某种独特之处。

当篮球选手连续多次投篮命中时，我们很容易认为选手的手气很好——手气好的选手下次投篮很可能也会命中。我们很容易低估这种现象仅仅出于巧合的可能性。同样的道理适用于所有体育项目以及体育以外的领域。

一些可信的证据表明，运动员有时的确会进入火热的状态，但他们的能力波动比选手和球迷想象的要小得多。同样的道理无疑也适用于体育以外的领域。

▷ 均值回归

在一次测试中得到最高分的学生（让我们叫她雷切尔吧）很可能受到了好运的帮助（被问到熟悉的问题，猜出正确的答案），因此她的表现不仅优于其他学生，而且优于自己的能力。雷切尔的能力与平均能力的差距很可能不像她的测试分数与平均分数之间的差距那么大。因此，她在第二次测试中的分数很可能更加接近平均分数——也就是向均值回归。类似的，得到最低分的学生的能力很可能不像测试分数表现得那样可怜；这名学生很可能会在第二次测试中做出更好的表现。

最成功和最不成功的公司、运动员、员工、雇主和潜在灵魂伴侣也是如此。不要被成功和失败欺骗。最优秀的人与平均水平的差距很可能不像看上去那么大。最糟糕的人也是同样的道理。位于极端位置的事物很可能会向均值回归。

▷ 平均定律

一种非常不同（同时也极度不正确）的观点是，成功一定会得到失败的平衡（反之亦然），以便使事物整体上呈现平均水平。每次硬币正面朝上都会提高背面朝上的可能性。轮盘赌的每个红色结果都会提高黑色结果的可能性。多次击出全垒打的棒球选手即将出局。从未失火的房屋即将被烧毁。经历多次安全飞行的旅客即将遭遇坠机事故。这些信念都是不正确的。

好运当然不会永远持续，但是不要认为好运会提高噩运的可能性，反之亦然。

▷ 德克萨斯神枪手

追求名声和资助的研究人员常常会变成德克萨斯神枪手，他们随机开枪，并在弹孔最多的区域绘制靶心。如果你用某种数据编造理论，那么你很容易发现这种理论与数据相符。这样的结果只能证明某人对数据聚集或其他模式进行了寻找。只有当这种结论言之有理，并且得到未经污染的数据检验时，它才是令人信服的。

其他一些德克萨斯神枪手向几百个目标开火，然后只报告他们击中的目标。他们对几百种理论进行检验，然后只报告最符合数据的理论。他们考察癌症受害者的几百种特点，然后只报告最常见的特点。如果我们最终碰上了一种能够被数据支持的理论，这只能证明我们测试了许多理论。这种理论必须言之有理，而且需要得到新数据的证实。

有时，研究人员会隐藏自己的德克萨斯神枪手身份，我们需要使用一些侦探技巧发现他们的恶作剧。寻找不自然的数据分组。当研究人员似乎只报告了一部分统计检验时，应当保持警惕。不要轻易相信那些与数据相符、与常识不符的理论。当某种理论来自对数据的搜刮时，我们无法用这些数据对理论进行公平的检验。

▷ 当心经过修剪的数据

当心那些忽略一部分数据的研究，尤其是当你怀疑这些数据之所以被丢弃，是因为它们不支持研究结果时。一些线索包括数据开始或结束于不同寻常的日期（"出生于1875年到1930年的篮球选手"），或者被分成不同寻常的类别（"75岁以上的女性"，"政府债务超过国内生产总值90%的年份"）。

这些研究真正证明的结论是，一些追求升迁、终身职位或经费的人可以丢弃不支持荒谬理论的数据，从而找到支持这些荒谬理论的证据。

▷ 缺乏理论的数据仅仅是数据而已

人们总是满怀希望地研究数据，寻找跑赢大盘或中彩票的方法，然后得出一些可笑的理论，比如超级碗理论或者让你的朋友玛丽替你购买彩票。不要相信这些胡言乱语。

如果我们足够努力，即使面对随机生成的数据，我们也可以找到某种模式。不管这种模式多么明显，我们都需要一种合理的理论来解释这种模式。否则，我们找到的仅仅是巧合而已。

如果某种理论不合理，应当保持怀疑的态度。如果某种统计结论看上去令人难以置信，不要相信它。如果你对其中的数据和检验进行检查，你通常可以发现一个严重的问题，将结论推翻。

▷ 缺乏数据的理论仅仅是理论而已

人们相信令人舒服的事物——因为它们令人舒服。相反的证据被人忽视或丢弃。同承认自己的错误相比，对碍眼的事实视而不见是一件更加容易的事情。为了理解世界，即使是最聪明的人也会变得固执而愚蠢。

人们既可以被缺乏理论的数据欺骗，也可以被缺乏数据的理论欺骗。我们既需要理论，也需要数据。仅仅通过搜刮数据寻找模式是不够的。模式需要得到理论的解释，这种理论应该言之有理，而且需要得到新数据的检验。另一方面，在经过可靠数据的检验之前，理论仅仅是一种猜测。

▷ 美好的出生日

情人节（圣瓦伦丁节）的起源和它所庆祝的、有时令人费解的爱情一样神秘。传说，一个名叫瓦伦丁（Valentine）的人公然反抗罗马皇帝克劳狄乌斯二世（Claudius II），他为基督教情侣主持婚礼，并且帮助被罗马人迫害的基督教徒。克劳狄乌斯逮捕了瓦伦丁，试图说服他改信罗马异教。瓦伦丁拒绝了他，反而试图说服克劳狄乌斯信仰基督教。他遭到了棍棒和石块的毒打，但他并没有死。于是，他遭到了斩首。

一个名叫圣瓦伦丁（Saint Valentine）的人在 2 月 14 日被埋葬在罗马北部的一条公路旁边。我们并不知道这个圣瓦伦丁是不是与克劳狄乌斯进行过著名对话的那个瓦伦丁，或者这场对话是否真的发生过。

我们也不知道瓦伦丁节是怎样与浪漫的爱情联系在一起的。1392 年，英国诗人杰弗雷·乔叟（Geoffrey Chaucer）写了一首诗，以纪念国王理查二世（Richard II）和波希米亚郡主安妮（Anne of Bohemia）5 月 2 日的订婚纪念日。两个人是在 15 岁结的婚。乔叟写道："因为这是圣瓦伦丁节，每只鸟儿都来选择它的伴侣。"不过，乔叟指的很可能是 5 月 2 日（纪念热那亚圣瓦伦丁的日子），不是 2 月 14 日，因为英国的 2 月 14 日是冬季，不太可能是鸟儿交配的时节。不过，2 月 14 日已经通过某种方式演变成了全世界销售鲜花、糖果、珠宝和除尘器的节日。

爱情，婚姻，然后是婴儿。孕妇的"预产期"大约是上次正常月经期第一天的四十个星期之后。这是一个平均值，存在很大的变数——就像提前几个星期的天气预报一样。即使考虑到妇女的年龄、种族以及是否是头胎，婴儿在预产期出生的可能性也只有大约 5%。20% 的婴儿出生在预产期两个星期之前或者两个星期之后。

2011 年的一项研究考察了美国 1996 年到 2006 年的数据，认为母亲可以选择在情人节分娩。这是一个令人兴奋的有趣结论，因为自然分娩通常被认为是自发的，妇女无法控制它的时间。

研究发现，妇女不仅可以选择情人节（爱情之日），而且可以避免孩子出生在万圣节（死亡之日）。

且慢。许多出生在万圣节的人在听说这项研究以后感到非常愤怒，他们声称万圣节是自己最喜爱的节日。一个人写道："我喜欢生日这天的'不给糖就捣乱'活动。"另一个人写道："我喜欢生日和万圣节这天的化妆派对。"

民调显示，圣诞节是美国人最喜爱的节日，随后是感恩节和万圣节。情人节和光明节并列第十。由于情人节同罪恶和失望联系在一起，因此它只能获得"最不受欢迎的节日"这一荣誉。

可是，这项研究的的确确是由两位耶鲁教授进行的。

你怎么看？

出版后记

统计学是大数据时代炙手可热的学问。

统计学把乱码一般的数据翻译成意义非凡的逻辑。人们习惯了用数据说话：小到防治疾病、理财投资，大到规划公司经营战略，乃至于制定国家宏观政策，都需要用统计学分析数据，建立模型，以形成决策的依据。

当人们犯了错，常说被数据欺骗了。数据不会说谎，是你会错了意，被统计学欺骗了，形成了错误的认知。在不确定的世界里，最优决策可遇不可求，最不坏的决策才是现实的追求，善用统计学即可达成最不坏的决策。本书就是关于统计学的防骗指南。

出版后记

著名经济学家罗纳德·科斯曾说："如果你对数据拷打足够长的时间，它一定会招供。"有些人是误用了统计学，得出了错误的结论；有些人——甚至是久负盛名的学者，则是故意用错了统计学，得出了自己想要的结论。无论是何种情况，你都需要擦亮眼睛，不要上当！

本书作者加里·史密斯是美国著名的统计学者，曾在耶鲁教授多年统计学。书中他从统计学的基本原理出发，全面介绍了各种统计误区，犀利地戳穿了久负盛名的《魔鬼经济学》《追求卓越》等超级畅销书的弥天大谎。告诫我们，要对耸人听闻的观点保持警惕，不要轻易否定我们的直觉和常识。根据他所列出的十数条基本统计学原则，你便可以轻松识破生活中常见的误区和骗局，做出最不坏的决策。

诚如作者所言，本书希望你破除对数据的迷信，学会基本的统计学常识，从而具备起码的辨别力。除了本书之外，我公司出版的统计学方面的通俗读物还有《女士品茶》《统计思维》等品种，希望能给您一双看穿复杂世界的慧眼。

服务热线：133-6631-2326　188-1142-1266

读者信息：reader@hinabook.com

后浪出版公司
2017年7月

图书在版编目（CIP）数据

简单统计学 / (美) 加里·史密斯著；刘清山译.
— 南昌：江西人民出版社，2018.1（2019.11 重印）
ISBN 978-7-210-09841-6

Ⅰ.①简… Ⅱ.①加… ②刘… Ⅲ.①统计学 Ⅳ.①C8

中国版本图书馆 CIP 数据核字 (2017) 第 254634 号

STANDARD DEVIATIONS: FLAWED ASSUMPTIONS,
TORTURED DATA, AND OTHER WAYS TO LIE WITH
STATISTICS by GARY SMITH
Copyright © 2014
This edition arranged with ANDREW LOWNIE LITERARY AGENT
through Big Apple Agency, Inc., Labuan, Malaysia.
Simplified Chinese edition copyright © 2017 Ginkgo (Beijing) Book Co., Ltd.
All rights reserved.

本书中文简体版版权归属于银杏树下（北京）图书有限责任公司。
版权登记号：14-2017-0486

简单统计学

著者：[美] 加里·史密斯　译者：刘清山
责任编辑：辛康南　特约编辑：高龙柱　筹划出版：银杏树下
出版统筹：吴兴元　营销推广：ONEBOOK　装帧制造：墨白空间
出版发行：江西人民出版社　印刷：北京盛通印刷股份有限公司
690 毫米 × 960 毫米　1/16　23.5 印张　字数 263 千字
2018 年 1 月第 1 版　2019 年 11 月第 6 次印刷
ISBN 978-7-210-09841-6
定价：58.00 元
赣版权登字 -01-2017-812

后浪出版咨询（北京）有限责任公司　常年法律顾问：北京大成律师事务所
周天晖　copyright@hinabook.com
未经许可，不得以任何方式复制或抄袭本书部分或全部内容
版权所有，侵权必究
如有质量问题，请寄回印厂调换。联系电话：010-64010019